Zivilprozeßordnung

und andere verfahrensrechtliche Bestimmungen

Textausgabe

Herausgegeben vom Ministerium der Justiz

Staatsverlag der Deutschen Demokratischen Republik · Berlin 1987

Zusammengestellt und bearbeitet von
Dipl.-Jur. Peter Wallis

Zivilprozeßordnung und andere verfahrensrechtliche Bestimmungen:
Textausg. / hrsg. vom Ministerium der Justiz · [Zsgest. u. bearb. von Peter Wallis] · – 4., überarb. u. erw. Aufl. – Berlin: Staatsverlag der DDR, 1987. – 157 S.; 24,5 cm

ISBN 3-329-00176-3

4., überarbeitete und erweiterte Auflage

VLN 610 · DDR
Printed in the German Democratic Republic
Lichtsatz: Druckerei Neues Deutschland Berlin
Druck und buchbinderische Weiterverarbeitung:
Staatsdruckerei der Deutschen Demokratischen Republik
(Rollenoffsetdruck)
Lektor: Gisela Gawehn
Redaktionsschluß: 30. April 1987
LSV 0456
Bestell-Nr. 772 263 3
00540

Inhalt

Abkürzungen und Kurztitel von Rechtsvorschriften

AGB	= Arbeitsgesetzbuch der Deutschen Demokratischen Republik vom 16. Juni 1977 (GBl. I Nr. 18 S. 185)
AO	= Anordnung
Ber.	= Berichtigung
BesoldungsVO	= Verordnung vom 25. März 1982 über die finanzielle Versorgung während des Wehrdienstes – Besoldungsverordnung – (GBl. I Nr. 12 S. 253)
Bkm.	= Bekanntmachung
DB	= Durchführungsbestimmung
DB zur GVVO	= Durchführungsbestimmung vom 19. 1. 1978 zur Grundstücksverkehrsverordnung (GBl. I Nr. 5 S. 77)
DispacheVO	= Verordnung vom 27. Mai 1976 über das Dispacheverfahren (GBl. I Nr. 21 S. 298)
DuI	= Dokumente und Informationen des Ministeriums der Justiz und des Obersten Gerichts der DDR
DVO	= Durchführungsverordnung
DVP	= Deutsche Volkspolizei
EGFGB	= Einführungsgesetz vom 20. Dezember 1965 zum Familiengesetzbuch der Deutschen Demokratischen Republik (GBl. I 1966 Nr. 1 S. 19) i. d. F. des Einführungsgesetzes vom 19. Juni 1975 zum Zivilgesetzbuch der Deutschen Demokratischen Republik (GBl. I Nr. 27 S. 517)
EGZGB	= Einführungsgesetz vom 19. Juni 1975 zum Zivilgesetzbuch der Deutschen Demokratischen Republik (GBl. I Nr. 27 S. 517) i. d. F. des Entschädigungsgesetzes vom 15. Juni 1984 (GBl. I Nr. 17 S. 209) und des Gesetzes vom 30. November 1984 über Warenkennzeichen (GBl. I Nr. 33 S. 397)
EinwG	= Gesetz vom 11. Juni 1986 über die Einweisung in stationäre Einrichtungen für psychisch Kranke (GBl. I Nr. 13 S. 273) – abgedruckt unter Reg.-Nr. 7. –
EntschAO	= Anordnung vom 6. Mai 1980 über die Entschädigung für Schöffen und Beteiligte am Gerichtsverfahren sowie für Mitglieder der Schiedskommissionen (GBl. I Nr. 16 S. 143) – abgedruckt unter Reg.-Nr. 10. –
EntschG	= Gesetz vom 15. Juni 1984 über die Entschädigung für die Bereitstellung von Grundstücken – Entschädigungsgesetz – (GBl. I Nr. 17 S. 209)
FGB	= Familiengesetzbuch der Deutschen Demokratischen Republik vom 20. Dezember 1965 (GBl. I 1966 Nr. 1 S. 1) i. d. F. des Einführungsgesetzes vom 19. Juni 1975 zum Zivilgesetzbuch der Deutschen Demokratischen Republik (GBl. I Nr. 27 S. 517)
GBl.	= Gesetzblatt
GDO	= Verordnung vom 6. November 1975 über die staatliche Dokumentation der Grundstücke und Grundstücksrechte der Deutschen Demokratischen Republik – Grundstücksdokumentationsordnung – (GBl. I Nr. 43 S. 697)
GebrauchtwarenAO	= Anordnung vom 20. Oktober 1986 über die Allgemeinen Bedingungen beim An- und Verkauf gebrauchter Konsumgüter (GBl. I Nr. 34 S. 433)
GesVollstrVO	= Verordnung vom 18. Dezember 1975 über die Gesamtvollstrek-

kung (GBl. I 1976 Nr. 1 S. 5) – abgedruckt unter Reg.-Nr. 3. –

GGG = Gesetz vom 25. März 1982 über die gesellschaftlichen Gerichte der Deutschen Demokratischen Republik – GGG – (GBl. I Nr. 13 S. 269)

GöV = Gesetz vom 4. Juli 1985 über die örtlichen Volksvertretungen in der Deutschen Demokratischen Republik (GBl. I Nr. 18 S. 213)

Grundst-VollstrVO = Verordnung vom 18. Dezember 1975 über die Vollstreckung in Grundstücke und Gebäude (GBl. I 1976 Nr. 1 S. 1) – abgedruckt unter Reg.-Nr. 2. –

GRV = Gemeinsame Rundverfügung des Ministers der Justiz mit anderen Leitern zentraler Staatsorgane

GVAO = Anordnung [Nr. 1] vom 23. Januar 1978 zur Grundstücksverkehrsverordnung (GBl. I Nr. 5 S. 79) i. d. F. der Anordnung Nr. 2 vom 18. September 1984 (GBl. I Nr. 28 S. 322)

GVG = Gesetz vom 27. September 1974 über die Verfassung der Gerichte der Deutschen Demokratischen Republik – Gerichtsverfassungsgesetz – (GBl. I Nr. 48 S. 457)

GVVO = Verordnung vom 15. Dezember 1977 über den Verkehr mit Grundstücken – Grundstücksverkehrsverordnung – (GBl. I 1978 Nr. 5 S. 73)

i. d. F. = in der Fassung

i. V. m. = in Verbindung mit

JKO = Anordnung vom 10. Dezember 1975 über die Erhebung, Stundung und den Erlaß von Kosten der Bezirksgerichte, Kreisgerichte und Staatlichen Notariate – Justizkostenordnung – (GBl. I 1976 Nr. 1 S. 11) i. d. F. der Rechtsanwaltsgebührenordnung (RAGO) vom 17. März 1982 (GBl. I Nr. 9 S. 183) – abgedruckt unter Reg.-Nr. 8. –

Jugend-hilfeVO = Verordnung vom 3. März 1966 über die Aufgaben und die Arbeitsweise der Organe der Jugendhilfe (Jugendhilfeverordnung) (GBl. II Nr. 34 S. 215) i. d. F. des Einführungsgesetzes vom 12. Januar 1968 zum Strafgesetzbuch und zur Strafprozeßordnung der Deutschen Demokratischen Republik (GBl. I Nr. 3 S. 97) und der Anpassungsverordnung vom 13. Juni 1968 (GBl. II Nr. 62 S. 363; Ber. Nr. 103 S. 827)

KK = Konfliktkommission

KKO = Beschluß des Staatsrates der Deutschen Demokratischen Republik vom 12. März 1982 über die Tätigkeit der Konfliktkommissionen – Konfliktkommissionsordnung – (GBl. I Nr. 13 S. 274; Ber. 1983 Nr. 28 S. 276)

KombVO = Verordnung vom 8. November 1979 über die volkseigenen Kombinate, Kombinatsbetriebe und volkseigenen Betriebe (GBl. I Nr. 38 S. 355)

LI = Leitungsinformation des Ministeriums der Justiz

LPG-G = Gesetz vom 2. Juli 1982 über die landwirtschaftlichen Produktionsgenossenschaften – LPG-Gesetz – (GBl. I Nr. 25 S. 443)

Muster-schutzVO = Verordnung vom 17. Januar 1974 über den Rechtsschutz für Muster und Modelle der industriellen Formgestaltung – Verordnung über industrielle Muster – (GBl. I Nr. 15 S. 140)

NG = Gesetz vom 5. Februar 1976 über das Staatliche Notariat – Notariatsgesetz – (GBl. I Nr. 6 S. 93)

NJ = „Neue Justiz“, Zeitschrift für sozialistisches Recht und Gesetzlichkeit

NKO = Anordnung vom 5. Februar 1976 über die Kosten des Staatlichen Notariats – Notariatskostenordnung – (GBl. I Nr. 6 S. 99)

OG = Oberstes Gericht der Deutschen Demokratischen Republik

PatG = Gesetz vom 27. Oktober 1983 über den Rechtsschutz für Erfindungen – Patentgesetz – (GBl. I Nr. 29 S. 284)

PostAO = Anordnung vom 28. Februar 1986 über den Postdienst – Postanordnung – (GBl. I Nr. 8 S. 69)

RAGO = Anordnung vom 1. Februar 1982 über die Gebühren für die Tätigkeit der Rechtsanwälte – Rechtsanwaltsgebührenordnung

(RAGO) – (GBl. I Nr. 9 S. 183) – abgedruckt unter Reg.-Nr. 9. –

RAKollG = Gesetz vom 17. Dezember 1980 über die Kollegien der Rechtsanwälte der Deutschen Demokratischen Republik (GBl. I 1981 Nr. 1 S. 1)

Reg.-Nr. = Registernummer

RentenVO = [1]. Verordnung vom 23. November 1979 über die Gewährung und Berechnung von Renten der Sozialpflichtversicherung – Rentenverordnung – (GBl. I Nr. 43 S. 401) i. d. F. der 2. Rentenverordnung vom 26. Juli 1984 (GBl. I Nr. 1 S. 281) und der 3. Rentenverordnung vom 9. Oktober 1985 (GBl. I Nr. 27 S. 313)

RSchr = Rundschreiben des Ministeriums der Justiz

RV = Rundverfügung des Ministers der Justiz

SchiedsgVO = Verordnung vom 18. Dezember 1975 über das schiedsgerichtliche Verfahren (GBl. I 1976 Nr. 1 S. 8) – abgedruckt unter Reg.-Nr. 4. –

SchK = Schiedskommission

SchKO = Beschluß des Staatsrates der Deutschen Demokratischen Republik vom 12. März 1982 über die Tätigkeit der Schiedskommissionen – Schiedskommissionsordnung – (GBl. I Nr. 13 S. 283; Ber. 1983 Nr. 28 S. 276)

SchRegVO = Verordnung vom 27. Mai 1976 über die Flaggenführung und Eigentumsrechte an Schiffen und das Schiffsregister – Schiffsregisterverordnung – (GBl. I Nr. 21 S. 285)

SchVO = [1.] Verordnung vom 27. Mai 1976 über zivilrechtliche Verfahren in Schiffahrtssachen – Schiffahrts-Verfahrensordnung (SchVO) – (GBl. I Nr. 21 S. 290) i. d. F. der 2. Verordnung vom 28. November 1978 (GBl. I 1980 Nr. 21 S. 207) – abgedruckt unter Reg.-Nr. 5. –

Sdr. = Sonderdruck

SHSG = Seehandelsschiffahrtsgesetz der Deutschen Demokratischen Republik – SHSG – vom 5. Februar 1976 (GBl. I Nr. 7 S. 109)

Sortenschutz VO = Verordnung vom 22. März 1972 über den Rechtsschutz für neue Pflanzensorten in der Deutschen Demokratischen Republik – Sortenschutzverordnung – (GBl. II Nr. 18 S. 213)

StAG = Gesetz vom 7. April 1977 über die Staatsanwaltschaft der Deutschen Demokratischen Republik (GBl. I Nr. 10 S. 93)

StGB = Strafgesetzbuch der Deutschen Demokratischen Republik – StGB – vom 12. Januar 1968 i. d. Neufassung vom 19. Dezember 1974 (GBl. I 1975 Nr. 3 S. 14) sowie i. d. F. des 2. Strafrechtsänderungsgesetzes vom 7. April 1977 (GBl. I Nr. 10 S. 100), des 3. Strafrechtsänderungsgesetzes vom 28. Juni 1979 (GBl. I Nr. 17 S. 139), des Gesetzes vom 25. März 1982 über die gesellschaftlichen Gerichte der Deutschen Demokratischen Republik – GGG – (GBl. I Nr. 13 S. 269) und des Gesetzes vom 29. November 1985 über das Post- und Fernmeldewesen (GBl. I Nr. 31 S. 345)

StPO = Strafprozeßordnung der Deutschen Demokratischen Republik – StPO – vom 12. Januar 1968 i. d. Neufassung vom 19. Dezember 1974 (GBl. I 1975 Nr. 4 S. 62) sowie i. d. F. des 2. Strafrechtsänderungsgesetzes vom 7. April 1977 (GBl. I Nr. 10 S. 100) und des 3. Strafrechtsänderungsgesetzes vom 28. Juni 1979 (GBl. I Nr. 17 S. 139)

URG = Gesetz vom 13. September 1965 über das Urheberrecht (GBl. I Nr. 14 S. 209)

Verf. = Verfassung der Deutschen Demokratischen Republik vom 6. April 1968 i. d. F. des Gesetzes zur Ergänzung und Änderung der Verfassung der Deutschen Demokratischen Republik vom 7. Oktober 1974 (GBl. I Nr. 47 S. 432)

Verw-VollstrVO = Verordnung vom 6. Dezember 1968 über die Vollstreckung wegen Geldforderungen der Staatsorgane und staatlichen Einrichtungen (GBl. II 1969 Nr. 6 S. 61) – abgedruckt unter Reg.-Nr. 6. –

vgl. = vergleiche

VPG = Gesetz vom 11. Juni 1968 über

die Aufgaben und Befugnisse der Deutschen Volkspolizei (GBl. I Nr. 11 S. 232) i. d. F. des Gesetzes vom 24. Juni 1971 über die Neufassung von Regelungen über Rechtsmittel gegen Entscheidungen staatlicher Organe (GBl. I Nr. 3 S. 49)

WahlG = Gesetz vom 24. Juni 1976 über die Wahlen zu den Volksvertretungen der Deutschen Demokratischen Republik – Wahlgesetz – (GBl. I Nr. 22 S. 301) i. d. F. des Änderungsgesetzes vom 28. Juni 1979 (GBl. I Nr. 17 S. 139)

WKZG = Gesetz vom 30. November 1984 über Warenkennzeichen (GBl. I Nr. 33 S. 397)

ZGB = Zivilgesetzbuch der Deutschen Demokratischen Republik vom 19. Juni 1975 (GBl. I Nr. 27 S. 465)

ZPO = Gesetz vom 19. Juni 1975 über das gerichtliche Verfahren in Zivil-, Familien- und Arbeitsrechtssachen – Zivilprozeßordnung – (GBl. I Nr. 29 S. 533) i. d. F. des Gesetzes vom 25. März 1982 die gesellschaftlichen Gerichte der Deutschen Demokratischen Republik – GGG – (GBl. I Nr. 13 S. 269) – abgedruckt unter Reg.-Nr. 1. –

1.
Gesetz über das gerichtliche Verfahren in Zivil-, Familien- und Arbeitsrechtssachen – Zivilprozeßordnung –

vom 19. Juni 1975 (GBl. I Nr. 29 S. 533)
i. d. F. des Gesetzes vom 25. März 1982 über die gesellschaftlichen Gerichte der Deutschen Demokratischen Republik – GGG – (GBl. I Nr. 13 S. 269)

Erster Teil
Grundsätzliche Bestimmungen

§ 1
Gegenstand des Gesetzes

(1) Dieses Gesetz regelt das Verfahren der Kreisgerichte, der Bezirksgerichte und des Obersten Gerichts der Deutschen Demokratischen Republik in Rechtsstreiten und anderen Rechtsangelegenheiten, die sich bei Ausübung der Rechte und Erfüllung der Pflichten aus den vom Zivil-, Familien- und Arbeitsrecht geregelten gesellschaftlichen Beziehungen ergeben. Dieses Gesetz findet auch auf andere Rechtsangelegenheiten Anwendung, soweit sie durch Rechtsvorschriften den Kammern oder Senaten für Zivil-, Familien- oder Arbeitsrecht zur Entscheidung übertragen sind.
(2) Das Gesetz bestimmt die Stellung der Prozeßparteien und legt die Rechte und Pflichten der am Verfahren mitwirkenden Beauftragten von Kollektiven der Werktätigen und gesellschaftlichen Organisationen sowie der sonstigen Beteiligten fest. Es bestimmt die Rechte der Gewerkschaften bei der Mitwirkung im Arbeitsrechtsverfahren.

Anmerkung: Wegen der den Gerichten zur Entscheidung übertragenen anderen Rechtsangelegenheiten vgl. § 42, § 44 Abs. 1 LPG-G, § 11 EinwG (Reg.-Nr. 7.), §§ 28–30 PatG, § 27 Abs. 3 und 4 WahlG, §§ 13, 91 URG i. V. m. § 7 ZGB, §§ 28–30 WKZG, §§ 21, 22 SortenschutzVO, § 28 MusterschutzVO.

§ 2
Aufgaben der Gerichte

(1) Die Gerichte haben die Aufgabe, die sozialistische Staats- und Gesellschaftsordnung zu schützen, gesetzlich garantierte Rechte und Interessen zu wahren und durchzusetzen sowie durch eine hohe Wirksamkeit des gerichtlichen Verfahrens dazu beizutragen, sozialistische Beziehungen im gesellschaftlichen Zusammenleben der Bürger zu fördern.
(2) Die Gerichte sind verpflichtet, in einem konzentrierten und zügigen Verfahren die für die Entscheidung erheblichen Tatsachen aufzuklären, wahrheitsgemäß festzustellen und nach den Rechtsvorschriften zu entscheiden. Sie sind für die Vollstreckung ihrer Entscheidungen verantwortlich.
(3) Die Gerichte haben den am Verfahren Beteiligten ihre Rechte und Pflichten zu erläutern und sie bei deren Wahrnehmung zu unterstützen.
(4) Die Gerichte haben auf die bewußte Einhaltung und Verwirklichung des sozialistischen Rechts Einfluß zu nehmen. Sie sollen durch Gerichtskritik, Hinweise und Empfehlungen oder in anderer geeigneter Weise darauf hinwirken, daß Rechtsverletzungen, die im Verfahren festgestellt wurden, sowie Ursachen und Bedingungen des Rechtsstreits beseitigt werden.

Anmerkung: Zur Gerichtskritik vgl. § 19 Abs. 1 GVG; zu Hinweise und Empfehlungen vgl. § 19 Abs. 2 GVG.

§ 3
Rechte und Pflichten der Prozeßparteien

(1) Werden Rechte verletzt oder gefährdet oder bestehen Unklarheiten über Rechtsverhältnisse, kann die Hilfe der Gerichte im Rahmen ihrer Zuständigkeit in Anspruch genommen und ein gerichtliches Verfahren eingeleitet werden. Die Prozeßparteien haben das Recht und die Pflicht, am Verfahren teilzunehmen, insbesondere bei der Feststellung des Sachverhalts mitzuwirken. Sie sind verpflichtet, in ihren Erklärungen und Aussagen den Sachverhalt vollständig und wahrheitsgemäß darzulegen.
(2) Die Prozeßparteien haben Anspruch darauf, vom Gericht gehört zu werden und in die Prozeßakten einzusehen.
(3) Die Prozeßparteien haben das Recht, sich durch Prozeßbevollmächtigte vertreten zu lassen. Die Vertretung Werktätiger in Arbeitsrechtssachen kann durch Vertreter der Gewerkschaften erfolgen.
(4) Die Vertretung kann durch einen in der Deutschen Demokratischen Republik zugelassenen Rechtsanwalt erfolgen. Ist die Prozeßvertretung für bestimmte Fälle in besonderen Rechtsvorschriften geregelt, finden diese Anwendung.

Anmerkung: Vgl. §§ 3, 4 RAKollG, § 2 der AO vom 18. 12. 1980 über die Aufgaben und die Tätigkeit der Einzelanwälte (GBl. I 1981 Nr. 1 S. 10), § 25 Abs. 2

PatG, § 26 Abs. 2 WKZG, AO [Nr. 1] vom 15. 12. 1980 über die Vertretung in Patent-, Muster- und Kennzeichnungsangelegenheiten (GBl. I 1981 Nr. 4 S. 59) i. d. F. der AO Nr. 2 vom 15. 3. 1982 (GBl. I Nr. 16 S. 345).

§ 4
Mitwirkung von Beauftragten von Kollektiven

(1) Die Gerichte haben Beauftragte von Kollektiven der Werktätigen und gesellschaftlichen Organisationen auf geeignete Weise am Verfahren zu beteiligen, wenn ihre Mitwirkung zur Aufklärung des Sachverhalts oder zur Erhöhung der Wirksamkeit des Verfahrens erforderlich ist. Die Mitwirkung hat insbesondere das Ziel, Ursachen, Bedingungen und Auswirkungen des Rechtsstreits überwinden, Rechtsverletzungen vorbeugen und das sozialistische Rechtsbewußtsein entwickeln zu helfen.

(2) Die Beauftragten von Kollektiven der Werktätigen und gesellschaftlichen Organisationen haben das Recht, an der Verhandlung teilzunehmen und Erklärungen abzugeben. Bei der Abgabe von Erklärungen sind sie verpflichtet, dem Gericht die Auffassung ihres Kollektivs oder ihrer Organisation über den Rechtsstreit und seine Ursachen, Bedingungen und Auswirkungen wahrheitsgemäß und vollständig vorzutragen.

§ 5
Zusammenarbeit mit dem FDGB

(1) In Wahrnehmung ihrer sich aus der Verfassung der Deutschen Demokratischen Republik ergebenden Rechte können die Vorstände und Leitungen der Gewerkschaften zur Wahrung der Rechte der Werktätigen in Arbeitsrechtssachen Prozeßvertretungen übernehmen.

(2) Die Vorstände und Leitungen der Gewerkschaften haben das Recht, in Arbeitsrechtssachen mitzuwirken, insbesondere Stellung zu nehmen, Empfehlungen zur Sachaufklärung zu geben und Beweisanträge zu stellen. Sie haben das Recht, eine Gerichtskritik sowie eine besondere Verfahrensauswertung durch das Gericht zu beantragen.

Anmerkung: Vgl. Ordnung über die gewerkschaftliche Prozeßvertretung und Mitwirkung im arbeitsrechtlichen Verfahren – Beschluß des Sekretariats des Bundesvorstandes des FDGB vom 1. 8. 1979 – (Informationsblatt des FDGB Nr. 6/Sept. 1979, S. 6).

(3) Die Gerichte haben gemeinsam mit den Gewerkschaften auf die freiwillige und bewußte Einhaltung des sozialistischen Arbeitsrechts durch die Betriebe und die Werktätigen hinzuwirken. Sie berichten den Vorständen des FDGB ihres Territoriums über Erfahrungen aus ihrer Tätigkeit und über die gewerkschaftliche Mitwirkung in Arbeitsrechtssachen sowie über die Anwendung des sozialistischen Arbeitsrechts in den Betrieben. Die Vorstände des FDGB haben das Recht, diese Berichterstattung in regelmäßigen Abständen zu verlangen.

§ 6
Zusammenarbeit mit den örtlichen Volksvertretungen und anderen Organen

(1) Die Kreis- und Bezirksgerichte wirken zur Erfüllung ihrer Aufgaben mit den örtlichen Volksvertretungen und ihren Organen zusammen. Sie übermitteln ihnen Erfahrungen der Rechtsprechung und unterbreiten sich hieraus ergebende Vorschläge.

(2) Die Leiter der staatlichen Organe und der wirtschaftsleitenden Organe, der Kombinate, Betriebe und Einrichtungen sowie die Vorstände der Genossenschaften und die Leitungen der gesellschaftlichen Organisationen haben in ihrem Verantwortungsbereich die Durchführung der sich aus diesem Gesetz ergebenden Maßnahmen der Gerichte zu unterstützen, ihren Ersuchen zur Aufklärung des Sachverhalts zu entsprechen und festgestellte Ursachen und Bedingungen von Rechtsverletzungen zu beseitigen.

§ 7
Mitwirkung des Staatsanwalts

Der Staatsanwalt kann in Erfüllung seiner Aufgaben zur Wahrung der sozialistischen Gesetzlichkeit, zur Sicherung der sozialistischen Staats- und Gesellschaftsordnung, zum Schutz des sozialistischen Eigentums und der Rechte der Bürger in jedem Verfahren mitwirken, Rechtsmittel einlegen und in den in Rechtsvorschriften vorgesehenen Fällen Klage einreichen.

Anmerkung: Vgl. § 69 ZGB, § 11 Abs. 2 EinwG i. V. m. § 8 Abs. 2 ZPO, § 21 StAG, §§ 35, 59, 60–62 FGB, § 136 Abs. 1, § 138 Abs. 3, § 140 Abs. 1, § 142 Abs. 3 und 4, § 143 Abs. 1 ZPO, § 26 GGG, § 53 Abs. 3 KKO, § 48 Abs. 3 SchKO.

Zweiter Teil
Verfahren vor dem Kreisgericht

Vorbemerkung: Vgl. § 25 Abs. 2 und 3, § 27 Satz 1 GVG.

Erstes Kapitel
Einleitung des Verfahrens

Erster Abschnitt
Allgemeine Bestimmungen

§ 8
Klage und Antrag

(1) Das Verfahren vor dem Kreisgericht wird durch Klage eingeleitet. Einer Klage stehen gleich:
1. der Einspruch gegen die Entscheidung eines gesellschaftlichen Gerichts in Zivil- oder Arbeitsrechtssachen;
2. der im Strafverfahren gestellte Schadenersatzantrag eines Geschädigten oder des Staatsanwalts, wenn die Sache an die Kammer für Zivil- oder Arbeitsrecht verwiesen wurde.

Anmerkung: Zu Ziff. 1 vgl. § 19 GGG, §§ 53, 54 KKO, §§ 48–50 SchKO; zu Ziff. 2 vgl. Abschnitt 3 der Richtlinie des Plenums des OG vom 14. 9. 1978 zur Rechtsprechung bei der Durchsetzung von Schadenersatzansprüchen (GBl. I Nr. 34 S. 369):

„3. **Zur Behandlung von Schadenersatzansprüchen im Zivilverfahren**

3.1. Die Zivil- bzw. Arbeitsrechtskammer hat das Schadenersatzverfahren beschleunigt und mit erzieherischer Wirksamkeit durchzuführen. Den geschädigten Bürgern und Betrieben ist in besonderem Maße bei der Wahrnehmung ihrer Rechte Unterstützung zu geben.
Bei durch die Strafkammer bzw. den Strafsenat verwiesenen Sachen ist es unzulässig, zunächst – ohne eigene aktive Einwirkung – auf Äußerungen der geschädigten Bürger und Betriebe zu warten. Sie sind vor Terminsanberaumung gegebenenfalls um die Vervollständigung ihrer Anträge zu ersuchen. Dabei kann es geboten sein, sie auf die Möglichkeit der Inanspruchnahme der Rechtsantragstelle hinzuweisen. Bei Nichterscheinen des Geschädigten zur mündlichen Verhandlung ist in erster Linie zu prüfen, ob in seiner Abwesenheit die Verhandlung durchgeführt und eine Entscheidung getroffen werden kann (§ 66 Abs. 1 ZPO).
In geeigneten Fällen (z. B. bei Haft des Schädigers) ist in Zivilrechtssachen mit Einverständnis beider Prozeßparteien über die Höhe des Anspruchs ohne mündliche Verhandlung zu entscheiden (§ 65 ZPO).

3.2. Die Zivil- bzw. Arbeitsrechtskammer, an die die Sache durch die Strafkammer bzw. den Strafsenat verwiesen worden ist, ist an die im Strafverfahren getroffene rechtskräftige Entscheidung über den Grund des Anspruchs gebunden. Hat die Strafkammer bzw. der Strafsenat bereits Feststellungen hinsichtlich der zivilrechtlichen Mitverantwortlichkeit des Geschädigten getroffen, erstreckt sich die Bindung auch darauf.

3.3. Die gemäß § 310 StPO gegen eine Schadenersatzentscheidung der Strafkammer bzw. des Strafsenats eingelegte Beschwerde ist durch den zuständigen Zivil- bzw. Arbeitsrechtssenat wie eine Berufung zu behandeln (§ 147 Abs. 2 ZPO). Die Beschwerde ist sowohl gegen den Grund als auch gegen die Höhe der Schadenersatzentscheidung zulässig.
Die angegriffene Entscheidung ist in tatsächlicher und rechtlicher Hinsicht zu überprüfen (§ 154 ZPO). Die Beweisergebnisse des Strafverfahrens, die für die Schadenersatzpflicht bedeutsam sind, sind im Berufungsverfahren voll verwertbar. Die Vornahme weiterer eigener Beweiserhebungen zum Schadenersatzanspruch ist zulässig. Die erhobenen Beweise sind in ihrer Gesamtheit vom Berufungsgericht eigenverantwortlich zu würdigen. Der rechtskräftige Strafausspruch wird dadurch nicht berührt.

3.4. Bei der Festlegung von Maßnahmen zur Verwirklichung von Zahlungsverpflichtungen ist zu beachten, daß insbesondere der Straftäter verpflichtet ist, alle Anstrengungen zu unternehmen, seine Schadenersatzpflicht schnellstmöglich zu erfüllen.
Dazu ist ihm grundsätzlich auch die Veräußerung von wertvollen Vermögensgegenständen zuzumuten, bevor von der Festlegung von Leistungsfristen oder Ratenzahlungen (§ 79 ZPO) in Einigungen und Urteilen Gebrauch gemacht wird.
Kommt es im Einzelfall zur Gewährung von Ratenzahlungen, ist grundsätzlich festzulegen, daß die gesamte Forderung sofort fällig und vollstreckbar wird, falls die Zahlungstermine nicht eingehalten werden.
Diese Grundsätze bestimmen auch den Inhalt des Vollstreckungsverfahrens. Die Sekretäre haben daher bei Vorliegen der gegebenen Voraussetzungen die gleichzeitige Durchführung mehrerer Vollstreckungsmaßnahmen zu nutzen (§ 86 Abs. 4 ZPO).“

(2) Das Verfahren zum Erlaß einer gerichtlichen Zahlungsaufforderung, zum Erlaß einer einstweiligen Anordnung, zur Sicherung eines Beweises, zur Todes-

erklärung oder Entmündigung eines Bürgers, zur Durchführung eines Aufgebotes sowie andere in Rechtsvorschriften vorgesehene Verfahren werden durch einen Antrag eingeleitet. Die Bestimmungen über die Klage gelten entsprechend.

Anmerkung: Vgl. §§ 11ff. EinwG (Reg.-Nr. 7.), § 44 Abs. 1 Satz 2 LPG-G. Nach § 17 Abs. 2 NG wird ein Verfahren vor dem Kreisgericht auch durch die Beschwerde gegen eine Entscheidung des Staatlichen Notariats eingeleitet, über die das Kreisgericht endgültig entscheidet (§ 59 GVG).

§ 9
Prozeßparteien und ihre Vertretung

Vorbemerkung: Zur Vertretung vgl. § 13 Abs. 1 und 3 GVG, §§ 53ff. ZGB, § 3 Abs. 3 und 4 ZPO und die Anmerkung zu § 3 Abs. 4 ZPO.

(1) Bürger und rechtsfähige Betriebe sowie staatliche Organe und andere juristische Personen können klagen und verklagt werden. Ferner können der Staatsanwalt, soweit das in Rechtsvorschriften bestimmt ist, und Personen, die von dafür zuständigen staatlichen Organen mit der eigenverantwortlichen Wahrnehmung fremder Interessen beauftragt sind, Prozeßpartei sein.

(2) Nicht volljährige und handlungsunfähige Bürger werden im gerichtlichen Verfahren durch ihren Erziehungsberechtigten oder Vormund vertreten. Ist für einen Bürger eine Pflegschaft angeordnet, wird er insoweit durch seinen Pfleger vertreten.

(3) Die Vertretung für rechtsfähige Betriebe sowie für staatliche Organe und andere juristische Personen ergibt sich aus den für ihre Tätigkeit geltenden Rechtsvorschriften, Statuten oder Satzungen.

Anmerkung: Vgl. u. a. § 11 ZGB, § 30 i. V. m. § 31 Abs. 2 KombVO, § 81 GöV.

(4) Eine Prozeßvollmacht ist schriftlich zu erteilen oder gegenüber dem Gericht zu erklären. Diese Erklärung ist zu protokollieren. Die Prozeßvollmacht berechtigt zu allen das Verfahren betreffenden Prozeßhandlungen. Sie kann auf einzelne Prozeßhandlungen beschränkt werden.

Zweiter Abschnitt
Klage

§ 10
Arten der Klage

(1) Mit einer Klage kann insbesondere beantragt werden:

1. den Verklagten zu einer Leistung oder zur Vornahme, Duldung oder Unterlassung einer Handlung zu verurteilen;
2. ein Rechtsverhältnis zu begründen, zu ändern oder aufzuheben, soweit dies in Rechtsvorschriften vorgesehen ist;
3. das Bestehen oder Nichtbestehen eines Rechtsverhältnisses festzustellen, wenn ein rechtliches Interesse an einer alsbaldigen Feststellung besteht;
4. eine rechtskräftige Entscheidung oder Urkunde über wiederkehrende Leistungen abzuändern, wenn sich die hierfür zugrunde gelegten Verhältnisse wesentlich geändert haben;
5. die Entscheidung eines gesellschaftlichen Gerichts in Zivil- oder Arbeitsrechtssachen aufzuheben und über den vor dem gesellschaftlichen Gericht gestellten Antrag anderweitig zu entscheiden;
6. die Entscheidung eines Verwaltungsorgans aufzuheben, soweit das in Rechtsvorschriften vorgesehen ist.

(2) Eine Klage wegen künftig fällig werdender Leistungen ist zulässig, wenn den Umständen nach anzunehmen ist, daß sich der Verpflichtete der rechtzeitigen Leistung entziehen wird. Diese Beschränkung gilt nicht für wiederkehrende Leistungen, die dem Unterhalt des Berechtigten dienen.

§ 11
Einreichen der Klage

(1) Die Klage ist schriftlich bei einem Kreisgericht einzureichen. Sie ist auf Verlangen des Klägers von der Rechtsantragstelle aufzunehmen.

Anmerkung: Nach § 28 Abs. 2 GVG sind die Kreisgerichte verpflichtet, Bürger bei der Aufnahme von Anträgen oder Klageschriften zu unterstützen.

(2) Eine Klage kann von mehreren Klägern oder gegen mehrere Verklagte eingereicht werden, wenn zwischen den Ansprüchen ein rechtlicher oder tatsächlicher Zusammenhang besteht. In einer Klage können auch mehrere Ansprüche geltend gemacht werden.

(3) Die Klagen auf Feststellung der Unwirksamkeit der Anerkennung der Vaterschaft und auf Anfechtung der Vaterschaft sind, sofern sie von einem Elternteil eingereicht werden, gegen den anderen Elternteil und im Falle seines Todes gegen das Kind zu richten. Werden diese Klagen oder eine Klage auf Aufhebung eines Urteils, durch das die Vaterschaft festgestellt worden ist, vom Staatsanwalt eingereicht, sind sie gegen beide Eltern oder gegen den überlebenden Elternteil, im Falle des Todes beider Eltern gegen das Kind zu richten.

§ 12
Inhalt der Klage

(1) Der Kläger hat in der Klage

1. seine Anschrift, berufliche Tätigkeit und Arbeitsstelle sowie die Anschrift des Verklagten vollständig anzugeben,

2. das angerufene Gericht zu bezeichnen,
3. seine Anträge zur formulieren und zu begründen sowie
4. Beweismittel zu benennen und die in seinem Besitz befindlichen Urkunden beizufügen.

(2) Der Kläger soll außerdem mitteilen:
1. die berufliche Tätigkeit und die Arbeitsstelle des Verklagten,
2. was zur Überwindung des Konflikts unternommen wurde und warum seine Beilegung nicht möglich war,
3. ob und welche Kollektive der Werktätigen und gesellschaftlichen Organisationen, gesellschaftlichen Gerichte oder staatlichen Organe bisher in der Sache tätig waren oder zur Beilegung des Konflikts beitragen können.

(3) Die Klage ist zu unterschreiben.

§ 13
Klage auf Beendigung einer Ehe

(1) Wird eine Klage auf Scheidung oder auf Feststellung der Nichtigkeit einer Ehe eingereicht, ist das Verfahren auch über die Regelung des elterlichen Erziehungsrechts, den Unterhalt der minderjährigen Kinder und, wenn ein Ehegatte das beantragt, seinen Unterhalt für die Zeit nach Beendigung der Ehe durchzuführen.

Anmerkung: Vgl. §§ 24ff., 35ff. FGB.

(2) Auf Antrag einer Prozeßpartei sind Verfahren zur Entscheidung über
- die Verteilung des gemeinschaftlichen Eigentums und Vermögens,
- einen Ausgleichsanspruch,
- die Regelung der Rechtsverhältnisse an der Ehewohnung,
- die Anfechtung der Vaterschaft für ein in der Ehe geborenes Kind

mit dem Scheidungs- oder Nichtigkeitsverfahren zu verbinden.

Anmerkung: Vgl. §§ 34, 39, 40, 61–63 FGB.

Dritter Abschnitt
Gerichtliche Zahlungsaufforderung

Vorbemerkung: Zu den Anforderungen an den Inhalt gerichtlicher Zahlungsaufforderungen sowie an die Bearbeitung von Anträgen auf Erlaß derselben vgl. RV 9/86 vom 1. 10. 1986 (LI Nr. 25/86).

§ 14

(1) Ist ein zivilrechtlicher Anspruch auf eine fällige Geldzahlung gerichtet und hat der Schuldner trotz Aufforderung weder gezahlt noch Einwendungen gegen den Anspruch erhoben, kann der Gläubiger, statt Klage einzureichen, den Erlaß einer gerichtlichen Zahlungsaufforderung beantragen. In dem Antrag hat der Gläubiger Grund und Höhe seines Anspruchs genau zu bezeichnen. Er hat glaubhaft zu machen, daß der zur Zahlung aufgeforderte Schuldner keine Einwendungen gegen den Anspruch erhoben hat.

Anmerkung: Zur Glaubhaftmachung vgl. § 53 Abs. 2 ZPO.

(2) Eine gerichtliche Zahlungsaufforderung ist nicht zulässig, wenn der Anspruch von einer noch nicht erbrachten Gegenleistung abhängt oder wenn sie in einem anderen Staat zugestellt werden müßte.

(3) Sind die Voraussetzungen für den Erlaß einer Zahlungsaufforderung nicht erfüllt oder rechtfertigt die Begründung den geltend gemachten Anspruch nicht, ist dem Gläubiger innerhalb einer angemessenen Frist Gelegenheit zur Stellungnahme, zur Ergänzung, Änderung oder Rücknahme des Antrages zu geben. Werden die Mängel nicht behoben, ist der Antrag auf Erlaß einer Zahlungsaufforderung durch Beschluß des Sekretärs zurückzuweisen.

§ 15

(1) Die Zahlungsaufforderung erläßt der Sekretär des Kreisgerichts. In der Zahlungsaufforderung ist dem Schuldner aufzugeben, den geforderten Betrag zuzüglich der Verfahrenskosten an den Gläubiger zu zahlen.

(2) Der Schuldner kann gegen die Zahlungsaufforderung innerhalb von 2 Wochen nach Zustellung Einspruch einlegen. In diesem Fall ist die Zahlungsaufforderung als Klage zu behandeln.

(3) Wurde der Einspruch verspätet eingelegt und liegen die Voraussetzungen für die Befreiung von den Folgen der Fristversäumnis nicht vor, ist der Einspruch durch Beschluß der Kammer für Zivilrecht abzuweisen.

Anmerkung: Zur Befreiung von den Folgen einer Fristversäumnis vgl. § 70 ZPO.

(4) Wird innerhalb der Einspruchsfrist kein Einspruch eingelegt, wird die Zahlungsaufforderung rechtskräftig. Der Eintritt der Rechtskraft ist auf der Zahlungsaufforderung zu vermerken, wenn aus ihr die Vollstreckung betrieben werden soll.

Vierter Abschnitt
Einstweilige Anordnung

§ 16

(1) Eine einstweilige Anordnung kann beantragt werden, wenn es dringend erforderlich ist,
1. einen Anspruch oder ein Recht zu sichern;
2. einen einstweiligen Zustand zu regeln;

3. Rechtsbeziehungen oder sonstige Angelegenheiten für die Dauer eines Verfahrens zu regeln.

(2) Der Antrag kann sowohl innerhalb eines laufenden Verfahrens als auch vor Einreichung einer Klage oder vor Anrufung eines gesellschaftlichen Gerichts gestellt werden. Antragsgründe und Dringlichkeit sind schriftlich zu erklären und glaubhaft zu machen. Auf Verlangen des Antragstellers ist der Antrag von der Rechtsantragstelle aufzunehmen oder in der mündlichen Verhandlung zu protokollieren.

Anmerkung: Zur Glaubhaftmachung vgl. § 53 Abs. 2 ZPO.

(3) Über den Antrag entscheidet das für die Klage zuständige Gericht nach Würdigung des Sachverhalts. Ist eine Entscheidung des zuständigen Gerichts nicht rechtzeitig zu erlangen, kann auch das Gericht entscheiden, in dessen Bereich die Sicherungsmaßnahmen durchzuführen sind.

Anmerkung: Vgl. §§ 20–25 ZPO sowie die Vorbemerkung zum 2. Kap.

(4) Über den Antrag wird durch Beschluß entschieden, der bei besonderer Eilbedürftigkeit auch ohne mündliche Verhandlung ergehen kann.

Anmerkung: Vgl. § 25 Abs. 2 Satz 4 GVG, § 84 ZPO.

§ 17

(1) Das Gericht bestimmt in der einstweiligen Anordnung die erforderlichen Maßnahmen. Es kann insbesondere die Zahlung von Unterhalt und Aufwendungen für die Familie einschließlich eines Vorschusses für die Verfahrenskosten oder von Arbeitseinkommen, die Beschlagnahme des Vermögens des Antragsgegners bis zur Höhe des Anspruchs oder die Einstellung der Vollstreckung anordnen. Der Antragsgegner kann auch zu einer Handlung, Duldung oder Unterlassung verpflichtet werden; Maßnahmen nach § 79 Abs. 3 können angewendet werden.

Anmerkung: Zur weiteren Einstellung von Vollstreckungsmaßnahmen vgl. § 131 Abs. 1 ZPO.

(2) Zur Vermeidung wesentlicher Nachteile für die Beteiligten kann das Gericht bestimmen, daß die einstweilige Anordnung nur vollzogen werden darf, wenn der Antragsteller eine im Beschluß festgelegte Sicherheit leistet, oder daß der Antragsgegner durch Sicherheitsleistung die Vollstreckung abwenden kann.

(3) Wird die einstweilige Anordnung vor Einreichung einer Klage erlassen, ist im Beschluß eine Frist zu setzen, nach deren Ablauf die einstweilige Anordnung ihre Wirksamkeit verliert, sofern nicht der Antragsteller Klage eingereicht oder in Arbeitsrechtssachen die Konfliktkommission angerufen hat. Wurde innerhalb der gesetzten Frist Klage eingereicht, ist in der Entscheidung über die Klage zugleich über den Bestand der einstweiligen Anordnung zu entscheiden.

§ 18

(1) Eine einstweilige Anordnung ist durch Beschluß aufzuheben, wenn der Antrag auf Beratung durch ein gesellschaftliches Gericht oder die Klage zurückgenommen wurde oder wenn ein gesellschaftliches Gericht in der Sache abschließend entschieden hat.

(2) Eine einstweilige Anordnung kann auch aufgehoben oder geändert werden, wenn sich die Umstände ändern, die für ihren Erlaß bestimmend waren.

(3) Ist der Grund für die Sicherheitsleistung weggefallen, ist die Rückgabe anzuordnen.

Anmerkung: Vgl. auch § 3 Abs. 3 SchVO (Reg.-Nr. 5.).

Fünfter Abschnitt
Beweissicherung

§ 19

(1) Wird glaubhaft gemacht, daß ein Beweismittel nach Klageeinreichung nicht oder nur unter Schwierigkeiten zur Verfügung steht, kann eine Beweissicherung beantragt werden.

Anmerkung: Zur Glaubhaftmachung vgl. § 53 Abs. 2 ZPO.

(2) Über den Antrag entscheidet das Kreisgericht, in dessen Bereich sich der Beweisgegenstand befindet oder die zu vernehmenden Zeugen ihren Aufenthalt haben, durch Beschluß. Der dem Antrag stattgebende Beschluß ist unanfechtbar.

Anmerkung: Vgl. Anmerkung zu § 16 Abs. 4 ZPO.

(3) Für die Beweissicherung gelten die Bestimmungen über die Beweisaufnahme.

Zweites Kapitel
Zuständigkeit

Vorbemerkung: Die sachliche Zuständigkeit ist in den §§ 23, 30, 37, 59 GVG sowie u. a. in den § 17 Abs. 1 NG, §§ 13–15 GGG, § 44 Abs. 1 LPG-G geregelt. Weitere Zuständigkeitsregelungen enthalten § 16 Abs. 3, § 19 Abs. 2, § 93, § 136 Abs. 2, § 140 Abs. 2, § 144 Abs. 2, § 163 Abs. 4, §§ 184, 185, § 195 Abs. 3 und 4 ZPO, § 59 GVG, § 16 GGG, § 28 Abs. 1, § 29 Abs. 1, § 30 Abs. 1 PatG, § 22 SortenschutzVO, § 28 MusterschutzVO, § 115 Abs. 5 SHSG, § 11 EinwG (Reg.-Nr. 7.), § 27 WahlG, § 9 Abs. 3, § 10 Abs. 1 GesVollstrVO (Reg.-Nr. 3.), § 25, § 27 Abs. 2 SchiedsgVO (Reg.-Nr. 4.), § 30 Abs. 2, § 54 Abs. 1,

§ 55 Abs. 3, § 56 SchVO (Reg.-Nr. 5.), § 10, § 11 Abs. 3 DispacheVO.
Soweit die Zuständigkeit durch den Wohnsitz einer Prozeßpartei bestimmt wird, vgl. § 466 ZGB.

Zivilrechtssachen

§ 20
(1) Die örtliche Zuständigkeit des Kreisgerichts wird in Zivilrechtssachen und in anderen den Kammern für Zivilrecht zur Entscheidung übertragenen Rechtsangelegenheiten durch den Wohnsitz oder Sitz des Verklagten zur Zeit der Einleitung des Vefahrens bestimmt.
(2) In Zivilrechtssachen ist auch das Kreisgericht zuständig, in dessen Bereich
1. der Verklagte sich längere Zeit aufhält;
2. die Verpflichtung zu erfüllen ist;
3. die Handlung begangen wurde, wegen der Ersatz für außervertraglich verursachte Schäden gefordert wird.

(3) Unter mehreren örtlich zuständigen Kreisgerichten hat der Kläger die Wahl.
(4) Die Prozeßparteien können auch die Zuständigkeit eines anderen Kreisgerichts vereinbaren.

§ 21
Für das Verfahren über einen Einspruch gegen die Entscheidung eines gesellschaftlichen Gerichts in Zivilrechtssachen ist ausschließlich das Kreisgericht zuständig, in dessen Bereich das gesellschaftliche Gericht seinen Sitz hat.

§ 22
(1) Für Ansprüche aus Rechten an einem Grundstück oder Gebäude ist ausschließlich das Kreisgericht zuständig, in dessen Bereich sich das Grundstück oder Gebäude befindet. Das gilt nicht, wenn in einem Verfahren zur Beendigung der ehelichen Eigentums- und Vermögensgemeinschaft auch über Rechte an einem Grundstück oder Gebäude zu entscheiden ist.
(2) Für Ansprüche auf Ersatz von Schäden oder Kosten aus Verunreinigungen von Territorial-, inneren Seegewässern oder von Binnengewässern ist das Kreisgericht ausschließlich zuständig, in dessen Bereich die Verunreinigung eingetreten ist.

Anmerkung: Vgl. § 109 SHSG.

§ 23
In erbrechtlichen Streitigkeiten ist ausschließlich das Kreisgericht zuständig, in dessen Bereich der Erblasser zum Zeitpunkt des Todes seinen Wohnsitz hatte. Hatte der Erblasser seinen Wohnsitz nicht in der Deutschen Demokratischen Republik, ist das Stadtbezirksgericht Berlin-Mitte zuständig. Dieses kann das Verfahren an das Kreisgericht verweisen, in dessen Bereich der überwiegende Teil des Nachlasses sich befindet oder in dessen Bereich das Testament verwahrt wurde.

§ 24
Familienrechtssachen
(1) In Verfahren wegen Ehescheidung, Ehenichtigkeit und Feststellung des Bestehens einer Ehe (Ehesachen) wird die Zuständigkeit durch den gemeinsamen Wohnsitz der Ehegatten bestimmt. Wohnt keiner der Ehegatten mehr an dem gemeinsamen Wohnsitz oder hatten sie einen solchen nicht begründet, ist das Kreisgericht zuständig, in dessen Bereich der Verklagte zur Zeit der Einreichung der Klage seinen Wohnsitz hat.
(2) Werden Aufwendungen für die Familie oder Unterhalt bei bestehender Ehe geltend gemacht, oder wird die vorzeitige Aufhebung der Eigentums- und Vermögensgemeinschaft oder die Zahlung des Vermögensausgleichs schon vor Beendigung der Ehe verlangt, gilt Abs. 1. Das gleiche gilt für die Regelung der Rechtsverhältnisse an der Ehewohnung.
(3) Für alle anderen familienrechtlichen Verfahren ist das Kreisgericht zuständig, in dessen Bereich der Verklagte seinen Wohnsitz hat. Für die Feststellung der Vaterschaft ist daneben das Kreisgericht zuständig, in dessen Bereich das Kind seinen Wohnsitz hat. Für Ansprüche auf Zahlung von Unterhalt ist auch das Kreisgericht zuständig, in dessen Bereich der Unterhaltsberechtigte seinen Wohnsitz hat. Die Bestimmungen des § 20 Absätze 3 und 4 sind entsprechend anzuwenden.

§ 25
Arbeitsrechtssachen
(1) Für Arbeitsrechtssachen ist das Kreisgericht zuständig, in dessen Bereich sich der Sitz der Konfliktkommission befindet, die den Streitfall entschieden hat. Hat die Konfliktkommission noch nicht entschieden, ist die Sache an diese abzugeben.

Anmerkung: Zur Zuständigkeit des Kreisgerichts ohne vorherige Anrufung der KK vgl. § 1 der 1. DB zur ZPO (Reg.-Nr. 1.1.).

(2) Besteht in einem Betrieb keine Konfliktkommission oder braucht diese nicht angerufen zu werden, ist das Kreisgericht zuständig, in dessen Bereich der Betrieb seinen Sitz hat. Fällt der Arbeitsort nicht mit dem Sitz des Betriebes zusammen, hat auf Antrag des Werktätigen auch das für den Arbeitsort zuständige Kreisgericht zu entscheiden.

Anmerkung: Zur Frage, wann die KK nicht angerufen werden braucht, vgl. § 2 der 1. DB zur ZPO (Reg.-Nr. 1.1.).

(3) Ist der Werktätige aus dem Betrieb ausgeschieden, ist auch das Kreisgericht zuständig, in dessen Bereich der Werktätige zur Zeit der Einleitung des Verfahrens seinen Wohnsitz hat, wenn er es wegen der leichteren Wahrnehmung seiner Interessen beantragt und dadurch die Aufklärung des Sachverhalts nicht wesentlich erschwert wird.
(4) Kann die Zuständigkeit eines Gerichts nach den Absätzen 2 und 3 auf Antrag des Werktätigen begründet werden, entscheidet das angerufene Gericht über die Zuständigkeit durch Beschluß.

§ 26
Abgabe an das zuständige Gericht
(1) Die Klage ist an das vom Kläger angerufene Gericht abzugeben, wenn sie bei einem anderen Gericht eingereicht wurde.
(2) Hat der Staatsanwalt des Bezirkes die Verhandlung vor dem Bezirksgericht beantragt, oder hat der Direktor des Bezirksgerichts das Verfahren an das Bezirksgericht herangezogen, gibt das Kreisgericht die Sache an das Bezirksgericht ab. Für das erstinstanzliche Verfahren vor dem Bezirksgericht finden die Bestimmungen über das Verfahren vor dem Kreisgericht Anwendung.

Anmerkung: Vgl. § 30 Abs. 2 GVG.

§ 27
Verweisung an das zuständige Gericht
(1) Stellt das angerufene Gericht seine Unzuständigkeit fest oder wendet der Verklagte ein, daß das angerufene Gericht nicht zuständig sei, entscheidet das Gericht über seine Zuständigkeit und über die Verweisung an ein anderes Gericht durch Beschluß. Sind mehrere Kreisgerichte zuständig, erfolgt die Verweisung an das vom Kläger bestimmte Kreisgericht.
(2) Mit der Rechtskraft des Verweisungsbeschlusses wird das Gericht zuständig, an das verwiesen wurde.

Drittes Kapitel
Vorbereitung der Verhandlung

§ 28
Prüfung der Klage
(1) Das Gericht hat nach Eingang der Klage zu prüfen, ob die Klage ordnungsgemäß erhoben ist und ob der dargestellte Sachverhalt geeignet erscheint, den Klageantrag zu rechtfertigen.
(2) Gegebenenfalls ist dem Kläger die Rechtslage zu erläutern und Gelegenheit zu geben, die Klage innerhalb einer festzusetzenden Frist zu ergänzen, zu ändern oder zurückzunehmen. Mit dem Kläger kann zu diesem Zweck eine Aussprache geführt werden.
(3) Eine auf Grund des dargestellten Sachverhalts offensichtlich unbegründete Klage kann durch Beschluß abgewiesen werden.

§ 29
Änderung der Klage
Der Kläger kann die Klage ändern, wenn dies sachdienlich ist. Ist die Änderung nicht sachdienlich, ist sie durch Beschluß für unzulässig zu erklären.

§ 30
Rücknahme der Klage
(1) Der Kläger kann die Klage bis zum Eintritt der Rechtskraft des Urteils zurücknehmen.
(2) Erfolgt die Rücknahme in einer Zivil- oder Familienrechtssache vor Zustellung der Klage, verfügt der Vorsitzende die Einstellung des Verfahrens. War die Klage bereits zugestellt, ist die Rücknahmeerklärung dem Verklagten zuzustellen. Sie ist auch dem Staatsanwalt zuzustellen, wenn dieser seine Mitwirkung erklärt hat oder wenn ihm ein selbständiges Klagerecht zusteht.
(3) Wird die Klage in einer Arbeitsrechtssache zurückgenommen, ist die Rücknahmeerklärung und, soweit noch nicht erfolgt, auch die Klage dem Verklagten und dem Staatsanwalt zuzustellen.
(4) Der Verklagte kann innerhalb von 2 Wochen nach Zustellung der Rücknahmeerklärung die Fortsetzung des Verfahrens beantragen. Der Staatsanwalt kann in Arbeitsrechtssachen und in den Sachen, in denen er seine Mitwirkung erklärt oder ein selbständiges Klagerecht hat, ebenfalls die Fortsetzung beantragen. Wird innerhalb der Frist kein Fortsetzungsantrag gestellt, verfügt der Vorsitzende die Einstellung des Verfahrens. Das Recht des Staatsanwalts, Einspruch gegen die Entscheidung eines gesellschaftlichen Gerichts einzulegen, wird dadurch nicht berührt.
(5) Nach Erlaß des Urteils ist eine Rücknahme der Klage nur dann wirksam, wenn der Verklagte der Klagerücknahme zustimmt. Das Recht des Staatsanwalts, die Fortsetzung des Verfahrens zu beantragen, wird dadurch nicht eingeschränkt. Ein noch nicht rechtskräftiges Urteil wird durch die wirksame Rücknahme gegenstandslos.

§ 31
Gründe, die eine Verhandlung und Entscheidung zur Sache ausschließen
(1) Eine Verhandlung und Entscheidung zur Sache darf nicht erfolgen, wenn
1. ein nicht volljähriger oder ein handlungsunfähiger Bürger als Prozeßpartei nicht ordnungsgemäß vertreten ist oder wenn eine Prozeßpartei nicht rechtsfähig ist;
2. durch Rechtsvorschriften die Zuständigkeit eines anderen Organs begründet oder der Gerichtsweg ausgeschlossen ist;
3. das angerufene Gericht für die Entscheidung nicht zuständig ist;
4. im arbeitsrechtlichen Verfahren die Konfliktkommission noch nicht entschieden hat, sofern nicht unmittelbar das Kreisgericht angerufen werden kann;

5. über denselben Anspruch bereits ein Verfahren bei einem staatlichen Gericht der Deutschen Demokratischen Republik eingeleitet ist, ein gesellschaftliches Gericht der Deutschen Demokratischen Republik angerufen wurde oder eine rechtskräftige Entscheidung oder eine verbindliche gerichtliche Einigung vorliegt;
6. eine zur Geltendmachung des Anspruchs notwendige staatliche Genehmigung oder Entscheidung eines anderen Organs fehlt;
7. der Kläger einer Auflage zur Sicherheitsleistung für die Kosten des Verfahrens nicht fristgemäß nachkommt.

Anmerkung zu Ziff. 7: Zur Sicherheitsleistung für Verfahrenskosten vgl. § 183 ZPO.

(2) Liegen Gründe vor, die eine Verhandlung und Entscheidung zur Sache ausschließen, und lassen sich diese Gründe nicht beseitigen, ist die Klage, wenn sie nicht zurückgenommen wird, durch Beschluß als unzulässig abzuweisen.

Vorbereitende Maßnahmen

§ 32
(1) Der Vorsitzende veranlaßt die Zustellung der Klage an den Verklagten und fordert diesen zur Stellungnahme auf. Er bestimmt den Termin zur mündlichen Verhandlung und ordnet die Ladung der Prozeßparteien und ihrer Vertreter an. Soll ein Beauftragter eines Kollektivs der Werktätigen oder einer gesellschaftlichen Organisation mitwirken, ist auch dieser zu laden und über den Sachverhalt und die für die Mitwirkung maßgeblichen Gründe zu informieren.

Anmerkung: In diesem Zusammenhang ist die Vorauszahlung des Gebühren- und Auslagenvorschusses (vgl. § 169 ZPO i. V. m. § 57 Abs. 2 SchVO) zu beachten und ggf. die Bestellung eines Zustellungsbevollmächtigten (vgl. § 190 ZPO) zu verlangen.

(2) Erfordert es die Bedeutung der Sache, ist der Staatsanwalt zu informieren.
(3) In Arbeitsrechtssachen ist der zuständige Kreisvorstand des FDGB von jedem Verhandlungstermin zu benachrichtigen.
(4) In Arbeitsrechts- und in Ehescheidungssachen ist die persönliche Teilnahme der Prozeßparteien erforderlich. In anderen Sachen ist die persönliche Teilnahme anzuordnen, wenn das zur Aufklärung des Sachverhalts, zur Erhöhung der erzieherischen Einflußnahme oder aus anderen Gründen notwendig ist. Auf die persönliche Teilnahme kann verzichtet werden, wenn infolge großen Zeitverlustes, erheblichen Kostenaufwandes oder anderer wichtiger Gründe das Erscheinen besonders erschwert und die Teilnahme entbehrlich ist.

Anmerkung: Vgl. hierzu RV 4/77 vom 1. 3. 1977 (DuI – B 2 – 4/77).

§ 33
(1) Der Vorsitzende hat, soweit das für die Durchführung des Verfahrens erforderlich ist und entsprechende Angaben fehlen, zu veranlassen, daß die Arbeitsstelle der Prozeßparteien festgestellt und in den Akten vermerkt wird. Die Prozeßparteien sind verpflichtet, ihre Arbeitsstelle mitzuteilen.
(2) Der Vorsitzende kann ferner
1. die Prozeßparteien auffordern, innerhalb einer bestimmten Frist Gerichtsgebühren oder Auslagenvorschüsse einzuzahlen, den Sachverhalt zu ergänzen oder Beweismittel anzugeben, einzureichen oder im Termin vorzulegen;
2. staatliche Organe ersuchen, dem Gericht bei der Feststellung des Wohnsitzes oder der Arbeitsstelle einer Prozeßpartei Hilfe und Unterstützung zu gewähren;
3. staatliche Organe und Einrichtungen oder Betriebe ersuchen, Auskünfte zu erteilen oder Urkunden vorzulegen oder Vertreter zur Verhandlung zu entsenden;
4. Unterlagen oder eine Stellungnahme des in der Sache tätig gewesenen gesellschaftlichen Gerichts anfordern oder Mitglieder des gesellschaftlichen Gerichts zur Verhandlung laden;
5. Zeugen und Sachverständige zur Verhandlung laden;
6. Zeugen auffordern, Aufzeichnungen oder Unterlagen einzureichen oder sich unter Versicherung der Richtigkeit schriftlich zu bestimmten Beweisfragen zu erklären, wenn das für die Feststellung des Sachverhalts ausreichend erscheint;
7. staatliche Organe zur Stellungnahme auffordern, soweit das in Rechtsvorschriften vorgesehen ist.

Anmerkung zu Ziff. 6: Vgl. § 53 Abs. 1 Ziff. 1 ZPO und die Anmerkung zu § 53 Abs. 2 ZPO.

(3) Eine Ortsbesichtigung sowie eine Begutachtung durch Sachverständige kann bereits vor der Verhandlung angeordnet und durchgeführt werden. Die Bestimmung des § 54 Abs. 4 ist anzuwenden.

§ 34
Verbindung und Trennung
Der Vorsitzende kann anordnen, daß
1. mehrere Sachen zur Verhandlung und Entscheidung verbunden werden;
2. über mehrere in einer Klage geltend gemachte Ansprüche in getrennten Verfahren verhandelt und entschieden werden soll, soweit eine Trennung nicht durch § 13 Abs. 1 ausgeschlossen ist.

§ 35
Einbeziehung einer weiteren Prozeßpartei
(1) Ergeben sich für eine Prozeßpartei bei einem für sie ungünstigen Ausgang des Verfahrens Ansprüche gegen einen anderen, kann dieser auf seinen Antrag oder auf Antrag der Prozeßpartei in das Verfahren als Kläger oder Verklagter einbezogen werden. Über die Rechtsbeziehungen zwischen dem Einbezogenen und einer der Prozeßparteien kann auf deren Antrag im Verfahren mit entschieden werden.
(2) Bestehen in einem Verfahren zur Feststellung der Vaterschaft begründete Anhaltspunkte dafür, daß die Vaterschaft eines anderen Mannes wahrscheinlicher ist als die des Verklagten, kann der Kläger beantragen, den anderen Mann als Verklagten in das Verfahren einzubeziehen.

Anmerkung: Vgl. §§ 54ff. FGB.

(3) Der Beschluß über die Einbeziehung muß den Grund der Einbeziehung und Angaben über den Stand des Verfahrens enthalten. Er wird mit der Zustellung an die einbezogene Prozeßpartei wirksam und ist unanfechtbar.

§ 36
Prozeßbeauftragter
(1) Das Gericht hat zur Wahrung der Interessen einer Prozeßpartei einen Prozeßbeauftragten zu bestellen, wenn
1. für einen nicht volljährigen oder einen handlungsunfähigen Verklagten noch kein gesetzlicher Vertreter bestellt ist und der Schutz der Rechte des Klägers eine alsbaldige Durchführung des Verfahrens erfordert;
2. eine Prozeßpartei nicht in der Lage ist, sich in der Verhandlung verständlich zu äußern;
3. der Aufenthalt des Verklagten nachweislich unbekannt ist;
4. die Vaterschaft eines verstorbenen Mannes festgestellt werden soll.

(2) Die Bestellung erfolgt durch Beschluß, in dem der Umfang der Interessenwahrnehmung festzulegen ist.

Zustellungspflicht

§ 37
(1) Klagen, Ladungen des Verklagten, Entscheidungen, Einigungen und Schreiben, die Sachanträge enthalten oder mit deren Zugang eine Frist beginnt, sind zuzustellen. Das gleiche gilt, wenn die Zustellung besonders vorgeschrieben oder vom Vorsitzenden angeordnet ist.
(2) Hat eine Prozeßpartei einen gesetzlichen Vertreter oder ist ein Prozeßbevollmächtigter, ein gewerkschaftlicher Prozeßvertreter oder ein Prozeßbeauftragter bestellt, so muß an diesen zugestellt werden. Ist die persönliche Teilnahme einer Prozeßpartei erforderlich oder angeordnet, ist die Ladung auch an diese zuzustellen.
(3) Zwischen der Zustellung der Klage oder der Ladung und dem Verhandlungstermin muß ein Zeitraum von mindestens einer Woche, in Ehesachen von mindestens 2 Wochen liegen. In dringenden Fällen kann der Vorsitzende die Frist abkürzen, wenn dadurch die Mitwirkung der Prozeßparteien nicht beeinträchtigt wird.
(4) Die Prozeßparteien, Zeugen und Sachverständigen sind in der Ladung auf die Folgen unentschuldigten Fernbleibens hinzuweisen und aufzufordern, im Falle einer Verhinderung dem Gericht die Gründe sofort mitzuteilen.

§ 38
(1) Die Zustellungen sind durch das Gericht zu veranlassen. Die zuzustellenden Schriftstücke sind an den Empfänger als Brief mit Zustellungsurkunde zu übersenden.
(2) Soll der Brief dem Empfänger persönlich übergeben werden, ist er mit einem entsprechenden Vermerk zu kennzeichnen. Eine Ladung muß nicht zugestellt werden, wenn in Anwesenheit der Prozeßparteien in der mündlichen Verhandlung der neue Verhandlungstermin verkündet wird.

§ 39
Zustellung durch die Post
(1) Der Brief wird von der Post nach deren Bestimmungen befördert und ausgehändigt.

Anmerkung: Die zu beachtenden Postbestimmungen sind § 2, § 3 Abs. 1–5, § 6 Abs. 1, § 7 Abs. 1–3, § 8 Abs. 1, §§ 10, 25, 26, 31, 32, 37, § 39 Abs. 4 und 5, §§ 40–51, § 52 Abs. 1–3 PostAO.

(2) Die Aushändigung wird durch die Zustellungsurkunde nachgewiesen. In ihr werden Ort und Tag sowie die Art der Aushändigung beurkundet. Der Tag der Aushändigung ist auf dem Brief zu vermerken.
(3) Mit dem Tag der Aushändigung gilt die Zustellung als bewirkt. Wurde der Brief unter Benachrichtigung des Empfängers beim Postamt zur Abholung niedergelegt, gilt die Zustellung nach Ablauf von 3 Arbeitstagen als bewirkt.

§ 40
Zustellung durch das Gericht
(1) Die Zustellung kann auch im Gericht unmittelbar oder durch einen Beauftragten des Gerichts in der Wohnung, am Aufenthaltsort oder an der Arbeitsstelle des Empfängers vorgenommen werden.
(2) Wird der Empfänger in der Wohnung nicht angetroffen, kann die Sendung an ein Familienmitglied oder an einen zur Annahme bereiten Hausbewohner ausgehändigt oder in den Briefkasten eingeworfen

werden. Soll die Sendung dem Empfänger persönlich ausgehändigt werden, ist sie unter Benachrichtigung des Empfängers beim Gericht zur Abholung niederzulegen.

(3) Die Zustellung ist von dem mit der Zustellung Beauftragten des Gerichts zu beurkunden; § 39 Absätze 2 und 3 sind entsprechend anzuwenden. Zum Nachweis der Zustellung an den Staatsanwalt oder Rechtsanwalt genügt deren Empfangsbekenntnis.

(4) Hält sich der Empfänger in einer Einrichtung auf, in der eine Zustellung durch die Post an ihn nicht direkt erfolgen kann, wird die Zustellung auf Ersuchen des Gerichts durch die Einrichtung vorgenommen. Der von der Einrichtung mit der Zustellung Beauftragte hat die Zustellung zu beurkunden; § 39 Abs. 2 ist anzuwenden.

§ 41
Öffentliche Bekanntmachung

(1) Ist in diesem Gesetz eine öffentliche Bekanntmachung vorgeschrieben, kann diese durch Veröffentlichung in einer Tageszeitung, durch Aushang an der Gerichtstafel, an Anschlagtafeln der Gemeinden oder in anderer geeigneter Weise erfolgen.

Anmerkung: Eine öffentliche Bekanntmachung ist vorgeschrieben durch § 138 Abs. 2, § 145 Abs. 1 ZPO, § 10 GrundstVollstrVO (Reg.-Nr. 2.), § 6 Abs. 1, § 14 Abs. 1 GesVollstrVO (Reg.-Nr. 3.), § 8 Abs. 1, § 37 Abs. 1 SchVO (Reg.-Nr. 5.). Vgl. auch die Anmerkung zu § 137 Abs. 1 ZPO.

(2) Das Gericht entscheidet unter Berücksichtigung des Zweckes der Bekanntmachung über die Art und Weise ihrer Veröffentlichung.

(3) Die Bekanntmachung gilt als bewirkt, wenn seit der letzten Veröffentlichung 6 Wochen vergangen sind.

Viertes Kapitel
Mündliche Verhandlung

§ 42
Grundsatz

(1) Der Rechtsstreit wird nach mündlicher Verhandlung entschieden. Von einer mündlichen Verhandlung darf nur abgesehen werden, wenn es in diesem Gesetz vorgesehen ist.

(2) Die mündliche Verhandlung wird vom Vorsitzenden geleitet.

Öffentlichkeit der Verhandlung

§ 43

(1) Die mündliche Verhandlung ist öffentlich.

(2) Zur Erhöhung der Wirksamkeit der öffentlichen Verhandlung kann das Gericht, wenn die Bedeutung und die Auswirkungen der Sache das erfordern und den gesellschaftlichen Aufwand rechtfertigen,

1. die Anwesenheit von Arbeitskollektiven, Hausgemeinschaften oder anderen Kollektiven der Werktätigen oder ihrer Beauftragten, von Mitgliedern gesellschaftlicher Gerichte sowie von Vertretern der Leitungen von Betrieben, Genossenschaften oder Organisationen oder von anderen Bürgern veranlassen;
2. die Verhandlung in einer Zeit durchführen, in der Werktätige anwesend sein können;
3. die Verhandlung im Betrieb, am Ort der Entstehung des Konflikts oder an einem anderen geeigneten Ort außerhalb des Gerichtsgebäudes durchführen.

§ 44

(1) Die Öffentlichkeit darf nur ausgeschlossen werden, wenn die Sicherheit des Staates, die öffentliche Ordnung, die Geheimhaltung bestimmter Tatsachen oder die Wahrung der Sittlichkeit das erfordern. In Ehescheidungssachen kann die Öffentlichkeit auch ausgeschlossen oder eingeschränkt werden, wenn das im Interesse der vollständigen Aufklärung des Sachverhalts oder der Überwindung des Ehekonflikts geboten ist. Die Entscheidung über den Ausschluß der Öffentlichkeit erfolgt durch unanfechtbaren Beschluß.

(2) Bei nichtöffentlichen Verhandlungen kann die Anwesenheit einzelner Personen gestattet werden. Wird die Öffentlichkeit wegen Gefährdung der Sicherheit des Staates oder im Interesse der Geheimhaltung bestimmter Tatsachen ausgeschlossen, kann der Vorsitzende den anwesenden Personen die Geheimhaltung aller in der Verhandlung zur Sprache kommenden Tatsachen zur Pflicht machen. Die Anwesenden sind auf die strafrechtlichen Folgen einer Verletzung dieser Pflicht hinzuweisen.

§ 45
Inhalt der mündlichen Verhandlung

(1) In der mündlichen Verhandlung erörtert das Gericht den Sachverhalt und die Möglichkeiten der Erfüllung des geltend gemachten Anspruchs. Die Prozeßparteien tragen ihren Standpunkt vor, benennen Beweismittel und stellen die erforderlichen Anträge. Anträge, die nicht in Schriftsätzen enthalten sind oder von den bisher gestellten Anträgen abweichen, sind in dem von den Prozeßparteien genehmigten Wortlaut in das Protokoll aufzunehmen.

(2) Das Gericht ist verpflichtet zu prüfen, ob der Rechtsstreit durch eine Einigung beigelegt werden kann. Es hat die Prozeßparteien beim Abschluß einer Einigung zu unterstützen.

(3) Ein Rechtsstreit darf erst entschieden werden, wenn das Gericht den für die Entscheidung erheblichen Sachverhalt geklärt und festgestellt hat.

Gerichtliche Einigung

§ 46
(1) Steht die Einigung mit den Grundsätzen des sozialistischen Rechts im Einklang und ist ihr Wortlaut durch die Prozeßparteien genehmigt, ist sie durch Aufnahme in das Protokoll zu bestätigen. Bei Einigungen über Unterhaltsansprüche und ähnliche wiederkehrende Leistungen müssen Feststellungen über die Einkommens-, Vermögens- und sonstigen wirtschaftlichen Verhältnisse der Prozeßparteien im Protokoll festgehalten werden. Bei Einigungen über andere Ansprüche sind die für die Einigung maßgeblichen Umstände aufzunehmen.
(2) Die Prozeßparteien haben das Recht, die Einigung innerhalb von 2 Wochen nach Protokollierung zu widerrufen. Sie können auf den Widerruf verzichten.
(3) Wird die Protokollierung einer Einigung abgelehnt, weil sie den Grundsätzen des sozialistischen Rechts widerspricht, oder wird eine protokollierte Einigung innerhalb der im Abs. 2 genannten Frist widerrufen, ist das Verfahren fortzusetzen.
(4) In Ehesachen bedarf eine für den Fall der Auflösung der Ehe geschlossene Einigung der Bestätigung im Urteil. Die Einigung kann bis zur Bestätigung jederzeit und nach der Bestätigung nur durch Berufung gegen das bestätigende Urteil widerrufen werden. Die Berufung kann nur darauf gestützt werden, daß eine Einigung nicht vorgelegen habe oder daß sie den Grundsätzen des sozialistischen Rechts widerspricht.

§ 47
Wenn Bürger gemeinsam das Kreisgericht aufsuchen, kann sie der Richter auch außerhalb eines anhängigen Verfahrens unterstützen, ihren Zivil- oder Familienrechtskonflikt durch eine Einigung beizulegen und diese Einigung durch Protokollierung bestätigen (§ 46 Abs. 1). Wird durch eine derartige Einigung ein anhängiger Rechtsstreit erledigt, ist die Einigung dem Prozeßgericht zu übersenden. Die Einigung wird gegenstandslos, wenn sie innerhalb der Widerrufsfrist (§ 46 Abs. 2 Satz 1) widerrufen wird.

§ 48
Aussöhnungsverhandlung in Ehescheidungssachen
(1) In Ehescheidungssachen ist eine Aussöhnungsverhandlung durchzuführen. Mit den Ehegatten ist eine Aussprache über den Ehekonflikt und seine Ursachen, die noch bestehenden Gemeinsamkeiten sowie zu den möglichen Auswirkungen einer Scheidung auf die Ehegatten und auf die weitere Erziehung und Entwicklung der Kinder zu führen. Dabei erörtert das Gericht mit den Ehegatten, wie der entstandene Konflikt überwunden und eine Aussöhnung erreicht werden kann.
(2) Im Falle der Aussöhnung verfügt der Vorsitzende die Einstellung des Verfahrens. Die von den Ehegatten übernommenen Verpflichtungen sind in das Protokoll aufzunehmen.
(3) Im Ergebnis der Aussöhnungsverhandlung kann das Gericht nach Beratung die Wiederholung der Aussöhnungsverhandlung anordnen, die Aussetzung des Verfahrens beschließen oder die streitige Verhandlung vorbereiten.
(4) Die Aussöhnungsverhandlung kann wiederholt werden, wenn Aussicht auf alsbaldige Aussöhnung der Ehegatten besteht, insbesondere wenn ihnen zum Zwecke der Aussöhnung empfohlen wurde, eine Ehe- und Familienberatungsstelle aufzusuchen.

Anmerkung: Zur Ehe- und Familienberatungsstelle vgl. 1. DB zum FGB vom 17. 2. 1966 (GBl. II Nr. 31 S. 180).

§ 49
Aussetzung des Ehescheidungsverfahrens zum Zwecke der Aussöhnung
(1) Das Ehescheidungsverfahren kann einmal für höchstens 1 Jahr ausgesetzt werden, wenn begründete Aussicht auf Überwindung des Konflikts und Aussöhnung der Ehegatten besteht. Der Beschluß über die Aussetzung des Verfahrens hat Empfehlungen an die Ehegatten über die weitere Gestaltung der ehelichen Verhältnisse zu enthalten. In geeigneten Fällen sind Hinweise an Kollektive der Werktätigen, an gesellschaftliche Organisationen oder an staatliche Organe zur Unterstützung der Ehegatten zu geben.
(2) Auf Antrag eines Ehegatten hat das Gericht die Fortsetzung des Verfahrens zu beschließen, wenn auf Grund neuer Umstände die Aussetzung nicht mehr gerechtfertigt ist.
(3) Nach Ablauf der Aussetzungsfrist ist das Verfahren auf Antrag fortzusetzen und die weitere Verhandlung vorzubereiten. Wird innerhalb eines Monats nach Ablauf der Aussetzungsfrist kein Antrag auf Fortsetzung gestellt oder teilen die Ehegatten mit, daß sie sich ausgesöhnt haben, verfügt der Vorsitzende die Einstellung des Verfahrens.

§ 50
Absehen von der Aussöhnungsverhandlung
Ehescheidungssachen können ohne Aussöhnungsverhandlung durchgeführt werden, wenn
1. beide Ehegatten die Scheidung begehren und minderjährige Kinder in der Ehe nicht vorhanden sind;
2. die Ehegatten unter Aufhebung der ehelichen Gemeinschaft seit mehreren Jahren getrennt leben;
3. auf die persönliche Teilnahme eines Ehegatten verzichtet wurde (§ 32 Abs. 4 Satz 3);
4. ein Ehegatte seinen Wohnsitz nicht im Gebiet der Deutschen Demokratischen Republik hat;
5. ein Ehegatte entmündigt oder für unbestimmte Zeit in eine stationäre Einrichtung für psychisch Kranke gerichtlich eingewiesen ist.

§ 51
Streitige Verhandlung in Ehescheidungssachen
(1) Die streitige Verhandlung soll nicht früher als 3 Tage und nicht später als einen Monat nach der Aussöhnungsverhandlung durchgeführt werden.
(2) Die streitige Verhandlung kann unmittelbar im Anschluß an die Aussöhnungsverhandlung durchgeführt werden, wenn beide Ehegatten geschieden werden wollen und sich im Ergebnis der Aussöhnungsbemühungen herausgestellt hat, daß sie keine Möglichkeit mehr sehen, ihre Konflikte zu überwinden und die Ehe zu erhalten, und wenn die für die Feststellung des Sachverhalts erforderlichen Beweismittel zur Verfügung stehen.

§ 52
Beweiserhebung
(1) Bleiben bei der Feststellung des für die Entscheidung erheblichen Sachverhalts Tatsachen unaufgeklärt oder streitig, ist darüber Beweis zu erheben.
(2) Läßt sich die Höhe eines Anspruchs nicht oder nur mit einem nicht vertretbaren Aufwand feststellen, kann das Gericht die Höhe des Anspruchs unter Würdigung aller Umstände schätzen.

Anmerkung: Zur Schätzung der Höhe eines Schadens vgl. § 336 Abs. 2 ZGB.

§ 53
Beweismittel
(1) Als Beweismittel sind zulässig:
1. Zeugenaussagen (§§ 55 bis 57) sowie schriftliche, mit der Versicherung der Richtigkeit versehene Erklärungen von Zeugen (§ 33 Abs. 2 Ziff. 6);
2. Aussagen von Beauftragten von Kollektiven der Werktätigen und gesellschaftlichen Organisationen, soweit sie die Mitteilung von Tatsachen zum Inhalt haben (§ 58);
3. Sachverständigengutachten (§§ 59 bis 61);
4. Aussagen der Prozeßparteien (§ 62);
5. Urkunden, sonstige Aufzeichnungen und andere Beweisgegenstände (§ 63);
6. Auskünfte von staatlichen Organen, Betrieben oder gesellschaftlichen Organisationen.

(2) Zur Glaubhaftmachung sind außer den sofort zur Verfügung stehenden Beweismitteln auch Erklärungen gegenüber dem Gericht zulässig, die schriftlich oder zu Protokoll unter besonderer Versicherung ihrer Wahrheit angegeben werden.

Anmerkung: Zu den strafrechtlichen Folgen einer falschen besonderen Versicherung der Wahrheit vgl. § 231 StGB.

§ 54
Beweisaufnahme
(1) Das Gericht ordnet an, über welche Tatsachen Beweis zu erheben ist, bezeichnet die Beweismittel und unterrichtet darüber die Prozeßparteien. Es kann auch über solche Tatsachen Beweis erheben, die von den Prozeßparteien nicht vorgebracht worden sind. Die Beweise sind in der mündlichen Verhandlung aufzunehmen. Die Beweisaufnahme ist zu protokollieren.
(2) Personen, denen wegen Krankheit, Gebrechlichkeit oder aus sonstigen schwerwiegenden Gründen die Anwesenheit vor Gericht nicht zugemutet werden kann, können an ihrem Aufenthaltsort vernommen werden.
(3) Ein anderes Gericht kann um die Durchführung einer Beweisaufnahme ersucht werden, wenn der Aufwand einer unmittelbaren Beweisaufnahme nicht vertretbar wäre und die Feststellung des Sachverhalts nicht beeinträchtigt wird.

Anmerkung: Zur innerstaatlichen Rechtshilfe vgl. § 57 GVG.

(4) Erweist sich eine Beweisaufnahme außerhalb der mündlichen Verhandlung als erforderlich, kann sie von dem Richter durchgeführt werden. Die Prozeßparteien sind vom Termin zu benachrichtigen; sie können an der Beweisaufnahme teilnehmen.
(5) Die Beweise sind unter Berücksichtigung des gesamten Inhalts der Verhandlung zu würdigen.

Zeugenaussagen

§ 55
(1) Die Zeugen sind verpflichtet, einer Ladung Folge zu leisten, vor Gericht auszusagen und das Gericht bei der Feststellung der Wahrheit zu unterstützen. Ein Zeuge, der aufgefordert wurde, sich zu einer Beweisfrage schriftlich zu erklären (§ 33 Abs. 2 Ziff. 6), ist zur schriftlichen Erklärung verpflichtet.

Anmerkung: Zur Entschädigung von Zeugen vgl. §§ 6–8 EntschAO (Reg.-Nr. 10.).

(2) Besteht eine staatlich auferlegte oder anerkannte Pflicht zur Verschwiegenheit, darf ein Zeuge nur vernommen werden, soweit er von dieser Pflicht befreit worden ist.

Anmerkung: Vgl. die Aufzählungen der zur Verschwiegenheit verpflichteten Personen in § 136 StGB und in § 27 Abs. 1 StPO; vgl. auch § 6 Satz 3 GVG, § 3 Abs. 2 VPG, § 22 Abs. 3 Buchst. e des Wehrdienstgesetzes vom 25. 3. 1982 (GBl. I Nr. 12 S. 221), § 6 der Reservistenordnung vom 25. 3. 1982 (GBl. I Nr. 12 S. 246).

§ 56
(1) Zur Verweigerung der Aussage sind berechtigt:
1. der Ehegatte und die Geschwister einer Prozeßpartei;

2. die Zeugen, die mit einer Prozeßpartei in gerader Linie verwandt oder durch Annahme an Kindes Statt verbunden sind.

Auf das Recht, die Aussage zu verweigern, kann verzichtet werden.

(2) Jeder Zeuge kann die Aussage auf solche Fragen verweigern, deren Beantwortung ihn oder eine Person, die zu ihm in einer der im Abs. 1 genannten Beziehungen steht, der Gefahr strafrechtlicher Verfolgung aussetzen würde.

(3) Das Recht zur Verweigerung der Aussage besteht nicht, soweit nach dem Strafgesetz Anzeige zu erstatten ist.

Anmerkung: Das Bestehen einer Anzeigepflicht ergibt sich aus § 225 StGB.

§ 57

(1) Vor Beginn der Vernehmung ist der Zeuge über seine Pflicht, durch eine wahrheitsgemäße Aussage an der Feststellung des Sachverhalts mitzuwirken, über ein ihm zustehendes Recht, die Aussage zu verweigern, oder über eine ihm obliegende Pflicht zur Verschwiegenheit sowie über die strafrechtlichen Folgen einer vorsätzlich falschen oder unvollständigen Aussage zu belehren. Dem Zeugen ist mitzuteilen, worüber er vernommen werden soll.

Anmerkung: Die Strafbarkeit einer falschen Aussage ergibt sich aus § 230 StGB.

(2) Der Zeuge ist zunächst zur Person und anschließend zur Sache zu vernehmen. Er soll sich im Zusammenhang äußern und kann danach durch Fragen zur Ergänzung seiner Aussage veranlaßt werden.

§ 58
Aussagen von Beauftragten von Kollektiven der Werktätigen und gesellschaftlichen Organisationen

Werden Beauftragte von Kollektiven der Werktätigen und gesellschaftlichen Organisationen zur Feststellung von Tatsachen vernommen, sind die Bestimmungen über die Zeugenaussagen anzuwenden.

Anmerkung: Zur Entschädigung von Kollektivvertretern vgl. § 11 EntschAO (Reg.-Nr. 10.).

Sachverständigengutachten

Vorbemerkung: Vgl. § 11 der AO über ärztliche Begutachtungen (Reg.-Nr. 11.). Zur Entschädigung bzw. Vergütung von Sachverständigen vgl. §§ 9, 10 EntschAO (Reg.-Nr. 10.) sowie § 11 Abs. 5 der AO über ärztliche Begutachtungen und Ziff. 4 der Anlage zu dieser AO (Reg.-Nr. 11.).

§ 59

(1) Das Gericht kann Gutachten beiziehen, wenn es zur Feststellung und Beurteilung des Sachverhalts sachkundiger Unterstützung bedarf.

(2) Der mit der Erstattung des Gutachtens beauftragte Sachverständige ist verpflichtet, das Gutachten gewissenhaft und wahrheitsgemäß zu erstatten. Über diese Pflicht sowie über die strafrechtlichen Folgen der Erstattung eines vorsätzlich falschen oder unvollständigen Gutachtens ist er zu belehren.

(3) Das Gutachten ist schriftlich zu erstatten und dem Gericht zu übersenden. In dem Gutachten hat der Sachverständige zu versichern, daß er es gewissenhaft und wahrheitsgemäß erstattet hat und daß er auf seine Pflicht und die strafrechtlichen Folgen der Erstattung eines vorsätzlich falschen oder unvollständigen Gutachtens hingewiesen wurde.

Anmerkung: Zu den strafrechtlichen Folgen der vorsätzlichen Erstattung eines falschen oder unvollständigen Gutachtens vgl. § 230 Abs. 1 StGB.

(4) Das Gericht kann auch anordnen, daß das Gutachten mündlich zu erstatten ist.

(5) Der Sachverständige ist verpflichtet, auf Anordnung des Gerichts das schriftlich erstattete Gutachten in der mündlichen Verhandlung zu vertreten.

§ 60

(1) Dem Sachverständigen kann gestattet werden, zur Vorbereitung des Gutachtens Akten einzusehen, der Verhandlung beizuwohnen, an Ortsbesichtigungen teilzunehmen und unmittelbar Fragen zu stellen. Ihm können Beweisgegenstände zur Verfügung gestellt werden.

(2) Der Sachverständige kann im Rahmen des ihm erteilten Auftrages nach Zustimmung durch das Gericht die Prozeßparteien, Zeugen oder andere Personen befragen, wenn das zur Vorbereitung des Gutachtens erforderlich ist.

§ 61

(1) Zur Vorbereitung des Sachverständigengutachtens kann das Gericht eine ärztliche Untersuchung der Prozeßparteien anordnen, wenn das zur Feststellung des Sachverhalts erforderlich ist. In Verfahren zur Feststellung oder Anfechtung der Vaterschaft kann diese Anordnung auch gegenüber Zeugen und anderen Personen getroffen werden.

(2) Die Prozeßparteien, Zeugen und anderen Personen sind verpflichtet, sich den vom Gericht angeordneten Untersuchungen und den dazu erforderlichen Maßnahmen zu unterziehen. Die Untersuchung kann verweigert werden, wenn sich nachteilige Folgen für die Gesundheit ergeben können. Über die Berechtigung einer Weigerung entscheidet das Gericht unter Mitwirkung von Schöffen durch Beschluß.

(3) Ist für die zu treffende Sachentscheidung nach

anderen Gesetzen die Beurteilung des Geisteszustandes einer Prozeßpartei erforderlich und kann diese Feststellung anderweitig nicht getroffen werden, kann das Gericht mit Zustimmung des Staatsanwalts beschließen, daß der betreffende Bürger für die Dauer bis zu 6 Wochen in eine stationäre Einrichtung für psychisch Kranke eingewiesen wird. Die Einweisung ist nur zulässig, wenn das auf Grund eines ärztlichen Gutachtens geboten erscheint und ohne Nachteil für den Gesundheitszustand der Prozeßpartei ausführbar ist.

Anmerkung: Wegen der anderen Gesetze vgl. § 460 ZGB, § 52 FGB, §§ 6, 11ff. EinwG (Reg.-Nr. 7); zur Durchsetzung des Beschlusses vgl. § 68 Abs. 5 ZPO.

§ 62
Aussagen der Prozeßparteien
Ist der Sachverhalt auf andere Weise nicht aufzuklären, kann die Vernehmung einer oder beider Prozeßparteien zu bestimmten Fragen angeordnet werden. § 57 findet entsprechende Anwendung. Die Prozeßparteien können die Aussage verweigern.

§ 63
Beweisgegenstände
(1) Prozeßparteien und andere Personen sind verpflichtet, Beweisgegenstände zum Zwecke der Beweisaufnahme vorzulegen oder zugänglich zu machen. Im Falle der Weigerung kann zur Erfüllung dieser Verpflichtung die Vollstreckung beschlossen werden.

Anmerkung: Die Vollstreckung des Beschlusses erfolgt nach §127 ZPO.

(2) Ist die Vorlegung von Beweisgegenständen nicht möglich oder nicht zweckmäßig, können Ortsbesichtigungen durchgeführt, der Ablauf bestimmter Ereignisse direkt beobachtet oder die Rekonstruktion von Vorgängen veranlaßt werden.

§ 64
Beendigung der Beweisaufnahme
Nach der Beweisaufnahme ist den Prozeßparteien, dem Staatsanwalt, dem Organ der Jugendhilfe, dem Vertreter der Gewerkschaft und den Beauftragten von Kollektiven der Werktätigen und gesellschaftlichen Organisationen Gelegenheit zur abschließenden Stellungnahme und gegebenenfalls zur Änderung ihrer Anträge zu geben.

§ 65
Verzicht auf mündliche Verhandlung
(1) In Zivilsachen und in Verfahren zur Abänderung von Unterhaltsverpflichtungen kann der Vorsitzende mit Einverständnis beider Prozeßparteien anordnen, daß von der mündlichen Verhandlung abgesehen wird. Diese Anordnung ist nur zulässig, wenn das Ziel des Verfahrens ohne mündliche Verhandlung erreicht werden kann und eine Beweisaufnahme nicht erforderlich oder nur Beweis durch Urkunden oder Auskünfte zu erheben ist.

Anmerkung: Vgl. Ziff. 3.1. der als Anmerkung zu § 8 Abs. 1 ZPO auszugsw. abgedruckten OG-Richtlinie.

(2) Beigezogene Urkunden oder Auskünfte sind den Prozeßparteien zur Stellungnahme innerhalb einer angemessenen Frist mitzuteilen.
(3) Das Urteil ist innerhalb einer Woche nach Ablauf der nach Abs. 2 gesetzten Frist unter Mitwirkung von Schöffen zu beraten, schriftlich abzufassen und zu unterschreiben. Eine Verkündung findet nicht statt. Das Urteil ist unverzüglich zuzustellen.
(4) Kann der Rechtsstreit nicht entschieden werden, ist mündliche Verhandlung anzuordnen.

Nichterscheinen der Prozeßparteien zur mündlichen Verhandlung

§ 66
(1) Erscheint der Kläger trotz ordnungsgemäßer Ladung nicht zum Termin und ist er nicht vertreten, ist ein neuer Verhandlungstermin zu bestimmen, soweit nicht trotz Abwesenheit des Klägers die Verhandlung durchgeführt und eine Entscheidung getroffen werden kann. Eine Entscheidung zur Sache darf nur ergehen, wenn der Sachverhalt geklärt und festgestellt werden kann. In Ehescheidungssachen ist stets ein neuer Verhandlungstermin zu bestimmen.

Anmerkung: Vgl. Anmerkung zu § 65 Abs. 1. ZPO.

(2) Erscheint der Kläger trotz ordnungsgemäßer Ladung zum neuen Verhandlungstermin erneut nicht und ist er nicht vertreten, ist das Verfahren durch Beschluß einzustellen.
(3) Erscheinen zum Verhandlungstermin beide Prozeßparteien nicht und sind sie nicht vertreten, kann das Gericht das Verfahren einstellen. Die Einstellungsverfügung ist aufzuheben, wenn der Kläger innerhalb von 2 Wochen nach ihrer Zustellung die Fortsetzung des Verfahrens beantragt.

§ 67
(1) Erscheint der Verklagte unentschuldigt nicht zur mündlichen Verhandlung und ist er nicht vertreten, kann das Gericht die Verhandlung durchführen und entscheiden, wenn Klage und Ladung dem Verklagten unter der Wahrung der Frist des § 37 Abs. 3 Satz 1 zugestellt wurden, oder einen neuen Verhandlungstermin bestimmen. In Ehescheidungssachen und in Sachen, in denen ein staatliches Organ verklagt ist, muß ein neuer Verhandlungstermin bestimmt werden.
(2) Erscheint in einer Ehescheidungssache zum neuen Verhandlungstermin der Verklagte trotz ord-

nungsgemäßer Ladung erneut unentschuldigt nicht und ist er nicht vertreten, kann die mündliche Verhandlung durchgeführt und eine Entscheidung getroffen werden.

(3) Eine Entscheidung zur Sache darf nur ergehen, wenn der Sachverhalt geklärt und festgestellt werden kann. Grundlage der Entscheidung bilden das in der Klageschrift enthaltene Vorbringen des Klägers, soweit es nicht im Widerspruch zu seinen sonstigen Erklärungen steht, die vom Gericht getroffenen Feststellungen, das dem Gericht bekannt gewordene Vorbringen des Verklagten und die Unterlagen des in der Sache tätig gewesenen gesellschaftlichen Gerichts.

(4) Kann eine das Verfahren abschließende Entscheidung nicht getroffen werden, ist neuer Verhandlungstermin zu bestimmen.

§ 68
Aufrechterhaltung der Ordnung

(1) Dem Vorsitzenden obliegt die Aufrechterhaltung der Ordnung in der Verhandlung. Er kann Bürger, welche die Ordnung stören oder die Würde des Gerichts verletzen, aus dem Verhandlungsraum weisen. Er kann zur Prozeßvertretung ungeeignete Prozeßbevollmächtigte zurückweisen.

(2) Der Vorsitzende kann den Prozeßparteien, ihren gesetzlichen Vertretern oder Prozeßbevollmächtigten, den Zeugen, Sachverständigen oder anderen Personen durch Beschluß eine Ordnungsstrafe auferlegen, wenn diese die ihnen im Verfahren obliegenden Pflichten unberechtigt nicht erfüllen, die Ordnung in der Verhandlung stören oder die Würde des Gerichts verletzen. Die Ordnungsstrafe kann bis zu einer Höhe von 500 M auferlegt werden. Diese Maßnahme kann mehrfach erfolgen.

(3) Zu Prozeßbevollmächtigten bestellte Rechtsanwälte oder Vertreter der Gewerkschaften dürfen nicht zurückgewiesen, aus dem Verhandlungsraum gewiesen oder mit einer Ordnungsstrafe belegt werden. Das gleiche gilt für Vertreter der Gewerkschaften, die am Verfahren mitwirken, sowie für Beauftragte von Kollektiven der Werktätigen und gesellschaftlichen Organisationen.

(4) Befolgt ein Zeuge nach Auferlegung einer Ordnungsstrafe eine gerichtliche Vorladung nicht, kann der Vorsitzende die Vorführung des Zeugen durch die Deutsche Volkspolizei anordnen.

Anmerkung: Zur Vorführung durch die DVP vgl. § 7 Abs. 4 VPG.

(5) Gegenüber Bürgern, die einer gerichtlich auferlegten Pflicht zur Duldung einer ärztlichen Untersuchung oder den dazu erforderlichen Maßnahmen unberechtigt nicht nachkommen, kann der Vorsitzende nach erfolglos gebliebener Auferlegung einer Ordnungsstrafe durch unanfechtbaren Beschluß die Vorführung durch den Sekretär anordnen.

Anmerkung: Der Sekretär kann gem. § 7 Abs. 3 VPG die Unterstützung der DVP in Anspruch nehmen.

§ 69
Protokoll

(1) Über die Verhandlung ist ein Protokoll aufzunehmen. Im Protokoll ist der Gang der Verhandlung und ihr wesentlicher Inhalt wiederzugeben. Es ist vom Vorsitzenden zu bestätigen.

Anmerkung: Zum wesentlichen Inhalt vgl. § 9 Abs. 4, § 45 Abs. 1, § 46 Abs. 1, § 48 Abs. 2 und 3, § 54 Abs. 1, § 81 Abs. 2 und § 142 Abs. 2 ZPO.

(2) Die Einhaltung der Verfahrensvorschriften kann nur durch das Protokoll nachgewiesen werden.

(3) Offenbare Unrichtigkeiten im Protokoll können vom Vorsitzenden jederzeit berichtigt werden. Die Berichtigung ist in dem Protokoll kenntlich zu machen. Prozeßparteien, die vom Protokoll bereits Kenntnis haben, ist die Berichtigung mitzuteilen.

(4) Sollen Unrichtigkeiten, die nicht offenbar sind, berichtigt werden, ist eine mündliche Verhandlung durchzuführen, sofern das Einverständnis der Prozeßparteien zur vorgesehenen Berichtigung nicht zu erlangen ist.

Fünftes Kapitel
Besonderheiten im Verfahrensablauf

Erster Abschnitt
Befreiung von den Folgen einer Fristversäumnis

§ 70

(1) Versäumt eine Prozeßpartei unverschuldet eine in diesem Gesetz bestimmte oder eine vom Gericht gesetzte Frist, ist ihr auf Antrag Befreiung von den Folgen der Versäumnis zu gewähren.

Anmerkung: Beginn, Ende und Berechnung einer Frist ergeben sich aus §§ 470, 471 ZGB. Vgl. auch § 296 Abs. 5 AGB, § 54 Abs. 2 KKO und § 49 Abs. 2 SchKO.

(2) Der Antrag ist binnen 2 Wochen nach Beseitigung des Hindernisses bei dem Gericht zu stellen und zu begründen, bei welchem die Handlung vorzunehmen war. Diese ist gleichzeitig nachzuholen. Der Antrag kann nicht mehr gestellt werden, wenn seit dem Ablauf der versäumten Frist 1 Jahr verstrichen ist.

(3) Über den Antrag entscheidet das Gericht, das für die Entscheidung über die versäumte Handlung zuständig ist, durch Beschluß.

Zweiter Abschnitt
Unterbrechung des Verfahrens

§ 71

(1) Das Verfahren wird unterbrochen, wenn eine Prozeßpartei handlungsunfähig wird, stirbt oder, soweit der Rechtsstreit das Vermögen betrifft, das Recht zur Verfügung über ihr Vermögen verliert. Die Unterbrechung des Verfahrens ist durch Beschluß festzustellen. Eine vor Erlaß des Beschlusses ergangene Entscheidung ist wirksam. Eine Ehescheidungssache wird mit dem Zeitpunkt des Todes eines Ehegatten beendet.

Anmerkung: Das Recht zur Verfügung über das Vermögen besteht dann nicht mehr, wenn eine Verwaltung des Vermögens (z. B. bei Pflegschaft, Gesamtvollstreckung, Treuhandschaft) angeordnet ist.

(2) Das Gericht soll die Unterbrechung des Verfahrens beschließen, wenn
1. der Ausgang eines anderen Verfahrens oder die Entscheidung eines anderen Organs für die in der Sache zu treffende Entscheidung von Bedeutung sein kann;
2. eine Prozeßpartei durch unabwendbare Umstände vorübergehend nicht in der Lage ist, ihre Rechte im Verfahren wahrzunehmen;
3. über die Höhe eines Unterhaltsanspruchs nicht entschieden werden kann, weil der Verpflichtete vorübergehend leistungsunfähig ist;
4. das Gericht bei Ausspruch der Ehescheidung angeordnet hat, daß die Ehegatten das elterliche Erziehungsrecht für eine bestimmte Zeit nicht ausüben dürfen.

(3) Ergibt sich der Verdacht einer Straftat, ist dem Staatsanwalt der Sachverhalt mitzuteilen. Das Gericht soll die Unterbrechung des Verfahrens beschließen, wenn der Ausgang des Strafverfahrens für die in der Sache zu treffende Entscheidung von Bedeutung sein kann.

(4) Während der Unterbrechung ruht das Verfahren. Das Gericht hat geeignete Maßnahmen zur Beseitigung des Verfahrenshindernisses zu treffen.

(5) Die durch dieses Gesetz bestimmten Fristen laufen während der Unterbrechung nicht.

§ 72

(1) Das Gericht beschließt die Fortsetzung des Verfahrens, wenn die Gründe, die zur Unterbrechung geführt haben, weggefallen sind.

(2) Mit der Zustellung des Beschlusses über die Fortsetzung des Verfahrens beginnen unterbrochene Fristen von neuem.

Dritter Abschnitt
Ausschließung von Richtern und Schöffen

§ 73
Ausschließungsgründe

(1) Ein Richter oder Schöffe ist von der Mitwirkung an der Verhandlung und Entscheidung ausgeschlossen, wenn
1. über ein Rechtsmittel oder einen Kassationsantrag zu entscheiden ist und er an der angefochtenen Entscheidung mitgewirkt hat;
2. er als Zeuge, Sachverständiger oder als Beauftragter eines Kollektivs der Werktätigen oder einer gesellschaftlichen Organisation im Verfahren mitgewirkt oder in derselben Sache als Mitglied eines gesellschaftlichen Gerichts an der Beratung dieses Gerichts teilgenommen hat;
3. er mit einer Prozeßpartei in engen verwandtschaftlichen oder sonstigen persönlichen Beziehungen steht;
4. er durch ein eigenes Interesse am Ausgang des Verfahrens befangen ist.

(2) Eine Prozeßpartei kann beantragen, einen Richter oder Schöffen wegen berechtigter Zweifel an seiner Unvoreingenommenheit auszuschließen. Der Antrag kann nicht mehr gestellt werden, wenn die Prozeßpartei trotz ihrer Zweifel an der Unvoreingenommenheit verhandelt hat.

§ 74
Entscheidung über den Ausschluß

(1) Wird geltend gemacht, daß ein Richter oder Schöffe mitwirkt, der nach § 73 Abs. 1 ausgeschlossen ist, oder wird nach § 73 Abs. 2 die Ausschließung beantragt, ist über den Ausschluß durch Beschluß zu entscheiden.

(2) Über den Ausschluß eines Richters oder Schöffen entscheidet die Kammer, der der Richter oder Schöffe angehört. Der Richter oder Schöffe hat sich über das Vorliegen des geltend gemachten Ausschließungsgrundes schriftlich zu äußern. An die Stelle des Richters tritt sein Vertreter, an die Stelle des Schöffen tritt ein anderer Schöffe. Ist ein Vertreter des Richters nicht vorhanden, ist durch das Bezirksgericht ein Richter abzuordnen.

(3) Bis zur Entscheidung über den Ausschluß darf der Richter oder der Schöffe im Verfahren nur solche Handlungen vornehmen, die keinen Aufschub gestatten.

(4) Der Beschluß, durch den der Richter oder Schöffe ausgeschlossen wird, ist unanfechtbar.

§ 75
Prüfungspflicht

Das Gericht hat ihm bekannt gewordene Ausschließungsgründe zu prüfen, auch wenn sie nicht vorgebracht worden sind.

§ 76
Ausschließung des Sekretärs, Sachverständigen oder Dolmetschers

(1) Die Bestimmungen der §§ 73 und 75 gelten entsprechend für den Sekretär, soweit er innerhalb seiner Zuständigkeit Entscheidungen zu treffen hat, sowie für Sachverständige und Dolmetscher.

Anmerkung: Die Entscheidungsbefugnis des Sekretärs ergibt sich aus §§ 14, 15, 85ff., 136ff., 144ff., 178ff. ZPO, § 1 Abs. 3 GrundstVollstrVO (Reg.-Nr. 2.), § 1 Abs. 3 GesVollstrVO (Reg.-Nr. 3.), § 30 Abs. 2 SchVO (Reg.-Nr. 5.), § 1 Abs. 3 JKO (Reg.-Nr. 8.).

(2) Über den Ausschluß des Sekretärs entscheidet der Direktor des Kreisgerichts, über den Ausschluß eines Sachverständigen oder Dolmetschers entscheidet das Gericht, das den Sachverständigen oder Dolmetscher hinzugezogen hat. Diese Entscheidungen sind unanfechtbar.

Sechstes Kapitel
Urteile und Beschlüsse

§ 77
Gegenstand der Entscheidung

(1) Die Entscheidung ergeht durch Urteil auf der Grundlage des festgestellten Sachverhalts, der gestellten Anträge und, wenn Einspruch gegen die Entscheidung eines gesellschaftlichen Gerichts eingelegt ist, auch im Rahmen des dort behandelten Streitfalles.

Anmerkung: Vgl. Ziff. 3.2. der als Anmerkung zu § 8 Abs. 1 ZPO auszugsw. abgedruckten OG-Richtlinie.

(2) Der Entscheidung sind diejenigen Tatsachen zugrunde zu legen, die Gegenstand der mündlichen Verhandlung gewesen sind. Die Entscheidung ist von dem Richter und den Schöffen zu treffen, die am letzten Verhandlungstermin teilgenommen haben.
(3) Wurde von einer mündlichen Verhandlung abgesehen (§ 65), dürfen nur das Vorbringen der Prozeßparteien zugrunde gelegt und die Beweismittel verwendet werden, die beiden Prozeßparteien zur Kenntnis gelangt sind.
(4) Das Gericht kann zunächst über einen Teil entscheiden, wenn das zweckmäßig ist. Ist ein Anspruch nach Grund und Höhe streitig, kann über den Grund vorab entschieden werden.
(5) Ist streitig, ob Gründe vorliegen, die eine Entscheidung zur Sache ausschließen (§ 31 Abs. 1), kann darüber durch Beschluß vorab entschieden werden. Liegen die Voraussetzungen für eine Sachentscheidung nicht vor, ist die Klage durch Beschluß als unzulässig abzuweisen.

Inhalt des Urteils

§ 78

(1) Das Urteil hat zu enthalten:
1. Name, Anschrift und Beruf der Prozeßparteien und ihrer Vertreter,
2. die Bezeichnung und Besetzung des Gerichts sowie den Tag der Verkündung,
3. den Urteilsspruch einschließlich der Entscheidung über die Verfahrenskosten,
4. die Begründung und
5. die Rechtsmittelbelehrung.

(2) Wurde ein Einspruch auf Überprüfung der Entscheidung eines gesellschaftlichen Gerichts abgewiesen, ist im Urteil eine nach § 89 notwendige Vollstreckbarkeitserklärung auszusprechen.
(3) Von einer schriftlichen Begründung kann abgesehen werden, wenn in einer Zivilrechtssache der Verklagte weder zu der Klage Stellung genommen noch sich auf andere Weise am Verfahren beteiligt hat und die Entscheidung dem Antrag des Klägers entspricht oder wenn die Prozeßparteien eines Ehescheidungsverfahrens im Falle des § 50 Ziff. 1 nach Verkündung des Urteils auf Rechtsmittel und auf eine schriftliche Begründung verzichtet haben.

§ 79

(1) Wird eine Prozeßpartei zu einer Zahlung verurteilt, soll im Urteilsspruch zugleich die Art und Weise der Erfüllung festgelegt werden. Es können Leistungsfristen oder Ratenzahlungen bestimmt werden, wenn das die wirtschaftliche Lage des zur Leistung verpflichteten Bürgers erfordert und für den Gläubiger zumutbar ist. Das Gericht kann festlegen, daß im Falle der Nichteinhaltung der gewährten Zahlungserleichterung der gesamte Anspruch sofort zu erfüllen ist. Für die laufende monatliche Zahlung von Unterhalt oder des Mietpreises für die Wohnung ist eine Festlegung von Zahlungserleichterungen nicht zulässig.

Anmerkung: Vgl. Ziff. 3.4. der als Anmerkung zu § 8 Abs. 1 ZPO auszugsw. abgedruckten OG-Richtlinie.

(2) Die Verurteilung auf künftig wiederkehrende Leistungen, die von einer Gegenleistung abhängig sind, kann zeitlich begrenzt werden.
(3) Wird eine Prozeßpartei zur Vornahme, Duldung oder Unterlassung einer Handlung verurteilt, kann das Gericht zugleich die Rechte des Gläubigers und die zu treffenden Maßnahmen für den Fall festlegen, daß der Schuldner innerhalb der im Urteil bestimmten Frist diese Handlung nicht vornimmt oder der Verpflichtung zur Duldung oder Unterlassung zuwiderhandelt. Es können dem Schuldner die voraussichtlichen Kosten einer Ersatzvornahme auferlegt oder ein angemessenes Zwangsgeld angedroht werden.
(4) Wird eine Prozeßpartei zur Zuführung eines

Kindes an den Erziehungsberechtigten verurteilt, ist im Urteilsspruch zugleich das Organ der Jugendhilfe zu beauftragen, das Kind dem Erziehungsberechtigten zuzuführen.

Anmerkung: Vgl. § 18 Abs. 1 Ziff. 1 Buchst. f der JugendhilfeVO.

§ 80
Urteil wegen Vaterschaftsfeststellung
Ist in das Verfahren zur Feststellung der Vaterschaft ein weiterer Verklagter einbezogen worden, ist bei der Feststellung der Vaterschaft eines Verklagten das Verfahren gegenüber dem nicht als Vater festgestellten Verklagten im Urteilsspruch einzustellen. Ist ein Verklagter als Vater auszuschließen, ist die Klage gegen diesen abzuweisen.

Anmerkung: Vgl. § 35 Abs. 2 und 3 ZPO.

§ 81
Verkündung des Urteils
(1) Das Urteil ist von den am letzten Verhandlungstermin beteiligten Richtern und Schöffen zu beraten, schriftlich abzufassen und zu unterschreiben. Das Urteil ist am Schluß der mündlichen Verhandlung, spätestens innerhalb von 3 Arbeitstagen nach der abschließenden Stellungnahme der Prozeßparteien (§ 64), öffentlich zu verkünden.
(2) Die Verkündung geschieht durch Verlesen des vollständigen Urteils. Bei Abwesenheit der Prozeßparteien kann die Verlesung der Begründung unterbleiben. Die Verkündung ist zu protokollieren. Durch unanfechtbaren Beschluß kann die Öffentlichkeit für die Verkündung der Begründung ausgeschlossen werden, wenn die Voraussetzungen des § 44 vorliegen.
(3) War die vollständige schriftliche Abfassung der Begründung bis zur Verkündung nicht möglich, ist der Urteilsspruch schriftlich abzufassen, vom Richter und den Schöffen zu unterschreiben und zu verkünden. Der wesentliche Inhalt der Begründung und das zulässige Rechtsmittel sind mündlich mitzuteilen. Das Urteil ist innerhalb einer Woche vollständig schriftlich abzufassen; die Begründung ist vom Richter und den Schöffen zu unterschreiben. Ist der Richter oder ein Schöffe an der Unterschriftsleistung verhindert, ist das unter Angabe der Hinderungsgründe auf dem Urteil zu vermerken.
(4) Die Zustellung des Urteils an die Prozeßparteien ist unverzüglich, spätestens innerhalb von 2 Wochen nach Verkündung, zu veranlassen.

§ 82
Berichtigung und Ergänzung des Urteils
(1) Das Gericht ist an sein Urteil gebunden und darf es weder widerrufen noch ändern.
(2) Das Gericht hat die im Urteil vorhandenen Schreib- und Rechenfehler und andere offenbare Unrichtigkeiten zu berichtigen. Erforderlichenfalls ist mündliche Verhandlung anzuordnen. Die Berichtigung erfolgt durch Beschluß.
(3) Das Gericht kann seine Entscheidung ergänzen, wenn ein Anspruch oder ein sonstiger Streitpunkt oder die Kostenentscheidung ganz oder teilweise übergangen worden ist. Die Entscheidung erfolgt nach mündlicher Verhandlung über den übergangenen Streitpunkt durch Urteil. Ist nur die Kostenentscheidung unterblieben, ergeht sie durch Beschluß.
(4) Die Berichtigung und Ergänzung kann auch auf Antrag erfolgen. Der Antrag ist innerhalb einer Woche nach Zustellung des Urteils zulässig. Der die Berichtigung ablehnende Beschluß ist unanfechtbar.
(5) Berichtigungen und Ergänzungen sind auf der Urschrift des Urteils zu vermerken.

§ 83
Rechtskraft
(1) Der Urteilsspruch wird mit Ablauf der für die Einlegung des Rechtsmittels bestimmten Frist (§§ 150 und 158) rechtskräftig, soweit kein Rechtsmittel eingelegt wurde. Die Rechtskraft tritt in Zivil- und Familienrechtssachen vor Ablauf dieser Frist zu dem Zeitpunkt ein, zu dem die Prozeßparteien dem Gericht gegenüber auf Rechtsmittel verzichtet haben.

Anmerkung: Zur Fristberechnung vgl. §§ 470, 471 ZGB.

(2) Die rechtskräftige Entscheidung ist für die Prozeßparteien verbindlich. Rechtskräftige Urteile, welche die Feststellung oder die Gestaltung des Personenstandes, die Handlungsfähigkeit eines Bürgers oder das elterliche Erziehungsrecht betreffen, sind allgemein verbindlich.
(3) Der Eintritt der Rechtskraft ist durch den Sekretär auf dem Urteil zu vermerken. Die den Prozeßparteien zugestellte Ausfertigung des Urteils versieht der Sekretär des Gerichts auf Antrag mit einer Rechtskraftbescheinigung.
(4) Eine gerichtliche Einigung wird verbindlich, wenn sie bis zum Ablauf der im § 46 Abs. 2 festgelegten Frist nicht widerrufen wurde. Der Eintritt der Verbindlichkeit ist durch den Sekretär auf der Einigung zu vermerken.

§ 84
Beschluß
Auf Beschlüsse sind die Bestimmungen über das Urteil entsprechend anzuwenden. Soweit nichts anderes bestimmt ist, können Beschlüsse auch ohne mündliche Verhandlung erlassen werden.

Anmerkung: Zum Erlaß von Beschlüssen ohne mündliche Verhandlung vgl. § 25 Abs. 2 Satz 4 und § 33 Abs. 2 Satz 3 GVG.

Siebentes Kapitel
Vollstreckung

Erster Abschnitt
Einleitung der Vollstreckung

Grundsätze

§ 85

(1) Die zur Erfüllung eines vollstreckbaren Anspruchs Verpflichteten haben alle Anstrengungen zu unternehmen, um die ihnen obliegenden Verpflichtungen pünktlich und vollständig zu erfüllen. Dabei haben sie entsprechend den Grundsätzen der sozialistischen Moral mit dem Berechtigten zusammenzuwirken.

(2) Erhalten Betriebe davon Kenntnis, daß bei ihnen beschäftigte Werktätige vollstreckbare Verpflichtungen nicht ordnungsgemäß erfüllen, haben sie auf die pünktliche und vollständige Erfüllung Einfluß zu nehmen. Dabei sollen die Betriebe die Hilfe der Kollektive der Werktätigen, insbesondere der Mitglieder der Konfliktkommissionen und der Schöffen, in Anspruch nehmen.

(3) Tritt ein Werktätiger zur Erfüllung einer vollstreckbaren Verpflichtung auf Zahlung von Unterhalt, auf Zahlung des Mietpreises für die Wohnung oder auf Ersatz eines durch eine Straftat verursachten Schadens einen entsprechenden Teil seines Arbeitseinkommens an den Berechtigten ab, hat der Betrieb der Abtretung zuzustimmen und die Zahlung der dem Berechtigten zustehenden Beträge zu veranlassen.

Anmerkung: Zur Wirkung der Abtretung vgl. § 113 ZPO.

§ 86

(1) Wird eine vollstreckbare Verpflichtung nicht freiwillig erfüllt, ist auf Antrag des Berechtigten (Gläubiger) die Vollstreckung gegen den Verpflichteten (Schuldner) durchzuführen.

(2) Der Schuldner ist verpflichtet, dem Kreisgericht Mitteilung über seine Arbeitsstelle, seine Einkommensverhältnisse und sonstigen Vermögenswerte, über weitere von ihm zu erfüllende Verpflichtungen sowie über Veränderungen in seinen Verhältnissen zu machen, die während der Vollstreckung eingetreten sind. Der Gläubiger ist verpflichtet, bei der Sicherung seiner Ansprüche mitzuwirken und das Kreisgericht bei der Verwirklichung seiner Ansprüche zu unterstützen.

(3) Die Vollstreckung soll bis zur vollständigen Erfüllung des Anspruchs einschließlich der Kosten der Vollstreckung, soweit sie vom Schuldner zu tragen sind, durchgeführt werden. Sie ist so vorzunehmen, daß die Rechte des Gläubigers gewahrt und ungerechtfertigte Nachteile für den Schuldner vermieden werden.

Anmerkung: Vgl. hierzu auch § 6 der UnterhaltsVO vom 2. 3. 1978 (GBl. I Nr. 12 S. 149) und § 11 der 1. DB vom 12. 4. 1978 zur UnterhaltsVO (GBl. I Nr. 12 S. 152):

„§ 6
Regelung von Zahlungsverpflichtungen

(1) Wehrpflichtigen oder unterhaltsberechtigten Angehörigen können unter Berücksichtigung ihrer sozialen Verhältnisse Zahlungsverpflichtungen gegenüber staatlichen und genossenschaftlichen Kreditinstituten, volkseigenen Betrieben, staatlichen Organen und Einrichtungen für die Dauer des Grundwehrdienstes ganz oder teilweise gestundet werden.

(2) Zur Erfüllung von während des Grundwehrdienstes fälligen Zahlungsverpflichtungen des Wehrpflichtigen oder seiner unterhaltsberechtigten Angehörigen gegenüber Bürgern, sozialistischen Genossenschaften, Handwerks- und Gewerbebetrieben oder anderen als im Abs. 1 genannten Gläubigern kann ein zinsloser Kredit gewährt werden, wenn mit dem Gläubiger keine Vereinbarung über eine Stundung bzw. andere Zahlungserleichterungen zu erzielen ist.

(3) Sämtliche Unterhaltsverpflichtungen Wehrpflichtiger aus Urteilen, gerichtlichen Einigungen und anderen Vollstreckungstiteln erlöschen für die Zeit des Grundwehrdienstes, soweit sie die staatlichen Leistungen nach dieser Verordnung übersteigen."

„§ 11

(1) Die Möglichkeit der Stundung von Zahlungsverpflichtungen oder der Gewährung zinsloser Kredite gemäß § 6 Absätze 1 und 2 der Verordnung bezieht sich auf Zahlungsverpflichtungen, die vor der Einberufung zum Grundwehrdienst entstanden sind.

(2) Als Zahlungsverpflichtungen, die gestundet werden können, gelten auch die fälligen Rückzahlungsraten für Teilzahlungskredite, die beim Kauf von Konsumgütern in Anspruch genommen wurden."

(4) Wird die Vollstreckung eines Zahlungsanspruchs beantragt, sind zunächst die Arbeitseinkünfte des Schuldners zu pfänden. Die Vollstreckung in andere Forderungen oder in Sachen des Schuldners soll erfolgen, wenn das zu einer schnelleren Erfüllung des Anspruchs führt oder wenn die Pfändung der Arbeitseinkünfte erfolglos geblieben oder von vornherein aussichtslos ist. Es können auch mehrere Vollstreckungsmaßnahmen gleichzeitig durchgeführt werden.

Anmerkung: Vgl. Ziff. 3.4. der als Anmerkung zu § 8 Abs. 1 ZPO auszugsw. abgedruckten OG-Richtlinie.

§ 87

(1) Wird die Vollstreckung gegen einen volkseigenen Betrieb beantragt, ist das übergeordnete staatliche oder wirtschaftsleitende Organ auf Ersuchen des Richters verpflichtet, die Erfüllung des Anspruchs aus den Mitteln dieses Betriebes zu veranlassen.

(2) Erfüllt eine sozialistische Genossenschaft oder eine gesellschaftliche Organisation eine vollstreckbare Verpflichtung nicht, erfolgt eine Vollstreckung, soweit in Rechtsvorschriften nichts anderes bestimmt ist, in finanzielle Mittel und solche Sachen, die nicht Grundlage der wirtschaftlichen Tätigkeit der sozialistischen Genossenschaft oder zur Erfüllung der Aufgaben der gesellschaftlichen Organisation erforderlich sind.

§ 88
Vollstreckbare Entscheidungen und Urkunden

(1) Die Vollstreckung erfolgt aus:
1. rechtskräftigen gerichtlichen Entscheidungen und verbindlichen gerichtlichen Einigungen;
2. für vollstreckbar erklärten Entscheidungen gesellschaftlicher Gerichte (§ 89);
3. für vollstreckbar erklärten im schiedsgerichtlichen Verfahren ergangenen Schiedssprüchen oder abgeschlossenen Einigungen;
4. rechtskräftigen Beschlüssen der Beschwerdekommissionen für Sozialversicherung des FDGB und der Beschwerdekommissionen der Sozialversicherung bei der Staatlichen Versicherung der Deutschen Demokratischen Republik;
5. vollstreckbaren Entscheidungen und Urkunden anderer staatlicher Organe sowie aus anderen Vollstreckungstiteln, soweit deren Vollstreckung den Gerichten durch Rechtsvorschriften übertragen ist.

Anmerkungen: Zu Ziff. 1 vgl. §§ 46, 47, § 77 Abs. 1, § 78 Abs. 1, §§ 83, 84 ZPO, § 120 Abs. 5 StPO, § 27 Abs. 1 SchiedsgVO (Reg.-Nr. 4.).
Zu Ziff. 3 vgl. § 27 Abs. 2 SchiedsgVO (Reg.-Nr. 4.).
Zu Ziff. 4 vgl. Beschluß des Ministerrates der DDR und des Bundesvorstandes des FDGB vom 21. 2. 1978 zur Richtlinie über die Wahl, Aufgaben und Arbeitsweise der Beschwerdekommissionen für Sozialversicherung des FDGB (GBl. I Nr. 8 S. 109), VO vom 4. 5. 1979 über die Wahl, Aufgaben und Arbeitsweise der Beschwerdekommissionen für die Sozialversicherung bei der Staatlichen Versicherung der DDR – Beschwerdekommissionsordnung – (GBl. I Nr. 14 S. 106).
Zu Ziff. 5 vgl. § 120 Abs. 1 und 2 StPO, § 28 Abs. 3 PatG, §§ 21, 26, 43 NG, § 61 JugendhilfeVO, § 14 DispacheVO, § 14 Abs. 2 VerwVollstrVO.

(2) Auf die Vollstreckung von gerichtlichen Kostenrechnungen durch die dafür zuständigen Organe sind die folgenden Bestimmungen entsprechend anzuwenden.

Anmerkung: Vgl. § 1, § 8 Abs. 2 und § 9 JKO (Reg.-Nr. 8.).

(3) Sind vollstreckbare Unterhaltsansprüche, die trotz eingeleiteter Vollstreckungsmaßnahmen gegen den Unterhaltsverpflichteten nicht durchgesetzt werden konnten, gemäß § 21 Abs. 2 des Familiengesetzbuches auf ein staatliches Organ übergegangen, hat der Schuldner einen Aufschlag in Höhe von 15 % des übergegangenen Anspruchs zu zahlen. In besonderen Fällen kann das staatliche Organ von der Erhebung des Aufschlages absehen.
(4) Die Vollstreckung des übergegangenen Anspruchs und des Aufschlages erfolgt durch das für die Vollstreckung des Unterhalts zuständige Kreisgericht auf Grund eines Vollstreckungsauftrages des zuständigen staatlichen Organs. Insoweit ist eine Vollstrekkung für den Unterhaltsberechtigten unzulässig.

§ 89
Vollstreckbarkeitserklärung von Entscheidungen gesellschaftlicher Gerichte

(1) Über Anträge auf Erklärung der Vollstreckbarkeit von Entscheidungen der gesellschaftlichen Gerichte entscheidet die zuständige Kammer des Kreisgerichts, in dessen Bereich das gesellschaftliche Gericht seinen Sitz hat, durch unanfechtbaren Beschluß. Ist die Entscheidung des gesellschaftlichen Gerichts unter Beachtung der Rechtsvorschriften wirksam zustande gekommen und rechtskräftig und hat sie einen vollstreckbaren Inhalt, wird sie ohne mündliche Verhandlung für vollstreckbar erklärt. Die Entscheidung ergeht unter Mitwirkung der Schöffen. Bestehen Zweifel, ob die Voraussetzungen für die Erklärung der Vollstreckbarkeit vorliegen, ist eine mündliche Verhandlung durchzuführen.

Anmerkung: Vgl. §§ 58, 59 KKO, §§ 54, 55, SchKO.

(2) Das Gericht kann die Entscheidung vollstreckungsfähig gestalten, wenn das dem Ergebnis der Beratung des gesellschaftlichen Gerichts entspricht und wenn darüber in der mündlichen Verhandlung Klarheit erzielt worden ist.
(3) Die Erklärung der Vollstreckbarkeit ist ganz oder teilweise zu versagen, wenn die im Abs. 1 genannten Voraussetzungen nicht vorliegen oder die Vollstrekkung unzulässig ist. Wird die Erklärung der Vollstreckbarkeit der Entscheidung des gesellschaftlichen Gerichts versagt, kann der aus dieser Entscheidung Berechtigte seinen Anspruch durch Klage geltend machen; in Arbeitsrechtssachen ist die Erhebung der Klage nur bis zum Ablauf einer Frist von 2 Wochen nach Zustellung des die Vollstreckbarkeit versagenden Beschlusses zulässig.

§ 90
Voraussetzungen für die Vollstreckung

(1) Die Vollstreckung darf erst nach Zustellung der im § 88 Abs. 1 genannten Entscheidungen und Ur-

kunden erfolgen. Eine einstweilige Anordnung kann bereits vor Rechtskraft und Zustellung vollstreckt werden.

Anmerkung: Satz 2 gilt auch für Arrestbefehle gemäß § 120 StPO.

(2) Ist die Vollstreckung von der Erfüllung einer Gegenleistung abhängig, darf sie nur durchgeführt werden, wenn die zu leistende Sache oder der Geldbetrag dem Sekretär zur Aushändigung an den Berechtigten übergeben wurde oder die Hinterlegung oder die Erfüllung nachgewiesen ist.

Anmerkung: Zur Hinterlegung vgl. § 428 Abs. 2 ZGB, §§ 39–41 NG.

(3) Soll die Vollstreckung für oder gegen einen Rechtsnachfolger durchgeführt werden, ist die Rechtsnachfolge nachzuweisen. Durch Beschluß des Sekretärs ist festzustellen, wer Rechtsnachfolger ist oder auf wen Rechte und Pflichten übergegangen sind.
(4) In Verfahren, in denen Rechte durch einen gesetzlichen Vertreter, einen Prozeßbeauftragten oder einen Dritten im eigenen Namen wahrgenommen werden, berechtigt eine gegen den gesetzlichen Vertreter, Prozeßbeauftragten oder Dritten ergangene Entscheidung nur zur Vollstreckung in das Einkommen und Vermögen des Vertretenen.

Anmerkung: Vgl. § 43 Satz 2 FGB, § 8 Abs. 1 GesVollstrVO (Reg.-Nr. 3.), § 14 Abs. 1 SchVO (Reg.-Nr. 5.).

Antrag auf Vollstreckung

§ 91
(1) In dem Antrag auf Vollstreckung ist die gerichtliche Entscheidung, aus der vollstreckt werden soll, genau zu bezeichnen. Soll aus einer Urkunde oder Entscheidung eines anderen Organs vollstreckt werden, ist dem Antrag eine vollstreckbare Ausfertigung beizufügen.
(2) Der Gläubiger soll in dem Antrag Angaben über bereits geleistete Zahlungen und vorangegangene Vollstreckungsmaßnahmen sowie über die Einkommens- und Vermögensverhältnisse des Schuldners machen und Vorschläge über die Art und Weise der Vollstreckung unterbreiten. Er ist verpflichtet, ihm bekannte den Schuldner betreffende Veränderungen, durch die die Vollstreckungsmaßnahmen beeinflußt werden können, dem Gericht mitzuteilen.

§ 92
(1) Der Antrag auf Vollstreckung ist vom Sekretär durch Beschluß zurückzuweisen, wenn die Vollstreckung des Anspruchs verjährt ist und nicht nach Abs. 2 ausdrücklich zugelassen worden ist.
(2) Über den Antrag des Gläubigers auf Zulassung der Vollstreckung nach Ablauf der Verjährungsfrist entscheidet die zuständige Kammer des Kreisgerichts nach mündlicher Verhandlung durch Beschluß.

Anmerkung: Zur Vollstreckungsverjährung vgl. § 480 ZGB.

Zweiter Abschnitt
Zuständigkeit

§ 93
(1) Für die Vollstreckung aus einer gerichtlichen Entscheidung oder Einigung ist das Kreisgericht zuständig, bei dem das Verfahren in erster Instanz durchgeführt oder eine Vollstreckbarkeitserklärung erlassen wurde, soweit die Vollstreckung nicht in einem anderen Staat durchzuführen ist. Wurde das Verfahren in erster Instanz bei dem Bezirksgericht durchgeführt oder soll aus Urkunden und Entscheidungen anderer Organe vollstreckt werden, ist das Kreisgericht zuständig, in dessen Bereich der Schuldner seinen Wohnsitz hat. Dieses Gericht ist auch zuständig, wenn aus einer gerichtlichen Einigung vollstreckt werden soll, die abgeschlossen wurde, ohne daß ein Verfahren anhängig war.

Anmerkung: Vgl. auch die besonderen Zuständigkeitsregelungen in § 1 Abs. 3 Satz 2 GrundstVollstrVO (Reg.-Nr. 2.), § 1 Abs. 3 GesVollstrVO (Reg.-Nr.3.), § 30 Abs. 2 SchVO (Reg.-Nr. 5.) sowie die Regelung der Vollstreckungsbereiche in § 29 Abs. 1 der 3. DB zur ZPO (Reg.-Nr. 1.3.).

(2) Das zuständige Kreisgericht kann ein anderes Kreisgericht um die Durchführung einzelner Vollstreckungsmaßnahmen ersuchen.

Anmerkung: Zur innerstaatlichen Vollstreckungshilfe vgl. § 57 Abs. 1 und 2 GVG sowie § 29 Abs. 2 und 3 der 3. DB zur ZPO (Reg.-Nr. 1.3.).

(3) Wohnt der Schuldner nicht oder nicht mehr im Bereich des nach Abs. 1 zuständigen Gerichts, ist die Sache an das für den Wohnsitz des Schuldners zuständige Kreisgericht zu verweisen, wenn das im Interesse einer schnellen und sachgemäßen Verwirklichung der Entscheidung erforderlich ist. Das gilt auch, wenn der Schuldner während der Vollstreckung seinen Wohnsitz in den Bereich eines anderen Kreisgerichts verlegt. Mit der Verweisung wird die Zuständigkeit dieses Kreisgerichts begründet. Die Verweisung ist den Beteiligten mitzuteilen.

Anmerkung: Vgl. auch die Verweisungspflicht gem. § 7 Abs. 3 Satz 2 GesVollstrVO (Reg.-Nr. 3.).

(4) Soll die Vollstreckung im Wege der Rechtshilfe in einem anderen Staat erfolgen, ist der erforderliche Antrag des Gläubigers aufzunehmen und an das zuständige Gericht des anderen Staates weiterzuleiten.

§ 94

(1) Die Vollstreckung obliegt dem Sekretär. Er bestimmt, welche Vollstreckungsmaßnahmen durchzuführen sind, und trifft die erforderlichen Entscheidungen, soweit nicht eine Entscheidung durch die zuständige Kammer des Kreisgerichts oder durch den Richter vorgeschrieben ist. Der Sekretär führt die Vollstreckungsmaßnahmen durch, erforderlichenfalls auch gegen den Widerstand des Schuldners.

Anmerkung: Vgl. Anmerkung zu § 68 Abs. 5 ZPO und § 4 der 3. DB zur ZPO (Reg.-Nr. 1.3.) sowie die Regelung der Vollstreckungszeit in § 30 der 3. DB zur ZPO.

(2) Zur Wahrung der Rechte des Gläubigers oder zur Vermeidung ungerechtfertigter Nachteile für den Schuldner kann der Sekretär durch Beschluß eine Entscheidung über die Art und Weise der Erfüllung eines Anspruchs ändern oder eine solche Entscheidung treffen.

Anmerkung: Vgl. § 79 Abs. 1 ZPO.

§ 95

(1) Der Sekretär kann den Schuldner vorladen und ihn über seine wirtschaftlichen Verhältnisse vernehmen. Er kann dem Schuldner aufgeben, innerhalb einer Frist ein mit der Versicherung der Richtigkeit versehenes Vermögensverzeichnis vorzulegen. Der Schuldner ist über die strafrechtlichen Folgen einer wissentlich falschen Versicherung zu belehren.

Anmerkung: Zu den strafrechtlichen Folgen einer wissentlich falschen Versicherung der Richtigkeit eines Vermögensverzeichnisses vgl. § 231 StGB.

(2) Befolgt der Schuldner eine Vorladung zur Vernehmung nicht oder legt er das Vermögensverzeichnis nicht vor, kann ihm der Sekretär durch Beschluß eine Ordnungsstrafe bis zur Höhe von 500 M auferlegen. Nach erfolgloser Auferlegung einer Ordnungsstrafe kann der Richter die Vorführung des Schuldners durch die Deutsche Volkspolizei anordnen.

Anmerkung: Zur Vorführung durch die DVP vgl. § 7 Abs. 4 VPG.

(3) Der Sekretär kann staatliche Organe ersuchen, dem Gericht bei der Feststellung des Wohnsitzes oder der Arbeitsstelle des Schuldners Hilfe und Unterstützung zu gewähren. Er kann sich durch Einholung von Auskünften oder auf andere Weise Kenntnis von den wirtschaftlichen Verhältnissen des Schuldners verschaffen.

(4) Reichen die vom Sekretär ergriffenen Maßnahmen nicht aus, Klarheit über Vollstreckungsmöglichkeiten zu erlangen, kann der Richter von Geld- und Kreditinstituten die erforderlichen Auskünfte über Konten des Schuldners verlangen, soweit das im gesellschaftlichen Interesse geboten ist.

Dritter Abschnitt
Vollstreckung von Zahlungsansprüchen

1. Pfändung von Arbeitseinkünften und anderen Forderungen

Pfändbarkeit

§ 96

(1) Forderungen des Schuldners sind pfändbar, soweit nicht durch Rechtsvorschriften ihre Übertragung oder Pfändung untersagt ist. Wird die Rechtsvorschrift als Anordnung erlassen, bedarf sie der Zustimmung des Ministers der Justiz.

(2) Künftig fällig werdende, von dem Eintritt einer Bedingung oder von einer Gegenleistung abhängige sowie künftig entstehende Forderungen, die hinreichend bestimmbar sind, können gepfändet werden.

Anmerkung: Vgl. Anmerkung zu § 115 Abs. 1 ZPO.

(3) Zugleich mit der Vollstreckung eines fälligen Anspruchs ist die Pfändung wegen künftig fällig werdender Ansprüche auf Zahlung von Familienaufwand, Unterhalt, Geldrente wegen eines Gesundheitsschadens oder des durch Tod eines Unterhaltsverpflichteten eingetretenen Unterhaltsverlustes (Schadensrente), des Mietpreises für die Wohnung und gerichtlich festgelegter Tilgungsraten (§ 79 Abs. 1, § 94 Abs. 2) zulässig.

§ 97

(1) Forderungen auf Zahlung von Einkünften aus Arbeitsrechtsverhältnissen (Arbeitseinkünfte) können nur nach Maßgabe der §§ 98, 101 bis 107 gepfändet werden. Für die Pfändung von Einkünften aus Dienstverhältnissen sind die Bestimmungen über die Pfändung von Arbeitseinkünften sinngemäß anzuwenden.

(2) Der Pfändung von Arbeitseinkünften unterliegen auch die im Betrieb anstelle von Arbeitseinkünften auszuzahlenden Geldleistungen der Sozialversicherung. Diese sind mit einem vom Betrieb gezahlten Lohnausgleich und mit weiteren im jeweiligen Monat erzielten Arbeitseinkünften zusammenzurechnen und wie einheitliche Arbeitseinkünfte zu behandeln. In jedem Falle müssen dem Schuldner mindestens 50 % dieser Geldleistungen der Sozialversicherung verbleiben.

Anmerkung:
1. Zu Geldleistungen der Sozialversicherung vgl. § 281 Buchst. a–e, §§ 282–288 i. V. m. § 186 Abs. 2 und 3, § 187 Abs. 2, § 246 Abs. 4 AGB und § 92 der VO vom 17. 11. 1977 zur Sozialpflichtversicherung der Arbeiter und Angestellten – SVO – (GBl. I Nr. 35 S. 373) und § 109 Abs. 1 und 2 der [1.] VO vom 9. 12. 1977 über die Sozialversicherung bei der Staatlichen Versicherung der DDR (GBl. I 1978 Nr. 1 S. 1).
2. Lohnausgleichszahlungen sind u. a. vorgesehen in den §§ 90, 110, 114, 115, 121, § 160 Abs. 3, § 165 Abs. 3, § 169 Abs. 2, § 182 Abs. 4, §§ 183–185, 199, 200, § 216 Abs. 3, §§ 248, 249 AGB und in den §§ 6–8 der BesoldungsVO.
3. Zur Pfändbarkeit von Geldleistungen der Sozialversicherung vgl. auch die 2. DB zur ZPO (Reg.-Nr. 1.2.).

(3) Die Pfändung von Arbeitseinkünften erstreckt sich auch auf künftige Arbeitseinkünfte, die dem Schuldner nach Wechsel seines Arbeitsplatzes auf Grund eines neuen innerhalb der Deutschen Demokratischen Republik begründeten Arbeitsrechtsverhältnisses zustehen.

§ 98
Unpfändbare Einkünfte

(1) Der Pfändung unterliegen nicht:
1. Preise, Prämien und andere Zahlungen, die in Verbindung mit staatlichen Ehrungen oder bei Auszeichnungen durch gesellschaftliche Organisationen gewährt werden;
2. Unterstützungszahlungen und Beihilfen, die aus betrieblichen oder gewerkschaftlichen Mitteln oder aus der Kasse für gegenseitige Hilfe gewährt werden;
3. Bestattungsbeihilfen und aus betrieblichen oder gewerkschaftlichen Mitteln gezahlte Sterbegelder.

(2) Von der Pfändung von Arbeitseinkünften werden außerdem nicht erfaßt:
1. der Sozialversicherungsbeitrag des Schuldners einschließlich des Beitrages für eine Zusatzrentenversicherung;
2. der Lohnsteuerbetrag;
3. Zuschläge für betriebsbedingte Arbeitserschwernisse;
4. Prämien, die einmalig aus Anlaß besonderer Leistungen gezahlt werden;
5. Entschädigungszahlungen zur Abgeltung notwendiger erhöhter materieller Aufwendungen, die sich aus Rechtsvorschriften oder aus Rahmenkollektivverträgen ergeben, insbesondere Fahrtkosten, Tage- und Übernachtungsgeld, Trennungsentschädigung und Wegegeld sowie Heimarbeiterzuschlag und Entgeld für Abnutzung von Arbeitsmitteln.

Anmerkung: Pflegegeld, Blindengeld oder Sonderpflegegeld (§§ 55 ff. RentenVO) sind Entschädigungszahlungen im Sinne des § 98 Abs. 2 Ziff. 5 ZPO und unterliegen daher nicht der Pfändung. Das staatliche Kindergeld und der Zuschuß zum Familieneinkommen sind unpfändbar (§ 9 Abs. 3 der 1. DB vom 12. 3. 1987 zur VO über staatliches Kindergeld – GBl. I Nr. 6 S. 45). Unpfändbar ist auch der Wehrsold der Soldaten im Grundwehrdienst einschl. der Zuschläge (§ 1 Abs. 2 der BesoldungsVO).

§ 99
Pfändungsanordnung

(1) Soll eine Forderung gepfändet werden, erläßt der Sekretär eine Pfändungsanordnung. In der Pfändungsanordnung sind der Gläubiger, der Grund und die Höhe seines Anspruchs, der Schuldner und die ihm zustehende Forderung sowie derjenige, gegen den sich die Forderung des Schuldners richtet (Drittschuldner), zu bezeichnen. Zugleich mit der Pfändung ist insoweit die Leistung an den Gläubiger anzuordnen.
(2) Die Pfändungsanordnung ist dem Drittschuldner zuzustellen; sie ist dem Gläubiger und dem Schuldner zu übersenden. Mit der Zustellung der Pfändungsanordnung an den Drittschuldner wird die Pfändung in Höhe des Anspruchs des Gläubigers wirksam. Der Schuldner darf nicht mehr über die Forderung verfügen. Der Drittschuldner darf nicht mehr an den Schuldner leisten; er hat den gepfändeten Betrag an den Gläubiger zu zahlen. Andere Leistungen müssen an den Sekretär erfolgen.
(3) Wird zur Vollstreckung gegen einen Ehegatten eine beiden Ehegatten gemeinschaftlich zustehende Forderung gepfändet, ist anzuordnen, daß die Leistung an den Gläubiger erst 2 Wochen nach Zustellung erfolgen darf.

Anmerkung: Vgl. § 16 Abs. 1 FGB.

(4) Soll mit der Pfändung ein Anspruch nur gesichert werden, ist anzuordnen, daß der Drittschuldner die Leistung einbehält oder hinterlegt. Nach der endgültigen Entscheidung über den Anspruch ist die Leistung oder die Freigabe anzuordnen.

Anmerkung: Vgl. § 16 Abs. 1 Ziff. 1, § 90 Abs. 1 Satz 2 ZPO, § 120 StPO i. V. m. der 2. DB zur StPO vom 1. 10. 1984 (GBl. I Nr. 31 S. 379).

§ 100
Pflichten des Drittschuldners

(1) Der Drittschuldner hat innerhalb von 2 Wochen nach Zustellung der Pfändungsanordnung dem Kreisgericht mitzuteilen, ob und wegen welcher Ansprüche die Forderung des Schuldners für andere Gläubiger

gepfändet oder verpfändet (abgetreten) ist und in welcher Höhe Zahlungen auf die Pfändung geleistet werden können.

(2) Besteht die Forderung des Schuldners zum Zeitpunkt der Zustellung der Pfändungsanordnung nicht und ist die Entstehung einer solchen Forderung nicht abzusehen, hat der Drittschuldner das dem Gericht unter Rückgabe der Pfändungsanordnung unverzüglich mitzuteilen.

§ 101
Pfändung wegen wiederkehrender Zahlungsansprüche

(1) Von den monatlichen Arbeitseinkünften des Schuldners sind nach Abzug der im § 98 genannten Beträge die Ansprüche auf regelmäßig monatlich wiederkehrende Zahlungen von Familienaufwand, Unterhalt und des Mietpreises für die Wohnung in voller Höhe vom Betrieb einzubehalten und an den Gläubiger zu zahlen.

Anmerkung: Zum Familienaufwand vgl. §§ 12, 17 FGB.

(2) Das gleiche gilt für gerichtlich festgelegte laufende monatliche Tilgungsraten zur Erfüllung vollstreckbarer Ansprüche (§ 79 Abs. 1, § 94 Abs. 2) und für einen Zahlungsanspruch, dessen Höhe 5 % der monatlichen Nettoarbeitseinkünfte des Schuldners nicht übersteigt.

(3) Bestehen keine Rückstände mehr und bietet der Schuldner Gewähr für eine regelmäßige und pünktliche Zahlung der laufenden Beträge, kann der Sekretär auf Antrag des Schuldners die Pfändungsanordnung durch Beschluß aufheben. Vor der Aufhebung ist dem Gläubiger Gelegenheit zur Stellungnahme zu geben.

§ 102
Pfändung wegen sonstiger Ansprüche

(1) Bei der Pfändung von Arbeitseinkünften wegen sonstiger Ansprüche bildet der sich aus den arbeitsrechtlichen Bestimmungen ergebende monatliche Nettodurchschnittsverdienst die Grundlage für die Errechnung des pfändbaren Betrages.

Anmerkung: Die zur Zeit geltenden arbeitsrechtlichen Bestimmungen für die Errechnung des Nettodurchschnittsverdienstes sind: § 123 AGB, die [1.] VO über die Berechnung des Durchschnittsverdienstes und über die Lohnzahlung sowie die 5. DB dazu (Reg.-Nr. 1.4.).

(2) Zur Errechnung des pfändbaren Betrages sind vom monatlichen Nettodurchschnittsverdienst des Schuldners zunächst 200 M abzusetzen. Für jede Person, der der Schuldner in Erfüllung einer gesetzlichen Pflicht laufenden Familienaufwand oder Unterhalt gewährt, sind vom monatlichen Nettodurchschnittsverdienst weitere 50 M oder, wenn wegen dieser Ansprüche gepfändet wird, der gepfändete Monatsbetrag abzusetzen.

(3) Die Hälfte des danach verbleibenden Teiles des Nettodurchschnittsverdienstes des Schuldners ergibt den pfändbaren Betrag, den der Betrieb monatlich einzubehalten und an den Gläubiger zu zahlen hat.

§ 103
Jahresendprämien und Jahresendauszahlungen

Jahresendprämien und Jahresendauszahlungen unterliegen für fällige oder bis zu ihrer Auszahlung noch fällig werdende Zahlungsansprüche der Pfändung zur Hälfte. Das gilt auch für zusätzliche Belohnungen für langjährige Beschäftigungsdauer, die nicht monatlich gezahlt werden, sowie für Prämien, die auf Grund von Rechtsvorschriften in bestimmten Zeitabständen zu zahlen sind. Die Pfändung ist besonders anzuordnen.

Anmerkung: Solche zusätzlichen Belohnungen werden z. B. an Mitarbeiter der Deutschen Reichsbahn, der Deutschen Post, des staatlichen Gesundheitswesens und der Staatsorgane gezahlt. Zu den in bestimmten längeren Zeitabschnitten zu zahlenden Prämien gehören die Lehrausbilder- bzw. Lehrmeisterprämien.

§ 104
Mehrere Arbeitseinkünfte

(1) Werden die Arbeitseinkünfte eines Schuldners aus mehreren Arbeitsrechtsverhältnissen gepfändet, kann der Sekretär auf Antrag des Schuldners oder eines Gläubigers die Pfändung so gestalten, daß sie in ihren Wirkungen der Pfändung einheitlicher Arbeitseinkünfte entspricht.

(2) Der Sekretär hat anzuordnen, in welcher Höhe welche Arbeitseinkünfte gepfändet werden. Die Betriebe haben bis zur Zustellung dieser Anordnung die Pfändung nach den Bestimmungen der §§ 101 bis 103 vorzunehmen.

§ 105
Mehrfache Pfändung

(1) Ist eine Forderung für mehrere Ansprüche gepfändet und können diese nicht vollständig erfüllt werden, sind sie vom Drittschuldner in folgender Reihenfolge zu erfüllen:

1. laufender monatlicher Familienaufwand oder Unterhalt;
2. laufender monatlicher Mietpreis für die Wohnung;
3. laufende monatliche Schadensrente;
4. rückständiger Familienaufwand oder Unterhalt sowie rückständige Schadensrente;
5. Ansprüche staatlicher Organe;
6. Ansprüche volkseigener Betriebe und staatlicher

Einrichtungen sowie andere dem Volkseigentum zustehende Ansprüche;
7. sonstige Ansprüche.

Anmerkung: Zur Schadensrente (Ziff. 3) vgl. die Definition in § 96 Abs. 3 ZPO. Bei teilweisem Übergang eines Schadenersatzanspruches auf eine Versicherungseinrichtung vgl. die besondere Rangfolge des § 256 Abs. 1 Satz 2 ZGB.

(2) Bei mehreren gleichrangigen Pfändungen geht die zeitlich früher erfolgte Pfändung der später erfolgten Pfändung vor; gleichzeitig erfolgte Pfändungen sind zu gleichen Anteilen zu berücksichtigen.
(3) Auf Antrag eines Gläubigers, des Schuldners oder des Drittschuldners hat der Sekretär des Kreisgerichts, das für die Vollstreckung aus der zuerst zugestellten Pfändungsanordnung zuständig ist, die Reihenfolge der Erfüllung durch Beschluß festzustellen. Der Drittschuldner hat seinem Antrag die weiteren Pfändungsanordnungen beizufügen.
(4) Wurde ein Anspruch des Schuldners auf Herausgabe oder Leistung einer Sache mehrfach gepfändet, hat der Drittschuldner dem Kreisgericht, das für die Vollstreckung aus der zuerst zugestellten Pfändungsanordnung zuständig ist, unter Beifügung der Pfändungsanordnungen davon Mitteilung zu machen und die Sache an den Sekretär dieses Gerichts herauszugeben.

§ 106
Gerichtliche Festlegung
Bestehen Unklarheiten darüber, in welcher Höhe die Arbeitseinkünfte des Schuldners der Pfändung unterliegen, hat der Sekretär auf Antrag des Gläubigers, des Schuldners oder des Drittschuldners den pfändbaren Betrag zu ermitteln und festzulegen.

§ 107
Abweichende Festlegung der Pfändbarkeit
(1) Zugunsten des Schuldners können von den Regelungen der §§ 101 bis 103 abweichende Festlegungen getroffen werden, wenn das zur Vermeidung von durch außergewöhnliche Umstände bedingten ungerechtfertigten Härten für den Schuldner und seine Familie dringend erforderlich und dem Gläubiger zuzumuten ist.
(2) Zugunsten des Gläubigers können abweichende Festlegungen getroffen werden, wenn durch sie eine dem Schuldner zumutbare schnellere Tilgung des Anspruchs des Gläubigers erreicht werden kann oder wenn durch die auf § 102 beruhende Beschränkung der Pfändbarkeit der Arbeitseinkünfte für den Gläubiger eine unzumutbare Härte entsteht.
(3) Über die abweichende Festlegung entscheidet der Sekretär durch Beschluß. Bei seiner Entscheidung hat er auch die Rechte weiterer Gläubiger und alle Verpflichtungen des Schuldners zu berücksichtigen.
(4) Eine abweichende Festlegung kann auch vom Gläubiger, vom Schuldner oder vom Drittschuldner beantragt werden. Der Betrieb soll als Drittschuldner einen solchen Antrag dann stellen, wenn er feststellt, daß die Voraussetzungen des Abs. 1 vorliegen.

§ 108
Beendigung des Arbeitsrechtsverhältnisses
(1) Beendet ein Werktätiger, dessen Arbeitseinkünfte gepfändet sind, sein Arbeitsrechtsverhältnis, hat der Betrieb dem Werktätigen eine Bescheinigung über das Vorliegen der Pfändung auszuhändigen. Die Aushändigung ist in den betrieblichen Unterlagen zu vermerken. Auf der letzten Seite des Ausweises für Arbeit und Sozialversicherung ist der Vermerk „Bescheinigung ausgehändigt“ einzutragen; dieser Vermerk ist mit Betriebsstempel, Datum und Unterschrift zu versehen.
(2) Die dem Werktätigen auszuhändigende Bescheinigung muß folgende Angaben enthalten:
1. die Bezeichnung des Kreisgerichts, das die Pfändungsanordnung erlassen hat, und das Gerichtsaktenzeichen;
2. den Namen und die Anschrift des Gläubigers;
3. die Art und die Höhe des Anspruchs des Gläubigers;
4. den monatlich gezahlten Betrag und den letzten Zahlungstermin;
5. den an den Gläubiger auf Grund der Pfändung gezahlten Gesamtbetrag;
6. den Zeitpunkt der Beendigung des Arbeitsrechtsverhältnisses.

Anmerkung: Diese Bescheinigung ist als Vordruck unter der Bestell-Nr. 100 77 beim Vordruckverlag Freiberg erhältlich.

(3) Je eine Durchschrift dieser Bescheinigung hat der Betrieb dem Gläubiger und dem Kreisgericht unverzüglich zu übersenden. Soweit der Betrieb davon Kenntnis hat, ist auch die neue Arbeitsstelle des Werktätigen mitzuteilen.
(4) Die dem Betrieb zugestellte Pfändungsanordnung und weitere in dieser Sache ergangene Entscheidungen (Pfändungsunterlagen) sind auf Anforderung eines anderen Betriebes oder des Kreisgerichts an den Anfordernden abzugeben. Das Gericht ist von der Abgabe zu benachrichtigen. Wenn eine Anforderung nicht erfolgt ist und die Voraussetzung des § 109 Abs. 1 nicht vorliegen, hat der Betrieb die Pfändungsunterlagen nach Ablauf von 6 Monaten an das Kreisgericht zurückzugeben.
(5) Die Absätze 1 bis 4 finden entsprechende Anwendung, wenn der Werktätige in Untersuchungshaft genommen oder zum Antritt einer Strafe mit Freiheitsentzug geladen wird.

§ 109
Ruhen des Arbeitsrechtsverhältnisses

(1) Tritt das Ruhen des Arbeitsrechtsverhältnisses der Werktätigen ein, hat der Betrieb nach § 108 Absätze 1 bis 3 zu verfahren und die Pfändungsunterlagen an das Kreisgericht zurückzusenden, wenn die Wiederaufnahme der Arbeit im bisherigen Betrieb ungewiß ist. Ist die Wiederaufnahme der Arbeit im bisherigen Betrieb gewiß, behält er die Pfändungsunterlagen bis zur Arbeitsaufnahme und führt die Pfändung fort.

(2) Dem Kreisgericht ist der Zeitpunkt des Beginns, die voraussichtliche Dauer und der Grund des Ruhens des Arbeitsrechtsverhältnisses sowie der Zeitpunkt der Wiederaufnahme der Arbeit mitzuteilen.

(3) Wird das Arbeitsrechtsverhältnis beendet, ist § 108 anzuwenden.

§ 110
Begründung eines neuen Arbeitsrechtsverhältnisses

(1) Bei der Begründung eines neuen Arbeitsrechtsverhältnisses hat der einstellende Betrieb zu prüfen, ob dem Werktätigen nach § 108 Abs. 1 eine Bescheinigung ausgehändigt ist. Eine erteilte Bescheinigung ist vom Betrieb einzuziehen. Die Pfändungsunterlagen sind vom bisherigen Betrieb anzufordern, und die Pfändung ist vom einstellenden Betrieb fortzuführen.

(2) Bis zum Eingang der Pfändungsunterlagen hat der einstellende Betrieb den aus der Bescheinigung ersichtlichen Betrag, der vom bisherigen Betrieb an den Gläubiger monatlich ausgezahlt wurde, von den Arbeitseinkünften einzubehalten und an den Gläubiger zu zahlen.

(3) Legt der Werktätige die ihm erteilte Bescheinigung nicht vor oder läßt sich die Aushändigung einer Bescheinigung infolge Neuausstellung des Ausweises für Arbeit und Sozialversicherung nicht feststellen, hat der einstellende Betrieb unverzüglich beim bisherigen Betrieb Rückfrage über das Vorliegen einer Pfändung zu halten und vorhandene Pfändungsunterlagen zur Fortführung der Pfändung anzufordern.

(4) Erfolgt die Pfändung nach § 102, ist nach Zugang der Pfändungsunterlagen der von den Arbeitseinkünften des Schuldners pfändbare Betrag neu festzustellen, von den Arbeitseinkünften einzubehalten und an den Gläubiger zu zahlen. Der einstellende Betrieb hat die nach § 100 Abs. 1 vorgeschriebene Mitteilung zu machen und den Zeitpunkt der Arbeitsaufnahme mitzuteilen.

Anmerkung: Die Mitteilung ist als Vordruck unter der Bestell-Nr. 100 79 beim Vordruckverlag Freiberg erhältlich.

§ 111
Pflichtverletzung des Drittschuldners

(1) Erfüllt ein Drittschuldner ihm in der Vollstreckung obliegende Pflichten nicht und unterbleibt hierdurch eine rechtzeitige oder vollständige Pfändung, ist der Drittschuldner auf Klage des Gläubigers zu verurteilen, diejenigen Beträge, die der Gläubiger bei pflichtgemäßem Verhalten des Drittschuldners durch Pfändung hätte erlangen können, an den Gläubiger zu zahlen. Zahlt der Drittschuldner aus diesem Grunde an den Gläubiger, geht dessen Anspruch gegen den Schuldner insoweit auf den Drittschuldner über.

(2) Ist ein Betrieb Drittschuldner, kann die Klage auch vom Staatsanwalt erhoben werden.

§ 112
Aufgaben des Gerichts bei Arbeitsplatzwechsel

(1) Erhält das Kreisgericht Kenntnis von der Beendigung des Arbeitsrechtsverhältnisses und wird ihm innerhalb einer angemessenen Frist eine erneute Arbeitsaufnahme nicht bekannt, hat der Sekretär die zur Feststellung der neuen Arbeitsstelle erforderlichen Maßnahmen einzuleiten.

(2) Werden die Pfändungsunterlagen nach Ablauf von 6 Monaten oder bei Ruhen des Arbeitsrechtsverhältnisses an das Gericht zurückgegeben, hat sie der Sekretär bei erneuter Arbeitsaufnahme dem neuen Betrieb zuzustellen. Er hat, soweit erforderlich, dem Gläubiger, dem Schuldner und dem neuen Betrieb eine Mitteilung über die Höhe des dem Gläubiger noch zustehenden Anspruchs zu machen.

§ 113
Abtretung von Forderungen auf Arbeitseinkünfte

(1) Tritt ein Werktätiger nach § 85 Abs. 3 zur freiwilligen Erfüllung einer ihm obliegenden vollstreckbaren Verpflichtung zur Leistung regelmäßig wiederkehrender Zahlungen einen Teil seiner Arbeitseinkünfte an den Berechtigten ab, sind die Vorschriften über die Pfändung von Arbeitseinkünften entsprechend anzuwenden. Die Abtretung kann nur mit Zustimmung des Gläubigers widerrufen werden.

Anmerkung: Vgl. §§ 96–98, 101–111 ZPO sowie die 2. DB zur ZPO (Reg.-Nr. 1.2.).

(2) Über Anträge des Abtretenden, des Berechtigten oder des Betriebes nach § 101 Abs. 3, §§ 106 und 107 entscheidet der Sekretär des Kreisgerichts, das für die Vollstreckung des Anspruchs des Berechtigten zuständig ist.

(3) Eine Abtretung wirkt nach Beendigung des Arbeitsrechtsverhältnisses mit dem bisherigen Betrieb weiter und verpflichtet auch die Betriebe, mit denen der Abtretende ein neues Arbeitsrechtsverhältnis begründet. Die Abtretungserklärung und Entscheidungen nach Abs. 2 sind an einen anfordernden Betrieb abzugeben. Erfolgt innerhalb von 6 Monaten nach Beendigung des Arbeitsrechtsverhältnisses keine Anfor-

derung, sind die Unterlagen dem Berechtigten zu übersenden. Eine Mitteilungspflicht gegenüber dem Kreisgericht besteht nicht.

Pfändung anderer wiederkehrender Einkünfte

§ 114

(1) Auf die Pfändung von Einkünften von Mitgliedern sozialistischer Produktionsgenossenschaften aus Arbeitsleistungen auf Grund ihres Mitgliedschaftsverhältnisses sind die Bestimmungen über die Pfändung von Arbeitseinkünften entsprechend anzuwenden, soweit in Rechtsvorschriften nichts anderes bestimmt ist.
(2) Sachbezüge, die dem Schuldner als Teil seiner Arbeitseinkünfte gewährt werden, sind mit ihrem Geldwert anzurechnen.

§ 115

(1) Renten, die von den Sozialversicherungen oder anderen Einrichtungen gezahlt werden, Pensionen und ähnliche Versorgungsleistungen, Unterhalt, Schadensrenten, Stipendien und ähnliche wiederkehrende Einkünfte sind wie Arbeitseinkünfte pfändbar. Auf jeden Fall müssen dem Schuldner mindestens 50 % dieser Leistungen verbleiben.

Anmerkung: Zusatzrente und Zuschläge zur Rente sind Bestandteil der Gesamtrente. Pflegegeld, Blindengeld oder Sonderpflegegeld (§§ 55ff. RentenVO) sind Entschädigungszahlungen im Sinne des § 98 Abs. 2 Ziff. 5 ZPO und unterliegen daher nicht der Pfändung. Das staatliche Kindergeld und der Zuschuß zum Familieneinkommen sind unpfändbar (§ 9 Abs. 3 der 1. DB vom 12. 3. 1987 zur VO über staatliches Kindergeld – GBl. I Nr. 6 S. 45).

(2) Die Bestimmung des Abs. 1 gilt auch für andere Geldleistungen der Sozialversicherungen. Werden diese im Betrieb ausgezahlt, ist § 97 Abs. 2 anzuwenden.

Anmerkung: Vgl. Anmerkungen zu § 97 Abs. 2 ZPO.

§ 116

Einkünfte aus freiberuflicher Tätigkeit können auf Antrag des Schuldners wie Arbeitseinkünfte gepfändet werden, wenn dies dem Gläubiger zumutbar ist. In diesem Fall hat der Sekretär den pfändbaren Betrag festzusetzen.

§ 117

Pfändung von anderen Forderungen und von Rechten

(1) Auf die Pfändung anderer Forderungen sind die §§ 96, 98, 99, 100, 105 und 111 anzuwenden.
(2) Wird eine in ein öffentliches Register eingetragene Forderung gepfändet, ist die Pfändung in das Register einzutragen. Die Pfändungsanordnung ist mit dem Ersuchen um Eintragung dem registerführenden Organ zuzustellen.
(3) Ist über die gepfändete Forderung eine Urkunde ausgestellt, ist diese dem Schuldner wegzunehmen. Der Sekretär hat die zur Erfüllung des Anspruchs erforderlichen Maßnahmen zu veranlassen, insbesondere die Urkunde dem Gläubiger auszuhändigen oder zur Einlösung in Höhe der gepfändeten Forderung einem Kreditinstitut vorzulegen.

Anmerkung: Die Wegnahme einer Urkunde wird nach § 127 ZPO i. V. m. §§ 20, 21 der 3. DB zur ZPO (Reg.-Nr. 1.3.) vollstreckt.

(4) Auf die Pfändung von Rechten sind die Bestimmungen über die Pfändung von Forderungen entsprechend anzuwenden.

2. Pfändung von Sachen

§ 118

Gegenstand der Pfändung

(1) Der Pfändung unterliegen alle Sachen des Schuldners. Es wird vermutet, daß Sachen, die beim Schuldner vorgefunden werden, dem Schuldner gehören. Soweit bewegliche Sachen der gemeinsamen Lebensführung der Familie dienen, wird zugunsten des Gläubigers vermutet, daß sie gemeinschaftliches Eigentum der Ehegatten sind.

Anmerkung: Hierzu beachte § 1 der 3. DB zur ZPO (Reg.-Nr. 1.3.).

(2) Eine Pfändung beweglicher Sachen ist unzulässig, wenn sie die Lebenshaltung des Schuldners oder seiner Familie unzumutbar beeinträchtigen oder die Berufsausübung gefährden würde oder wenn sie durch Rechtsvorschriften untersagt ist.

Anmerkung: Hierzu beachte § 2 der 3. DB zur ZPO (Reg.-Nr. 1.3.). Wegen der Unpfändbarkeit von Sachen, die zum sozialistischen Eigentum gehören, vgl. § 18 Abs. 1, § 20 Abs. 3 ZGB und § 87 Abs. 2 ZPO.

§ 119

Durchführung der Pfändung

(1) Die Vollstreckung in Sachen erfolgt durch ihre Pfändung und Verwertung.

Anmerkung: Hierzu beachte § 3 der 3. DB zur ZPO (Reg.-Nr. 1.3.).

(2) Zur Durchführung der Pfändung kann der Sekretär Räume und Sachen des Schuldners durchsuchen sowie Türen und Behältnisse öffnen. Ist weder der Schuldner noch ein volljähriges Familienmitglied an-

wesend, sind 2 volljährige Bürger als Zeugen hinzuzuziehen. Eine Wohnungsöffnung darf nur nach vorheriger Ankündigung erfolgen.

Anmerkung: Hierzu beachte § 4 der 3. DB zur ZPO (Reg.-Nr. 1.3.). Vgl. auch die Anmerkung zu § 68 Abs. 5 ZPO.

(3) Geld, Wertpapiere und Wertsachen sind in gerichtliche Verwahrung zu nehmen. Das gilt auch für andere Pfandsachen, wenn eine Gefährdung des Erfolges der Vollstreckung zu befürchten ist. Verbleiben gepfändete Sachen beim Schuldner, wird die Pfändung durch Anlegen eines Pfandsiegels oder durch eine Pfandanzeige bewirkt. Dem Schuldner ist unter Hinweis auf die strafrechtlichen Folgen jegliche Verfügung über die Sachen zu untersagen.

Anmerkung: Hierzu beachte die §§ 5, 6 und 31 der 3. DB zur ZPO (Reg.-Nr. 1.3.). Zu den strafrechtlichen Folgen vgl. § 239 StGB.

(4) Wird Geld gepfändet oder zahlt der Schuldner freiwillig, gilt das insoweit als Erfüllung.

Anmerkung: Hierzu beachte § 7 der 3. DB zur ZPO (Reg.-Nr. 1.3.).

(5) Befindet sich eine Sache des Schuldners im Besitz eines Dritten und ist dieser zur Herausgabe an den Sekretär nicht bereit, kann der Richter durch Beschluß die zur Beendigung des zwischen dem Schuldner und dem Dritten bestehenden Rechtsverhältnisses erforderlichen Erklärungen des Schuldners ersetzen und den Dritten zur Herausgabe an den Sekretär verpflichten. Gegen diesen Beschluß ist eine Beschwerde des Dritten nicht zulässig; dem Dritten steht das Recht aus § 133 Abs. 1 Ziff. 2 zu. Mit der Zustellung des Beschlusses an den Dritten ist die Pfändung der Sache bewirkt. Auf die Vollstreckung dieses Beschlusses ist § 127 Abs. 1 entsprechend anzuwenden; sie darf nicht vor Ablauf eines Monats nach Zustellung an den Dritten erfolgen.

Anmerkung: Hierzu beachte § 8 der 3. DB zur ZPO (Reg.-Nr. 1.3.).

§ 120
Mehrfache Pfändung

(1) Eine Sache kann gleichzeitig für mehrere Gläubiger, eine bereits gepfändete Sache kann anschließend für einen weiteren Gläubiger gepfändet werden.

Anmerkung: Hierzu beachte § 9 der 3. DB zur ZPO (Reg.-Nr. 1.3.).

(2) Wird eine von einem anderen staatlichen Organ gepfändete Sache anschließend gepfändet, ist diesem eine Abschrift des Protokolls zu übersenden. Der Gläubiger ist darüber zu informieren. Die Verwertung der Sache und die Auszahlung des Erlöses obliegt dem anderen staatlichen Organ.

Anmerkung: Vgl. § 3 VerwVollstrVO (Reg.-Nr. 6.).

§ 121
Pfändungsprotokoll

(1) Über die Pfändung ist ein Protokoll aufzunehmen. Es hat den Ablauf und die wesentlichen Ergebnisse der Pfändung zu enthalten, insbesondere die genaue Bezeichnung der gepfändeten Sachen und ihren Schätzwert. Wurde eine bereits gepfändete Sache für einen weiteren Gläubiger gepfändet, ist das Protokoll der ersten Pfändung zu ergänzen. Die Beteiligten sind darüber zu informieren. Wurden Zeugen hinzugezogen, haben sie das Protokoll mit zu unterschreiben.

Anmerkung: Hierzu beachte die §§ 10, 11 der 3. DB zur ZPO (Reg.-Nr. 1.3.). Zur Ermittlung des Schätzwertes vgl. § 1 Abs. 1 und 3, § 2 Abs. 2 GebrauchtwarenAO, §§ 4–7 der AO [Nr. 1] vom 24. 8. 1981 über den Kauf und Verkauf sowie über die Ermittlung des Preises für gebrauchte Kraftfahrzeuge (GBl. I Nr. 27 S. 333) sowie AO vom 20. 2. 1981 über Gutachten für Edelmetalle, Edelsteine, Perlen und Erzeugnisse hieraus (GBl. I Nr. 11 S. 126).

(2) Dem Schuldner ist eine Abschrift des Protokolls auszuhändigen. War er bei der Pfändung nicht anwesend, ist ihm eine Abschrift zu übersenden.

Verwertung der Sache

§ 122

(1) Gepfändete Sachen werden durch den Sekretär zum Schätzwert verkauft (gerichtlicher Verkauf). Die gepfändete Sache kann nach Anhörung des Schuldners auch an den Gläubiger zum Schätzwert verkauft werden. Kann eine gepfändete Sache zum Schätzwert nicht verkauft werden, ist der Preis herabzusetzen, jedoch nicht unter 50 % des Schätzwertes.

Anmerkung: Hierzu beachte die §§ 12–17 der 3. DB zur ZPO (Reg.-Nr. 1.3.).

(2) Wurden Einwendungen oder Beschwerde gegen die Vollstreckung erhoben oder ist die Pfändung lediglich zur einstweiligen Sicherung eines Anspruchs erfolgt, ist die Verwertung oder die Auszahlung des Erlöses erst nach endgültiger Entscheidung vorzunehmen.

Anmerkung: Wegen der Verwertung zur Anspruchssicherung gepfändeter Sachen vgl. § 3 Abs. 2 der 3. DB zur ZPO (Reg.-Nr. 1.3.), § 5 Abs. 1 und 4 der 2. DB zur StPO vom 1. 10. 1984 (GBl. I Nr. 31 S. 379) sowie die Anmerkung zu § 99 Abs. 4 ZPO.

(3) Auf Antrag des Schuldners kann der Sekretär durch Beschluß die Verwertung einer gepfändeten Sache aussetzen und dem Schuldner auferlegen, die Schuld durch dem Gläubiger zumutbare Ratenzahlungen innerhalb bestimmter Fristen zu tilgen. Der Sekretär kann auch ohne Antrag seine Entscheidung bei Änderung der Voraussetzungen abändern oder bei Nichteinhaltung der dem Schuldner auferlegten Verpflichtungen aufheben.
(4) Mit dem gerichtlichen Verkauf gehen fremde Rechte an der Sache unter. Garantieansprüche des Schuldners gehen auf den Erwerber über.

§ 123
(1) Für Edelmetall, Zahlungsmittel fremder Währungen, Wertpapiere und andere Sachen, die nach Rechtsvorschriften oder auf vertraglicher Grundlage staatlichen Einrichtungen anzubieten sind, ist § 122 nur anzuwenden, wenn diese Einrichtungen einen Kauf ablehnen.

Anmerkungen:
1. Hierzu beachte § 18 der 3. DB zur ZPO (Reg.-Nr. 1.3.).
2. Zum Begriff Edelmetall, zur Rückgewinnungspflicht und zum Ankauf von Edelmetall und Edelmetallerzeugnissen vgl. § 1 Abs. 3 und 4, § 6 des Edelmetallgesetzes vom 12. 7. 1973 (GBl. I Nr. 33 S. 338) i. V. m. § 7 Abs. 3, 6 und 7, § 11 Abs. 1 der 1. DB zum Edelmetallgesetz vom 12. 7. 1973 (GBl. I Nr. 33 S. 340), § 14 Abs. 1 des Devisengesetzes vom 19. 12. 1973 (GBl. I Nr. 58 S. 574) sowie die AO vom 20. 2. 1981 über Gutachten für Edelmetalle, Edelsteine, Perlen und Erzeugnisse hieraus (GBl. I Nr. 11 S. 126) und die AO vom 29. 6. 1982 über den Transport und die Lagerung von Edelmetallen, Edelsteinen und Perlen sowie Erzeugnissen aus Edelmetallen, Edelsteinen und Perlen (GBl. I Nr. 29 S. 541).
3. Wegen des Vorerwerbsrechts für bestimmte Kraftfahrzeuge vgl. § 3 der AO [Nr. 1] vom 24. 8. 1981 über den Kauf und den Verkauf sowie über die Ermittlung des Preises für gebrauchte Kraftfahrzeuge (GBl. I Nr. 27 S. 333) i. d. F. der AO Nr. 2 vom 5. 9. 1986 (GBl. I Nr. 29 S. 403).

(2) Lautet ein Wertpapier auf Namen, hat der Sekretär die Umschreibung auf den Namen des Erwerbers zu erwirken und die hierzu erforderlichen Erklärungen anstelle des Schuldners abzugeben.

§ 124
(1) Gepfändetes Geld und der aus dem gerichtlichen Verkauf erzielte Erlös sind nach Abzug der durch die Vollstreckung entstandenen Gerichtskosten dem Gläubiger bis zur Höhe seines Anspruchs durch den Sekretär auszuzahlen; war wegen eines Anspruchs gegen einen Ehegatten in gemeinschaftliches Vermögen der Ehegatten vollstreckt worden, darf die Auszahlung nicht vor Ablauf von 2 Wochen nach der Pfändung erfolgen.

Anmerkung: Hierzu beachte § 19 der 3. DB zur ZPO (Reg.-Nr. 1.3.).

(2) Dem Schuldner ist eine Abrechnung zu erteilen. Die Unterlagen über die Verwertung sowie über die Auszahlung sind dem Pfändungsprotokoll beizufügen.

§ 125
Mehrheit von Gläubigern
(1) Können bei mehrfacher Pfändung einer Sache die Ansprüche aller Gläubiger nicht vollständig erfüllt werden, sind zunächst die Ansprüche minderjähriger Kinder auf Familienaufwand oder Unterhalt, anschließend die Ansprüche auf Ersatz eines durch eine Straftat verursachten Schadens, sodann die Ansprüche staatlicher Organe und danach die Ansprüche volkseigener Betriebe, staatlicher Einrichtungen sowie andere dem Volkseigentum zustehende Ansprüche zu erfüllen. Im übrigen richtet sich die Erfüllung der Ansprüche nach der Reihenfolge der Pfändungen; bei gleichzeitiger Pfändung sind die Gläubiger nach dem Verhältnis ihrer Ansprüche zu berücksichtigen.

Anmerkung: Bei teilweisem Übergang eines Schadenersatzanspruchs auf eine Versicherungseinrichtung ist die besondere Rangordnung des § 256 Abs. 1 Satz 2 ZGB zu beachten.

(2) Die Vollstreckung in das gesamte Vermögen wegen Überschuldung wird durch besondere Rechtsvorschriften geregelt.

Anmerkung: Diese besondere Rechtsvorschrift ist die GesVollstrVO (Reg.-Nr. 3.).

§ 126
Vollstreckung in Grundstücke, Gebäude und Schiffe
Die Vollstreckung in Grundstücke sowie in Gebäude, die Gegenstand eines selbständigen Eigentumsrechts sind und für die die Vorschriften über Grundstücke entsprechende Anwendung finden, erfolgt nach besonderen Rechtsvorschriften. Das gleiche gilt für die Vollstreckung in Schiffe und Schiffsbauwerke.

Anmerkung: Diese besonderen Rechtsvorschriften sind die GrundstVollstrVO (Reg.-Nr. 2.) und die §§ 29–53 SchVO (Reg.-Nr. 5.).

Vierter Abschnitt
Vollstreckung sonstiger Ansprüche

§ 127
Herausgabe von Sachen

(1) Sachen, zu deren Herausgabe oder Leistung der Schuldner verurteilt ist, sind diesem wegzunehmen und an den Gläubiger zu übergeben. Die Bestimmungen des § 119 Abs. 2 und des § 121 sind entsprechend anzuwenden.

Anmerkung: Hierzu beachte die §§ 20, 21 der 3. DB zur ZPO (Reg.-Nr. 1.3.).

(2) Befindet sich die Sache im Besitz eines Dritten und ist dieser nicht zur Herausgabe bereit, findet § 119 Abs. 5 entsprechende Anwendung.

§ 128
Räumung

(1) Ist die Vollstreckung auf die Räumung eines Grundstücks, eines Gebäudes, einer Wohnung oder sonstiger Räume gerichtet, ist der Besitz dem Schuldner zu entziehen und dem Gläubiger zu verschaffen. Die Bestimmungen des § 119 Abs. 2 und des § 121 sind entsprechend anzuwenden.

Anmerkung: Hierzu beachte die §§ 22, 23 der 3. DB zur ZPO (Reg.-Nr. 1.3.).

(2) Ist die Räumung von der Bereitstellung von Ersatzraum abhängig, darf die Vollstreckung erst erfolgen, wenn eine Zuweisung von Ersatzraum an den Schuldner vorliegt. Der Termin der Räumung ist dem Schuldner mindestens 1 Woche vorher mitzuteilen.

Anmerkungen: Hierzu beachte die §§ 24–26 der 3. DB zur ZPO (Reg.-Nr. 1.3.).
Zur Abhängigkeit von der Bereitstellung von Ersatzraum vgl. § 123 Abs. 3 ZGB.

§ 129
Abgabe einer Willenserklärung

(1) Eine Willenserklärung, zu deren Abgabe der Schuldner verurteilt ist, gilt mit der Rechtskraft des Urteils als abgegeben. Ist die Abgabe der Willenserklärung von einer Gegenleistung abhängig, gilt sie zu dem Zeitpunkt als abgegeben, an welchem die Vollstreckung nach § 90 Abs. 2 zulässig ist. Dieser Zeitpunkt ist vom Sekretär zu bescheinigen.

(2) Bezweckt die Willenserklärung eine Eintragung in ein Register, kann der Gläubiger die Erteilung der dafür erforderlichen Urkunden anstelle des Schuldners beantragen.

§ 130
Vornahme, Duldung und Unterlassung einer Handlung

(1) Kommt der Schuldner der Verpflichtung zur Vornahme einer Handlung nicht nach und ist eine Ersatzvornahme möglich, kann der Gläubiger mit seiner Zustimmung hierzu ermächtigt und der Schuldner verpflichtet werden, die erforderlichen Kosten zu tragen und einen angemessenen Vorschuß zu leisten. Ergibt sich, daß der festgesetzte Betrag zur Deckung der Kosten der Ersatzvornahme nicht ausreicht, können dem Schuldner entsprechende Nachzahlungen auferlegt werden. Die Vollstreckung ist wegen dieser Kosten durchzuführen. Stimmt der Gläubiger einer Ersatzvornahme nicht zu, ist Abs. 3 anzuwenden.

(2) Wurde in der vollstreckbaren Entscheidung die Ermächtigung zur Ersatzvornahme ausgesprochen und ein Kostenbetrag festgelegt (§ 79 Abs. 3), ist nach erfolglosem Ablauf der dem Schuldner gesetzten Frist wegen dieses Kostenbetrages zu vollstrecken. Die Bestimmungen des § 119 Abs. 2 und des § 121 sind entsprechend anzuwenden.

Anmerkung: Hierzu beachte § 27 der 3. DB zur ZPO (Reg.-Nr. 1.3.).

(3) Handelt der Schuldner der Verpflichtung zur Vornahme, Duldung oder Unterlassung einer Handlung zuwider und ist eine Ersatzvornahme nicht möglich, ist ihm, sofern das nicht bereits in der Entscheidung erfolgt ist, ein angemessenes Zwangsgeld aufzuerlegen. Läßt es der Vollstreckungszweck zu, ist dem Schuldner zuvor unter Androhung des Zwangsgeldes eine Frist zur Erfüllung seiner Verpflichtung zu setzen. Die Androhung und Auferlegung eines Zwangsgeldes kann wiederholt werden.

Anmerkung: Hierzu beachte § 28 der 3. DB zur ZPO (Reg.-Nr. 1.3.).

(4) In den Fällen der Absätze 1 und 3 entscheidet die zuständige Kammer des Kreisgerichts durch Beschluß, nachdem dem Schuldner Gelegenheit zur Stellungnahme gegeben wurde.

Anmerkung: Vgl. die Anmerkung zu Abs. 3.

(5) Der Schuldner kann die Zahlung eines ihm auferlegten Zwangsgeldes durch Erfüllung der vollstreckbaren Verpflichtung abwenden.

Anmerkung: Vgl. die Anmerkung zu Abs. 3.

Fünfter Abschnitt
Einstellung der Vollstreckung und Beschwerde

§ 131
Vorläufige Einstellung

Vorbemerkung: Eine vorläufige Einstellung der Vollstreckung ist auch in § 5 Abs. 1 GrundstVollstrVO (Reg.-Nr. 2.), in § 2 Abs. 1 GesVollstrVO (Reg.-Nr. 3.), in § 18 Abs. 2, § 35 Abs. 2 SchVO (Reg.-Nr. 5.) und in § 26 Abs. 2 der 3. DB zur ZPO (Reg.-Nr. 1.3.) vorgesehen.

(1) Der Sekretär hat Vollstreckungsmaßnahmen ganz oder teilweise vorläufig einzustellen, soweit
1. ein zuständiges Gericht die Vollstreckung vorläufig eingestellt hat;
2. ein Antrag auf Aufhebung eines rechtskräftigen Beschlusses einer Beschwerdekommission für Sozialversicherung des FDGB oder einer Beschwerdekommission der Sozialversicherung bei der Staatlichen Versicherung der Deutschen Demokratischen Republik gestellt worden ist;
3. der Gläubiger es beantragt;
4. die Forderung gestundet ist;
5. ein Ehegatte die Aufhebung der ehelichen Vermögensgemeinschaft betreibt und in dieses Vermögen vollstreckt wird.

Anmerkungen: Zu Ziff. 1. vgl. § 16 Abs. 1 Ziff. 2 i. V. m. § 17 Abs. 1 sowie § 135 Abs. 2 Satz 2 und § 161 Abs. 2 ZPO; zu Ziff. 2. vgl. Anmerkung zu § 88 Abs. 1 Ziff. 4 ZPO.

(2) Der Sekretär kann die Vollstreckung durch Beschluß ganz oder teilweise vorläufig einstellen, wenn
1. die Abänderung der Entscheidung über die Art und Weise der Erfüllung des Anspruchs geprüft wird;
2. gegen eine Vollstreckungsmaßnahme Einwendungen erhoben worden sind (§ 135 Abs. 3);
3. die Vollstreckung für den Schuldner infolge außergewöhnlicher Umstände eine ungerechtfertigte Härte bedeuten oder ihm nicht ausgleichbare Nachteile zufügen würde und die vorläufige Einstellung der Vollstreckung dem Gläubiger insofern zuzumuten ist.

Die Einstellung kann von einer Sicherheitsleistung oder von der Erfüllung anderer Auflagen abhängig gemacht werden.

Anmerkung: Vgl. § 94 Abs. 2 ZPO und die Anmerkung dazu.

(3) Die Vollstreckung ist fortzusetzen, wenn die Gründe der vorläufigen Einstellung weggefallen sind.

§ 132
Einstellung bei Vollstreckung in das gemeinschaftliche Eigentum von Ehegatten

(1) Wird wegen eines Anspruchs gegen einen Ehegatten in das gemeinschaftliche Eigentum vollstreckt und erhebt der andere Ehegatte dagegen Widerspruch, hat der Sekretär die Vollstreckungsmaßnahme durch Beschluß vorläufig einzustellen.

Anmerkung: Vgl. § 16 Abs. 2 FGB.

(2) Auf Antrag des Gläubigers hat die Kammer für Familienrecht mit dem Gläubiger und den Ehegatten über den Widerspruch mündlich zu verhandeln und durch Beschluß zu entscheiden. Sie kann dem nicht verpflichteten Ehegatten das Alleineigentum an einzelnen Vermögensteilen zusprechen, die Vollstrekkung in bestimmte Vermögensteile für unzulässig erklären oder andere, die Interessen der Beteiligten wahrende Festlegungen treffen.

(3) Beantragt der Gläubiger nicht innerhalb eines Monats nach Zustellung des Einstellungsbeschlusses die mündliche Verhandlung über den Widerspruch, hat der Sekretär die Vollstreckungsmaßnahme durch Beschluß endgültig einzustellen.

§ 133
Unzulässigkeit der Vollstreckung

(1) Die Vollstreckung ist für unzulässig zu erklären
1. auf Antrag des Schuldners, wenn der Anspruch aus Gründen nicht mehr besteht, die nach der abschließenden Stellungnahme der Prozeßparteien (§ 64, § 65 Abs. 2) eingetreten sind und durch Rechtsmittel nicht mehr geltend gemacht werden konnten;
2. auf Antrag eines Dritten, wenn diesem an einer gepfändeten Sache oder Forderung ein Recht zusteht, das der Vollstreckung entgegensteht oder die vorrangige Erfüllung seines Anspruchs rechtfertigt.

Anmerkung: Zu Ziff. 2 vgl. § 1 Abs. 2 der 3. DB zur ZPO (Reg.-Nr. 1.3.) und die Anmerkung zu § 10 Abs. 1 GesVollstrVO (Reg.-Nr. 3.).

(2) Über den Antrag entscheidet die zuständige Kammer des Kreisgerichts nach mündlicher Verhandlung durch Beschluß. Gleichzeitig ist über die schon eingeleiteten Vollstreckungsmaßnahmen zu entscheiden.

§ 134
Endgültige Einstellung

(1) Der Sekretär hat laufende Vollstreckungsmaßnahmen durch Beschluß endgültig einzustellen, wenn die zu vollstreckende Entscheidung aufgehoben oder abgeändert, die Vollstreckung für unzulässig erklärt

worden ist oder der Gläubiger seinen Antrag auf Vollstreckung zurücknimmt.

Anmerkung: Vgl. § 18 Abs. 2 Satz 2 SchVO (Reg.-Nr. 5.).

(2) Wird eine eheliche Vermögensgemeinschaft rechtskräftig aufgehoben, ist die Vollstreckung in die dem nicht verpflichteten Ehegatten übertragenen Vermögensteile endgültig einzustellen.

Anmerkung: Vgl. §§ 39, 41 FGB und § 131 Abs. 1 Ziff. 5 ZPO.

§ 135
Beschwerde

(1) Gegen die in der Vollstreckung erlassenen Beschlüsse steht den Prozeßparteien und jedem unmittelbar Betroffenen die Beschwerde (§§ 158, 159) zu. Sie ist innerhalb von 2 Wochen nach Zustellung bei dem Gericht zu erheben, das den Beschluß erlassen hat.
(2) Durch die Einlegung der Beschwerde werden laufende Vollstreckungsmaßnahmen nicht gehemmt. Das Bezirksgericht kann die Vollstreckung bis zur Entscheidung über die Beschwerde vorläufig einstellen.
(3) Werden vom Gläubiger, Schuldner oder Drittschuldner gegen Vollstreckungsmaßnahmen des Sekretärs, die nicht der Beschwerde unterliegen, Einwendungen erhoben, entscheidet der Sekretär darüber durch Beschluß.

Achtes Kapitel
Besondere Verfahrensarten

Erster Abschnitt
Todeserklärungsverfahren

Vorbemerkung: Vgl. §§ 461–464 ZGB.

§ 136
Einleitung des Verfahrens

(1) Ein Verfahren zur Todeserklärung oder Feststellung der Todeszeit wird auf Antrag eines Bürgers, der ein rechtliches Interesse an der Todeserklärung oder der Feststellung der Todeszeit hat, oder auf Antrag des Staatsanwalts eingeleitet. Der Antrag ist schriftlich zu stellen und zu begründen. Ihm sind Urkunden über den Personenstand und Nachweise über den letzten Wohnsitz des Verschollenen beizufügen.
(2) Für die Durchführung des Verfahrens ist der Sekretär des Kreisgerichts zuständig, in dessen Bereich der Verschollene seinen letzten Wohnsitz gehabt hat. Hatte der Verschollene seinen letzten Wohnsitz in der Deutschen Demokratischen Republik, ist der Sekretär des Kreisgerichts zuständig, in dessen Bereich der Antragsteller seinen Wohnsitz hat. Der Sekretär kann die Sache an ein anderes Gericht verweisen, wenn das zweckmäßig ist.

§ 137
Vorbereitung der Entscheidung

(1) Zur Vorbereitung der Entscheidung ist eine Aufforderung zu veröffentlichen, daß alle, die Auskunft über den Verschollenen oder den Todeszeitpunkt geben können, das innerhalb einer bestimmten Frist dem Gericht anzeigen sollen. Die Frist muß mindestens 6 Wochen betragen. Der Antragsteller ist von der Veröffentlichung zu unterrichten.

Anmerkung: Die Veröffentlichung der Aufforderung ist keine öffentliche Bekanntmachung gem. § 41 ZPO.

(2) Die Angehörigen des Verschollenen sind, soweit ihre Anschriften bekannt sind oder festgestellt werden können, unmittelbar aufzufordern, zum Antrag Stellung zu nehmen und mitzuteilen, was ihnen über den Verbleib des Verschollenen oder über den Todeszeitpunkt bekannt ist.

§ 138
Entscheidung

(1) Über den Antrag ist durch Beschluß zu entscheiden. Die Entscheidung darf nicht vor Ablauf der nach § 137 Abs. 1 bestimmten Frist erlassen werden.
(2) Wird die Todeserklärung ausgesprochen, ist im Beschluß zugleich der Todeszeitpunkt festzustellen. Der Beschluß ist öffentlich bekanntzumachen und dem Antragsteller sowie den im § 137 Abs. 2 genannten Angehörigen zu übersenden.

Anmerkung: Zur öffentlichen Bekanntmachung vgl. § 41 ZPO.

(3) Das Recht der Beschwerde steht dem Antragsteller, dem Staatsanwalt und jedem Bürger zu, der an der Änderung der Entscheidung ein rechtliches Interesse hat. Die Beschwerdefrist beginnt mit dem Zeitpunkt der öffentlichen Bekanntmachung.

§ 139
Aufhebung und Berichtigung

Hat der Verschollene die Todeserklärung überlebt oder ist sein Tod beurkundet worden, ist der Beschluß aufzuheben. Wird die Unrichtigkeit des Todeszeitpunktes festgestellt, ist der Beschluß abzuändern und der Todeszeitpunkt neu festzustellen.

Zweiter Abschnitt
Entmündigungsverfahren

Vorbemerkung: Vgl. § 460 ZGB.

§ 140
Einleitung des Verfahrens

(1) Die Entmündigung eines Bürgers erfolgt nur auf Antrag. Zur Antragstellung sind der Rat des Kreises und der Staatsanwalt berechtigt. Der Antrag kann auch von den in der Deutschen Demokratischen Republik wohnhaften Eltern, volljährigen Kindern, Geschwistern und dem Ehegatten des zu entmündigenden Bürgers gestellt werden. Dem Antrag sind bereits vorliegende ärztliche Befunde beizufügen.

(2) Für die Durchführung des Verfahrens ist das Kreisgericht zuständig, in dessen Bereich der zu entmündigende Bürger seinen Wohnsitz hat oder sich für längere Zeit aufhält.

§ 141
Vorbereitung der Verhandlung

(1) Der Antrag ist dem zu entmündigenden Bürger zuzustellen oder ihm, wenn das nach seinem Gesundheitszustand geboten ist, in einer anderen geeigneten Weise bekanntzumachen. Das Gericht hat dem Staatlichen Notariat vom Antrag Mitteilung zu machen, wenn es die Anordnung einer vorläufigen Vormundschaft für erforderlich hält.

Anmerkung: Vgl. § 99 FGB.

(2) Das Gericht hat die fachärztliche Untersuchung und Begutachtung des zu entmündigenden Bürgers anzuordnen, wenn dem Antrag nicht bereits ein ausreichendes fachärztliches Gutachten beigefügt wurde. Ergibt sich aus dem Gutachten, daß der Antrag offensichtlich unbegründet ist, ist er durch Beschluß abzuweisen. Andernfalls ist eine Verhandlung durchzuführen.

Anmerkung: Vgl.: §§ 59, 61 Abs. 3 ZPO und die Vorbemerkung vor § 59 ZPO.

(3) Zur Verhandlung sind der Antragsteller und der zu entmündigende Bürger zu laden. Den anderen Antragsberechtigten ist der Termin mitzuteilen. Ist ein vorläufiger Vormund bestellt, ist auch dieser zu laden.

§ 142
Verhandlung und Entscheidung

(1) Über den Antrag ist in nichtöffentlicher Sitzung zu verhandeln. Die Antragsberechtigten haben ein Recht auf Teilnahme. Das Gericht kann durch unanfechtbaren Beschluß einzelne Angehörige von der Teilnahme ausschließen, wenn ärztliche Bedenken gegen ihre Anwesenheit bestehen oder das sonst sachdienlich ist.

(2) In der Verhandlung ist der zu entmündigende Bürger in Anwesenheit eines Sachverständigen zu hören. Von seiner Teilnahme oder Anhörung darf nur abgesehen werden, wenn das Gericht auf Grund fachärztlichen Gutachtens zu der Überzeugung gelangt, daß sie seinem Gesundheitszustand ernstlich schaden könnte oder eine Verständigung mit ihm nicht möglich ist. Die Gründe sind im Protokoll zu vermerken.

(3) Gegen das die Entmündigung aussprechende Urteil können der entmündigte Bürger, die Antragsberechtigten und der Vormund Rechtsmittel einlegen; ihnen ist das Urteil zuzustellen.

(4) Gegen das den Antrag abweisende Urteil können der Rat des Kreises, der Staatsanwalt oder der Angehörige, der den Antrag gestellt hat, Rechtsmittel einlegen; diesen und dem zu entmündigenden Bürger sowie seinem Vormund ist das Urteil zuzustellen.

(5) Dem Staatlichen Notariat ist nach Eintritt der Rechtskraft das Urteil zu übersenden.

Anmerkung: Vgl. § 98 FGB und § 37 Abs. 1 NG.

§ 143
Aufhebung der Entmündigung

(1) Sind die Gründe für die Entmündigung nach Rechtskraft der Entscheidung weggefallen, kann die Aufhebung der Entmündigung von denjenigen beantragt werden, die zur Einlegung des Rechtsmittels berechtigt sind (§ 142 Abs. 3).

(2) Auf das Verfahren sind die Bestimmungen der §§ 140 bis 142 entsprechend anzuwenden. Wird der Aufhebungsvertrag wiederholt gestellt und werden keine neuen Gründe vorgebracht, kann er ohne mündliche Verhandlung durch Beschluß zurückgewiesen werden.

Dritter Abschnitt
Aufgebotsverfahren

Vorbemerkung: Vgl. § 465 ZGB, § 6 Abs. 1 EGZGB, §§ 11, 12 GDO, § 28 SchRegVO, §§ 54, 55 SchVO (Reg.-Nr. 5.).

§ 144
Einleitung des Verfahrens

(1) Ein gerichtliches Aufgebot zum Ausschluß eines in ein öffentliches Register eingetragenen Rechts oder zur Kraftloserklärung einer Urkunde findet nur statt, wenn das in Rechtsvorschriften vorgesehen ist. Für das Aufgebot von Schiffsgläubigern gelten besondere Rechtsvorschriften.

Anmerkung: Diese besondere Rechtsvorschrift ist § 54 SchVO (Reg.-Nr. 5.).

(2) Für die Durchführung des Aufgebotsverfahrens ist der Sekretär des Kreisgerichts zuständig, in dessen

Bereich das Register geführt wird oder der Aussteller der Urkunde seinen Wohnsitz oder Sitz hat.

(3) Das Verfahren wird auf Antrag desjenigen eingeleitet, der ein rechtliches Interesse an dem Ausschluß des Rechts oder der Kraftloserklärung der Urkunde hat oder zum Besitz der Urkunde berechtigt ist. Der Antrag ist schriftlich zu stellen und zu begründen.

§ 145
Vorbereitung der Entscheidung

(1) Die Einleitung des Verfahrens ist öffentlich bekanntzumachen. In der Bekanntmachung ist darauf hinzuweisen, daß der Berechtigte ausgeschlossen oder die Urkunde für kraftlos erklärt werden kann, wenn dem Gericht innerhalb von 6 Wochen nach der Bekanntmachung keine dem Antrag entgegenstehenden Tatsachen mitgeteilt werden.

Anmerkung: Zur öffentlichen Bekanntmachung vgl. § 41 ZPO.

(2) Der Ausschluß oder die Kraftloserklärung dürfen nicht vor Ablauf von 6 Wochen nach der öffentlichen Bekanntmachung ausgesprochen werden.

Anmerkung: Wegen des Beginns der 6-Wochen-Frist vgl. § 41 Abs. 3 ZPO und § 470 Abs. 1 ZGB.

§ 146
Entscheidung

(1) Über den Antrag ist durch Beschluß zu entscheiden. Das Verfahren ist durch Beschluß einzustellen, wenn der Berechtigte sein Recht geltend macht oder wenn die Urkunde vorgelegt wird.

(2) Der Beschluß ist dem Antragsteller und den übrigen Beteiligten zuzustellen.

Dritter Teil
Rechtsmittelverfahren

Vorbemerkung: Vgl. § 33 Abs. 3 und 4, § 41 Abs. 4 und 5 GVG.

Erstes Kapitel
Berufung und Protest

§ 147
Grundsätze

(1) Gegen in erster Instanz ergangene Urteile sind die Berufung und der Protest zulässig. Berufung und Protest führen zur Überprüfung der Entscheidung durch das Bezirksgericht. Wurde das Verfahren in erster Instanz durch das Bezirksgericht entschieden, erfolgt die Überprüfung durch das Oberste Gericht.

(2) Die Beschwerde gegen eine im Strafverfahren ergangene Entscheidung über einen Schadenersatzantrag ist wie eine Berufung zu behandeln.

Anmerkung: Vgl. § 242 Abs. 5, § 310 StPO und Ziff. 3.3. der als Anmerkung zu § 8 Abs. 1 ZPO auszugsw. abgedruckten OG-Richtlinie

(3) Für das Berufungsverfahren sind die für das Verfahren vor dem Kreisgericht geltenden Bestimmungen entsprechend anzuwenden, soweit nicht in den folgenden Bestimmungen Abweichendes geregelt ist.

§ 148
Berufung

(1) Zur Einlegung der Berufung sind die Prozeßparteien berechtigt. Die Berufung kann auf eine oder mehrere der im Urteil gleichzeitig erlassenen Entscheidungen beschränkt werden.

(2) In Ehesachen kann, wenn kein Elternteil das Erziehungsrecht hat, auch der gesetzliche Vertreter des Kindes Berufung gegen die Entscheidung einlegen, mit der über den Unterhalt des Kindes entschieden worden ist.

(3) In Familienrechtssachen kann das Organ der Jugendhilfe gegen Entscheidungen über den Entzug des elterlichen Erziehungsrechts (§ 26 Abs. 1 Familiengesetzbuch), über die Ausübung des elterlichen Erziehungsrechts (§ 45 Abs. 4 Familiengesetzbuch) und über die Aufhebung der Annahme an Kindes Statt (§§ 74 oder 76 Familiengesetzbuch) Berufung einlegen.

§ 149
Protest

(1) Der Staatsanwalt kann gegen alle erstinstanzlichen Urteile Protest einlegen; ausgenommen sind Entscheidungen über die Scheidung der Ehe.

(2) Auf den Protest sind die Bestimmungen über die Berufung entsprechend anzuwenden.

§ 150
Berufungsfrist

(1) Die Berufungsfrist beträgt 2 Wochen. Sie beginnt für jede Prozeßpartei mit der Zustellung des Urteils an sie.

(2) Haben der Staatsanwalt oder das Organ der Jugendhilfe nicht selbst Klage erhoben, sind sie zum Protest oder zur Berufung berechtigt, solange die Frist für eine der Prozeßparteien noch läuft.

Anmerkung: Zur Fristberechnung vgl. §§ 470, 471 ZGB.

§ 151
Form der Berufung
Die Berufung ist bei dem Gericht schriftlich einzulegen, das die Entscheidung erlassen hat. Sie ist auf Verlangen des Berufungsklägers von der Rechtsantragstelle aufzunehmen.

Anmerkung: Vgl. Anmerkung zu § 11 Abs. 1 ZPO.

§ 152
Inhalt der Berufung
(1) Die Berufung soll enthalten:
1. die genaue Bezeichnung des angefochtenen Urteils,
2. die Erklärung, in welchem Umfang und aus welchen Gründen das Urteil geändert werden soll (Berufungsantrag und Berufungsbegründung),
3. weitere Beweismittel, insbesondere wenn neue Tatsachen vorgebracht werden, und
4. die Unterschrift des Berufungsklägers.

(2) Entspricht die Berufung diesen Erfordernissen nicht, ist durch das Berufungsgericht dem Berufungskläger aufzugeben, sie zu ergänzen. Dafür kann ihm eine Frist gesetzt werden.

Anmerkung: Vgl. § 157 Abs. 2 Ziff. 2 ZPO.

§ 153
Wirkung der Berufung
(1) Durch die fristgerechte Berufung wird der Eintritt der Rechtskraft des angefochtenen Urteils gehemmt. Richtet sich die Berufung nur gegen eine oder mehrere der im Urteilsspruch erlassenen Entscheidungen, werden die nicht angefochtenen Entscheidungen nach § 83 rechtskräftig, soweit in den Absätzen 2 und 3 nichts anderes bestimmt ist.
(2) Richtet sich die Berufung gegen die Auflösung einer Ehe, gegen die Entscheidung über das elterliche Erziehungsrecht oder die Feststellung der Vaterschaft, wird die Rechtskraft des Urteils in vollem Umfang gehemmt.
(3) Richtet sich die Berufung gegen eine von mehreren gleichzeitig erlassenen Unterhaltsentscheidungen, tritt die Rechtskraft auch hinsichtlich der anderen Unterhaltsentscheidungen nicht ein.

§ 154
Umfang der Überprüfung
(1) Das Berufungsgericht überprüft das Urteil in tatsächlicher und rechtlicher Hinsicht, soweit nicht die Rechtskraft eingetreten ist. Die Berufung einer Prozeßpartei führt zur Überprüfung des Urteils auch hinsichtlich der erstinstanzlichen Anträge der Prozeßpartei, die nicht Berufung eingelegt hat.
(2) Im Berufungsverfahren können neue Tatsachen vorgetragen und neue Beweise angeboten werden, wenn sie für die Entscheidung des Streitfalles erheblich sind.

Anmerkung: Vgl. Ziff. 3.3. der als Anmerkung zu § 8 Abs. 1 ZPO auszugsw. abgedruckten OG-Richtlinie.

§ 155
Rücknahme der Berufung
(1) Die Berufung kann zurückgenommen werden. Die Rücknahmeerklärung ist dem Berufungsverklagten und dem Staatsanwalt zuzustellen.
(2) Das Berufungsverfahren ist durchzuführen, wenn der Berufungsverklagte oder der Staatsanwalt innerhalb von 2 Wochen nach Zustellung der Rücknahmeerklärung den Antrag auf Fortsetzung des Verfahrens stellt. Wird kein Antrag auf Fortsetzung gestellt, wird das angefochtene Urteil mit Ablauf dieser Frist rechtskräftig.

Entscheidungen

§ 156
(1) Das Berufungsgericht kann das angefochtene Urteil aufheben und anderweitig entscheiden oder die Berufung abweisen. Es kann nur dann die Sache unter Aufhebung des angefochtenen Urteils zur erneuten Verhandlung und Entscheidung zurückverweisen, wenn eine Beweisaufnahme erforderlich, ihre Durchführung vor dem Berufungsgericht aber nicht zweckmäßig ist.
(2) Bei unentschuldigtem Fernbleiben einer oder beider Prozeßparteien kann in deren Abwesenheit verhandelt und entschieden oder ein neuer Termin bestimmt werden.

§ 157
(1) Eine verspätet eingelegte Berufung ist durch Beschluß als unzulässig abzuweisen.
(2) Die Berufung kann durch Beschluß als unzulässig abgewiesen werden, wenn
1. der Gerichtskostenvorschuß nicht innerhalb der vom Gericht gesetzten Frist eingezahlt wurde;
2. der Berufungskläger einer Auflage zur Ergänzung der Berufungsschrift nicht fristgemäß nachgekommen ist.

Anmerkung: Zu Ziff. 1 vgl. § 169 Abs. 1–3, § 170 Abs. 1 ZPO; zu Ziff. 2 vgl. § 152 Abs. 2 ZPO.

(3) Die Berufung kann durch Beschluß abgewiesen werden, wenn sie offensichtlich unbegründet ist.

Zweites Kapitel
Beschwerde

§ 158
(1) Gegen Beschlüsse des Kreisgerichts und gegen Beschlüsse, die das Bezirksgericht in erster Instanz erlassen hat, ist die Beschwerde zulässig, soweit sie nicht durch dieses Gesetz ausgeschlossen ist. Eine Be-

schwerde ist auch gegen die Festlegungen über die Art und Weise der Erfüllung der Leistung sowie gegen eine Kostenentscheidung zulässig, soweit nicht gegen das Urteil Berufung eingelegt wird.
(2) Die Beschwerde steht den Prozeßparteien und jedem anderen zu, der von dem Beschluß unmittelbar betroffen wird. Sie ist innerhalb einer Frist von 2 Wochen nach Zustellung des Beschlusses bei dem Gericht einzulegen, das den Beschluß erlassen hat.

§ 159
(1) Hält das Gericht, dessen Entscheidung angefochten wird, die Beschwerde in vollem Umfang für begründet, hat es die Entscheidung zu ändern; andernfalls ist die Beschwerde binnen einer Woche nach Eingang dem übergeordneten Gericht vorzulegen.
(2) Das Beschwerdegericht entscheidet durch Beschluß, nachdem es der anderen Prozeßpartei die Möglichkeit zur Stellungnahme gegeben hat. Über die Beschwerde ist mündlich zu verhandeln, wenn das zur Sachaufklärung notwendig ist. Die Entscheidung kann ohne Anhörung der anderen Prozeßpartei erfolgen, wenn die Beschwerde unzulässig oder offensichtlich unbegründet ist.
(3) Im übrigen gelten die Bestimmungen über die Berufung und den Protest entsprechend.

Vierter Teil
Kassations- und Wiederaufnahmeverfahren

Erstes Kapitel
Kassation

§ 160
Kassationsantrag
(1) Der Generalstaatsanwalt oder der Präsident des Obersten Gerichts können die Kassation einer rechtskräftigen Entscheidung oder ihrer Begründung sowie einer verbindlichen gerichtlichen Einigung beim Obersten Gericht beantragen, wenn die Entscheidung oder Einigung auf einer Verletzung des Rechts beruht oder die Begründung der Entscheidung gröblich unrichtig ist.

Anmerkung: Vgl. § 37 Abs. 1, § 40 Abs. 2–4, § 41 Abs. 3 und 4 GVG.

(2) Die Kassation einer Entscheidung des Kreisgerichts oder einer vor dem Kreisgericht abgeschlossenen Einigung kann auch vom Staatsanwalt des Bezirkes oder vom Direktor des Bezirksgerichts beim Bezirksgericht beantragt werden.

Anmerkung: Vgl. § 30 Abs. 5, § 32 Abs. 2 und 3 GVG.

(3) Der Antrag ist zu begründen. Er kann nur innerhalb einer Frist von einem Jahr seit Eintritt der Rechtskraft gestellt werden. Eine Befreiung von den Folgen einer Fristversäumnis findet nicht statt.

§ 161
Verfahren
(1) Der Kassationsantrag ist den Prozeßparteien des früheren Verfahrens zuzustellen. Ihnen ist Gelegenheit zur Stellungnahme zu geben. Sie können im Verfahren keine Anträge stellen.
(2) Das Gericht kann die vorläufige Einstellung der Vollstreckung anordnen.

Anmerkung: Vgl. § 131 Abs. 1 Ziff. 1 ZPO.

(3) Über den Antrag entscheidet das Gericht nach mündlicher Verhandlung durch Urteil. Der Verhandlungstermin ist dem Antragsteller und den Prozeßparteien des früheren Verfahrens unter Wahrung einer Frist von 2 Wochen mitzuteilen.
(4) Das Gericht überprüft die angefochtene Entscheidung oder Einigung in vollem Umfange, soweit sich der Antrag nicht nur gegen selbständige Teile oder die Begründung der Entscheidung richtet.
(5) Im Kassationsverfahren ist nur eine ergänzende Beweisaufnahme zulässig. Soll eine Beweisaufnahme durchgeführt werden, ist das den Prozeßparteien des früheren Verfahrens mitzuteilen; in diesem Falle sind sie zum Verhandlungstermin zu laden. Für die Beweisaufnahme gelten die §§ 52 bis 64 entsprechend.

§ 162
Entscheidung
(1) Das Gericht kann die rechtskräftige Entscheidung aufheben und anderweitig entscheiden, die Sache zur erneuten Verhandlung zurückverweisen oder den Antrag abweisen. Wird eine verbindliche gerichtliche Einigung aufgehoben, ist die Sache zur Fortsetzung des Verfahrens zurückzuverweisen.
(2) Das Gericht kann auf Anregung einer Prozeßpartei des früheren Verfahrens zugleich über die Rückerstattung des auf Grund der angefochtenen Entscheidung oder der Einigung bereits Geleisteten entscheiden, nachdem die andere Prozeßpartei Gelegenheit zur Stellungnahme hatte.

Zweites Kapitel
Wiederaufnahme des Verfahrens

§ 163
(1) Die Wiederaufnahme eines durch rechtskräftige Entscheidung eines Gerichts abgeschlossenen Verfahrens ist zulässig, wenn

1. Tatsachen oder Beweismittel bekannt werden, die dem Gericht oder dem Kläger des Wiederaufnahmeverfahrens zur Zeit der Entscheidung zu begründen geeignet sind;
2. die Bestimmungen über die gesetzliche Vertretung einer Prozeßpartei verletzt wurden;
3. das Gericht unrichtig besetzt war oder ein Richter, Schöffe oder Sekretär an der Entscheidung mitgewirkt hat, obwohl er nach § 73 ausgeschlossen war;
4. ein Richter, Schöffe oder Sekretär mitwirkte, der wegen einer Straftat rechtskräftig verurteilt wurde, die auf die Entscheidung in dieser Sache Einfluß gehabt haben kann.

(3) Eine Wiederaufnahme nach Abs. 1 Ziff. 1 ist nicht zulässig, soweit durch die Entscheidung eine Ehe geschieden oder für nichtig erklärt wurde oder wenn das Urteil auf Feststellung der Vaterschaft auf Antrag des Staatsanwalts nach § 60 des Familiengesetzbuches aufgehoben werden kann.

(3) Die Wiederaufnahme wird durch Klage einer Prozeßpartei oder des Staatsanwalts eingeleitet. Die Klage ist innerhalb von 3 Monaten nach Kenntnis des Wiederaufnahmegrundes einzureichen. Eine Wiederaufnahme ist nicht mehr zulässig, wenn nach dem Eintritt der Rechtskraft der Entscheidung 10 Jahre vergangen sind. Eine Befreiung von den Folgen der Versäumnis dieser Fristen findet nicht statt.

(4) Über die Klage entscheidet das Gericht, das in der Sache zuletzt entschieden hat, nach den für diese Instanz geltenden Verfahrensvorschriften.

Fünfter Teil
Kosten des Verfahrens

Erstes Kapitel
Kosten und Gebühren

§ 164
Begriffsbestimmung

(1) Kosten des Verfahrens sind Gerichtskosten und außergerichtliche Kosten.

(2) Gerichtskosten sind Gerichtsgebühren und gerichtliche Auslagen. Gerichtliche Auslagen sind Aufwendungen, die im Verfahren für die Entschädigung von Zeugen, Sachverständigen, Vertretern von Kollektiven der Werktätigen und gesellschaftlichen Organisationen, für Post-, Fernsprech- und Telegrammgebühren sowie für ähnliche Zwecke oder für Veröffentlichungen entstanden sind, soweit sie 3 M übersteigen. Gerichtliche Auslagen sind auch die aus dem Staatshaushalt erstatteten Kosten eines einer Prozeßpartei beigeordneten Rechtsanwalts oder eines Prozeßbeauftragten.

Anmerkung: Vgl. auch die Aufzählung der gerichtlichen Auslagen in der Anmerkung zu § 1 Abs. 1 JKO (Reg.-Nr. 8.).

(3) Außergerichtliche Kosten sind Rechtsanwaltskosten, Reisekosten, Verdienstausfall, Kosten eines vorausgegangenen Beweissicherungsverfahrens sowie andere notwendige Aufwendungen der Prozeßparteien. Zu den außergerichtlichen Kosten gehören auch die Kosten eines einer Prozeßpartei nach § 170 Abs. 1 beigeordneten Rechtsanwalts.

Anmerkung: Wegen der Rechtsanwaltskosten vgl. RAGO (Reg.-Nr. 9.) und Anhang II „Gebührentabelle zur Rechtsanwaltsgebührenordnung (zu § 2 Abs. 3 RAGO)“.

Höhe der Gebühren

§ 165

(1) Die volle Gerichtsgebühr beträgt 5 % des Wertes des geltend gemachten Anspruchs, mindestens 10 M. Der Wert ist auf einen durch 100 M teilbaren Betrag aufzurunden.

(2) Übersteigt der Wert 100 000 M, beträgt die Gerichtsgebühr für den Mehrbetrag 0,5 %.

Anmerkung: Vgl. Anhang I „Tabelle der Gerichtsgebühren in Zivil- und Familienrechtssachen (zu § 165 ZPO)“.

(3) In Verfahren über den Antrag auf Erlaß einer Zahlungsaufforderung beträgt die Gerichtsgebühr unabhängig von der Höhe des geltend gemachten Anspruchs stets 5 M. Sie ist auf das nachfolgende Verfahren anzurechnen, wenn Einspruch eingelegt worden ist.

§ 166

(1) Wird das Verfahren durch Urteil oder eine andere abschließende Sachentscheidung beendet, wird eine volle Gerichtsgebühr erhoben. Wird eine Klage durch Beschluß als offensichtlich unbegründet oder als unzulässig abgewiesen, wird eine halbe Gerichtsgebühr erhoben.

Anmerkung: Wegen der anderen verfahrensabschließenden Sachentscheidungen vgl. § 146 Abs. 1 ZPO, § 44 Abs. 1 LPG-G i. V. m. RV 4/84 (LI Nr. 14/84); wegen der Abweisung durch Beschluß vgl. § 28 Abs. 3, § 31 Abs. 2, § 77 Abs. 5 und § 169 Abs. 4 ZPO.

(2) Wird das Verfahren durch Rücknahme der Klage vor Beginn der mündlichen Verhandlung, in Ehe-

scheidungsverfahren vor Beginn der streitigen Verhandlung, beendet, wird keine Gebühr erhoben. Das gilt auch, wenn sich die Ehegatten vor Beginn der streitigen Verhandlung aussöhnen.
(3) Wird das Verfahren durch eine Einigung der Prozeßparteien oder auf andere Weise endgültig abgeschlossen, wird eine halbe Gebühr erhoben. Für eine Einigung außerhalb eines Verfahrens wird keine Gebühr erhoben.
(4) In Verfahren über eine einstweilige Anordnung außerhalb eines Verfahrens und zur Beweissicherung wird eine halbe Gebühr erhoben. Eine Gebühr wird nicht erhoben, wenn der Antrag vor Beschlußfassung zurückgenommen wird.
(5) Für die Vollstreckung wird eine halbe Gebühr nach dem Wert des zu vollstreckenden Anspruchs erhoben. Keine Gebühr wird erhoben, wenn vor Tätigwerden des Sekretärs der Antrag zurückgenommen wird oder der Schuldner seine Verpflichtung erfüllt.

Anmerkung: Vgl. §§ 27, 28 GrundstVollstrVO (Reg.-Nr. 2.), §§ 52, 53 SchVO (Reg.-Nr. 5.) sowie die abweichenden Regelungen in § 16 GesVollstrVO (Reg.-Nr. 2.) und § 28 Abs. 2 SchVO (Reg.-Nr. 5.). Vgl. aber auch die weiteren Gebührenregelungen in § 31 Abs. 3 und in § 32 der 3. DB zur ZPO (Reg.-Nr. 1.3.).

§ 167

(1) Für das Berufungsverfahren wird eine volle Gebühr erhoben. Wird die Sache zur erneuten Verhandlung und Entscheidung zurückverwiesen, bleibt das weitere Verfahren gebührenfrei.
(2) Wird die Berufung vor der mündlichen Verhandlung zurückgenommen oder wird sie durch Beschluß abgewiesen, wird eine halbe Gebühr erhoben.
(3) Wird einer Beschwerde stattgegeben, wird keine Gebühr erhoben; soweit die Beschwerde keinen Erfolg hatte, wird eine halbe Gebühr erhoben.

§ 168
Gerichtskostenfreiheit

(1) Für Arbeitsrechtssachen, für einstweilige Anordnungen innerhalb eines Verfahrens, für das Entmündigungsverfahren, für die Vollstreckbarkeitserklärung von Beschlüssen der gesellschaftlichen Gerichte und das Kassationsverfahren werden keine Gerichtskosten erhoben.

Anmerkung: Für das gerichtliche Verfahren nach dem Einweisungsgesetz werden ebenfalls keine Gerichtskosten erhoben – vgl. § 16 EinwG (Reg.-Nr. 7.). Vgl. aber auch die Ausnahmeregelung in § 33 Abs. 1 der 3. DB zur ZPO (Reg.-Nr. 1.3.).

(2) Für die nachfolgenden Verfahren werden nur die gerichtlichen Auslagen erhoben:
1. Unterhalt und Aufwendungen für die Familie;
2. elterliches Erziehungsrecht und Annahme an Kindes Statt;
3. Feststellung oder Anfechtung der Vaterschaft oder Feststellung der Unwirksamkeit einer Vaterschaftsfeststellung;
4. Todeserklärung.

§ 169
Vorauszahlungspflicht

(1) Mit der Einreichung einer Klage, eines Antrages, einer Berufung oder einer Beschwerde ist die Gerichtsgebühr einzuzahlen, soweit nicht nach § 168 Kosten- oder Gebührenfreiheit besteht. Das Gericht kann von den Prozeßparteien Vorschüsse für notwendige Auslagen verlangen.
(2) Eine Vorauszahlungspflicht besteht nicht in Verfahren wegen Ansprüchen aus Garantie sowie wegen Ansprüchen auf Schadenersatz.

Anmerkung: Vgl. die abweichenden Regelungen in § 57 Abs. 2 SchVO (Reg.-Nr. 5.) und in § 33 Abs. 2 der 3. DB zur ZPO (Reg.-Nr. 1.3.).

(3) Das Gericht kann für die Einzahlung angemessener Teile der Gerichtsgebühr oder des Auslagenvorschusses Fristen setzen. Vor der Einzahlung von mindestens 50 % der Gebühr soll keine mündliche Verhandlung durchgeführt werden. Die Durchführung der Aussöhnungsverhandlung in Ehescheidungssachen darf nicht von der Vorauszahlung abhängig gemacht werden.
(4) Hat der Kläger den Gerichtskostenvorschuß nicht innerhalb der vom Gericht gesetzten Frist eingezahlt, kann die Klage durch Beschluß als unzulässig abgewiesen werden.

Anmerkung: Vgl. auch § 157 Abs. 2 ZPO.

§ 170
Befreiung von der Vorauszahlungspflicht

(1) Weist eine Prozeßpartei nach, daß sie nicht über die zur Durchführung des Verfahrens erforderlichen Geldmittel verfügt, und ist die beabsichtigte Rechtsverfolgung nicht offensichtlich unbegründet, ist sie auf ihren Antrag durch Beschluß von der Vorauszahlungspflicht zu befreien. Unter den gleichen Voraussetzungen kann einer Prozeßpartei auf Kosten des Staatshaushaltes ein Rechtsanwalt beigeordnet werden, wenn das zur Wahrnehmung ihrer Rechte erforderlich ist. Der dem Antrag stattgebende Beschluß ist nicht anfechtbar.

Anmerkung: Zur Berechnung der Gerichtskosten der von der Vorauszahlungspflicht befreiten Prozeßpartei vgl. § 5 JKO (Reg.-Nr. 8.).

(2) Die Befreiung von der Vorauszahlungspflicht und die Beiordnung eines Rechtsanwalts können während des Verfahrens durch Beschluß widerrufen werden, wenn die Voraussetzungen dafür nicht vorgele-

gen haben oder während des Verfahrens weggefallen sind.

Festsetzung des Gebührenwertes

§ 171
(1) Der Gebührenwert ist vom Gericht durch Beschluß festzusetzen, wenn es das für erforderlich hält oder eine Prozeßpartei das beantragt. Der Beschluß kann geändert werden. Die Wertfestsetzung erfolgt für das Verfahren vor dem Kreisgericht und für das Rechtsmittelverfahren gesondert.
(2) Der Beschluß über die Wertfestsetzung bildet die Grundlage für die Berechnung der Gebühren des Gerichts und der Rechtsanwälte.

§ 172
(1) Der Gebührenwert wird berechnet
1. für wiederkehrende Leistungen, bei Streitigkeiten über das Bestehen, die Dauer oder die Aufhebung eines auf wiederkehrende Leistungen gerichteten Rechtsverhältnisses oder über Unterhalt nach dem Wert der einjährigen Verpflichtung, soweit die Verpflichtung nicht einen kürzeren Zeitraum umfaßt;
2. für die Herausgabe einer Sache nach deren Wert;
3. für die Verteilung des gemeinschaftlichen ehelichen Vermögens nach dem höchsten gestellten Antrag, jedoch nicht mehr als nach der Hälfte des Gesamtvermögens; innerhalb eines Eheverfahrens wird dieser Wert nur berechnet, soweit die Hälfte des Gesamtvermögens 3000 M übersteigt;
4. für die Entscheidung über die Ehewohnung nach dem Jahresbetrag des Mietpreises; innerhalb eines Eheverfahrens wird dieser Wert nicht berechnet;
5. für sonstige Geldforderungen, Ansprüche oder Rechte nach deren Wert.

Für die Wertberechnung ist der Zeitpunkt der Einreichung der Klage oder des Rechtsmittels maßgebend; Nebenforderungen wie Zinsen und Kosten bleiben unberücksichtigt. Wird im Laufe des Verfahrens der Klageantrag erweitert, ist für die Wertberechnung der höhere Wert maßgebend.

Anmerkung: Weitere Regelungen zur Berechnung des Gebührenwertes enthalten § 166 Abs. 5 ZPO, § 27 Abs. 1 und 2, § 28 Abs. 1 und 2 GrundstVollstrVO (Reg.-Nr. 2.), § 16 Abs. 1 GesVollstrVO (Reg.-Nr. 3.), § 28 Abs. 3, § 52 Abs. 1, § 53 Abs. 1 und 2 SchVO (Reg.-Nr. 5.). Für die Berechnung des Gebührenwertes nach diesen Bestimmungen gelten ebenfalls die in den beiden letzten Sätzen dieses Absatzes enthaltenen Grundsätze, sofern die Zinsen im Vollstreckungstitel nicht der Höhe nach als Anspruch beziffert sind sowie nur hinsichtlich der außergerichtlichen Vollstreckungskosten des Gläubigers.

(2) Der Gebührenwert für nichtvermögensrechtliche Ansprüche wird berechnet
1. in Ehesachen in Höhe des Bruttoeinkommens beider Ehegatten in den letzten 4 Monaten vor Einreichung der Klage oder Einlegung der Berufung;
2. in Verfahren über das elterliche Erziehungsrecht oder über die Annahme an Kindes Statt in Höhe von 500 M;
3. für die Feststellung oder die Anfechtung der Vaterschaft in Höhe von 1000 M;
4. für die Entmündigung und für die Todeserklärung in Höhe von 500 M;
5. für arbeitsrechtliche Ansprüche in Höhe von 500 M;
6. für sonstige Ansprüche in Höhe von 2000 M.

(3) Mehrere in einem Verfahren geltend gemachte Ansprüche werden zusammengerechnet. Ist mit einem nichtvermögensrechtlichen Anspruch ein vermögensrechtlicher Anspruch verbunden, ist nur der höhere Anspruch maßgebend.
(4) Das Gericht kann unter Berücksichtigung des Gegenstandes des Verfahrens und der wirtschaftlichen Verhältnisse der Prozeßparteien den Wert herabsetzen, jedoch nicht unter 200 M.

Zweites Kapitel
Kostenentscheidung

§ 173
(1) Das Gericht hat in seiner Endentscheidung über die Verfahrenskosten zu entscheiden. Wenn das Verfahren auf andere Weise beendet wird, ist über die Kosten durch Beschluß zu entscheiden.
(2) Die durch die Entscheidung zur Kostentragung verpflichtete Prozeßpartei hat die Gerichtsgebühren, die gerichtlichen Auslagen und die außergerichtlichen Kosten zu zahlen und der anderen Prozeßpartei deren Kosten zu erstatten.
(3) Die einem Prozeßbeauftragten entstandenen Kosten sind ihm aus dem Staatshaushalt zu erstatten. Das gilt auch für die Gebühren und Auslagen eines vom Gericht als Prozeßbevollmächtigter beigeordneten oder eines als Prozeßbeauftragter bestellten Rechtsanwalts. Mit der Erstattung geht der Anspruch gegen den zur Kostentragung Verpflichteten auf den Staatshaushalt über.
(4) Der Staatsanwalt und das Organ der Jugendhilfe sind als Prozeßpartei von der Zahlung der Kosten befreit. Im Falle ihres Unterliegens oder der Rücknahme ihrer Klage sind die Kosten dem Staatshaushalt aufzuerlegen.

§ 174
(1) In Zivilrechtssachen hat die unterliegende Prozeßpartei die Kosten zu tragen. Wenn jede Prozeßpartei zum Teil obsiegt und zum Teil unterliegt, sind die Kosten entsprechend zu teilen.

(2) Das Gericht kann von der Regelung des Abs. 1 abweichen und einer anderen Prozeßpartei die Kosten ganz oder teilweise auferlegen, wenn sie zur Klage Anlaß gegeben hat oder das nach den Umständen gerechtfertigt ist.
(3) In Ehesachen hat das Gericht unter Würdigung der getroffenen Feststellungen und der wirtschaftlichen Verhältnisse der Prozeßparteien über die Pflicht zur Kostentragung zu entscheiden. In anderen Familienrechtssachen sind die Bestimmungen der Absätze 1 und 2 anzuwenden.
(4) In Arbeitsrechtssachen trägt jede Prozeßpartei ihre außergerichtlichen Kosten selbst. Unterliegt der Betrieb ganz oder teilweise, hat er die außergerichtlichen Kosten des Werktätigen einschließlich der Kosten eines vom Werktätigen beauftragten Rechtsanwalts zu tragen.
(5) Hat der Staatsanwalt Einspruch gegen die Entscheidung eines gesellschaftlichen Gerichts erhoben, nach Rücknahme einer Klage oder Berufung die Fortsetzung des Verfahrens beantragt oder hat er Protest eingelegt und wurde seinen Anträgen ganz oder teilweise nicht entsprochen, sind insoweit die Kosten des Verfahrens dem Staatshaushalt aufzuerlegen. Die Bestimmungen des Abs. 2 sind entsprechend anzuwenden.

§ 175
(1) Wurde das Verfahren im Ergebnis einer Klagerücknahme eingestellt, sind die Kosten dem Kläger aufzuerlegen. Das Gericht kann dem Verklagten die Kosten ganz oder teilweise auferlegen, wenn er zur Klage Anlaß gegeben hat oder das nach den Umständen gerechtfertigt ist.
(2) Wurde das Verfahren durch eine Einigung der Prozeßparteien beendet und enthält die Einigung keine Regelung über die Kostentragung, entscheidet das Gericht über die Kosten unter Berücksichtigung des der Einigung zugrunde liegenden Sachverhalts.
(3) Wurde das Verfahren in Ehesachen eingestellt, weil sich die Prozeßparteien ausgesöhnt haben oder weil nach Aussetzung des Verfahrens die Fortsetzung nicht beantragt wurde, ist § 174 Abs. 3 anzuwenden.
(4) Wird das Eheverfahren durch den Tod einer Prozeßpartei beendet, ist über die Kosten in entsprechender Anwendung des § 174 Abs. 3 zu entscheiden. Die auf die verstorbene Prozeßpartei entfallenden Kosten sind dem Nachlaß aufzuerlegen.

§ 176
(1) Wurde im Verfahren zur Feststellung der Vaterschaft ein weiterer Verklagter in das Verfahren einbezogen, trägt die außergerichtlichen Kosten des nicht als Vater festgestellten Mannes der Kläger. Die Bestimmung des § 174 Abs. 2 ist entsprechend anzuwenden.
(2) Die Kosten eines Beweissicherungsverfahrens sind dem Antragsteller aufzuerlegen.
(3) Der Schuldner hat die Kosten der Vollstreckung zu tragen.
(4) Im Kassationsverfahren trägt jede Prozeßpartei des früheren Verfahrens ihre außergerichtlichen Kosten selbst. Das Kassationsgericht kann die außergerichtlichen Kosten einer Prozeßpartei unter Berücksichtigung des zugrunde liegenden Sachverhalts ganz oder teilweise der anderen Prozeßpartei auferlegen, wenn das nach den Umständen gerechtfertigt ist.

§ 177
(1) Das Gericht kann den Prozeßparteien sowie ihren gesetzlichen Vertretern die von ihnen oder ihren Prozeßbevollmächtigten durch schuldhafte Verletzung ihrer Pflichten im Verfahren verursachten Kosten auferlegen. Unter den gleichen Voraussetzungen können Zeugen, Sachverständigen oder anderen Personen Kosten auferlegt werden.
(2) Werden von einer Prozeßpartei Abschriften aus den Akten oder Zweitschriften einer Entscheidung beantragt, hat sie die entstehenden Auslagen zu tragen.

Anmerkung: Wegen der Auslagen für die Anfertigung von Abschriften oder Ablichtungen vgl. § 6 JKO (Reg.-Nr. 8.).

Drittes Kapitel
Kostenfestsetzung

§ 178
(1) Die Festsetzung von Kosten, die einer Prozeßpartei zu erstatten sind, erfolgt auf Grund einer rechtskräftigen Entscheidung oder einer verbindlichen gerichtlichen Einigung.
(2) Dem Antrag auf Kostenfestsetzung sind eine Kostenberechnung mit Abschrift und die zur Begründung erforderlichen Belege beizufügen. Die Entstehung von Auslagen kann glaubhaft gemacht werden.

Anmerkung: Wegen der Glaubhaftmachung vgl. § 53 Abs. 2 ZPO.

§ 179
(1) Über den Antrag entscheidet der Sekretär durch Beschluß. Ist eine Kostenteilung erfolgt, hat der Sekretär die andere Prozeßpartei aufzufordern, die Berechnung ihrer Kosten nebst Abschrift binnen 2 Wochen einzureichen.
(2) Nach erfolglosem Ablauf der Frist nach Abs. 1 ergeht die Entscheidung ohne Rücksicht auf die Kosten der anderen Prozeßpartei. Diese kann ihren Anspruch auch noch nachträglich geltend machen.
(3) Die Entscheidung ist, wenn dem Antrag ganz oder teilweise entsprochen wird, der anderen Prozeßpartei unter Beifügung einer Abschrift der Kostenberechnung zuzustellen. Der Prozeßpartei, die den An-

trag gestellt hat, ist die Entscheidung nur dann zuzustellen, wenn der Antrag ganz oder teilweise zurückgewiesen wird oder wenn eine Kostenausgleichung erfolgt ist; andernfalls wird die Entscheidung durch Übersendung mitgeteilt.

§ 180

(1) Der Rechtsanwalt kann die Festsetzung der Kosten gegen die von ihm vertretene Prozeßpartei nach Fälligkeit seiner Gebühren und Auslagen beantragen.

Anmerkung: Zur Fälligkeit von Rechtsanwaltsgebühren vgl. § 16 Abs. 1 und zur Geltendmachung vgl. § 18 Abs. 1, 3–5 RAGO (Reg.-Nr. 9.).

(2) Der Sekretär hat vor der Festsetzung der Kosten die Prozeßpartei zur Stellungnahme innerhalb von 2 Wochen aufzufordern. Erhebt diese Einwendungen, die nicht in der Gebührenberechnung ihren Grund haben, unterbleibt die Festsetzung. In diesen Fällen kann der Rechtsanwalt die Kostenansprüche durch Klage geltend machen.

(3) Ein nach § 170 Abs. 1 beigeordneter Rechtsanwalt ist berechtigt, Gebühren und Auslagen gegen die zur Kostentragung verpflichtete andere Prozeßpartei festsetzen zu lassen, soweit nicht eine Erstattung aus dem Staatshaushalt erfolgt.

Anmerkung: Wegen der Erstattung von Rechtsanwaltskosten aus dem Staatshaushalt vgl. § 19 RAGO (Reg.-Nr. 9.) und § 7 JKO (Reg.-Nr. 8.).

Sechster Teil
Rechtsverkehr mit anderen Staaten

Erstes Kapitel
Allgemeine Bestimmungen

§ 181
Grundsätze

(1) Die Bestimmungen dieses Teiles sind anzuwenden, soweit nicht in für die Deutsche Demokratische Republik verbindlichen völkerrechtlichen Verträgen etwas anderes festgelegt ist.

(2) Bürger anderer Staaten, Staatenlose oder juristische Personen, deren Rechtsstellung nicht durch das Recht der Deutschen Demokratischen Republik bestimmt wird, werden im Verfahren in gleicher Weise wie Bürger und juristische Personen der Deutschen Demokratischen Republik behandelt.

(3) Auf das Verfahren vor den Gerichten der Deutschen Demokratischen Republik sind die Vorschriften dieses Gesetzes anzuwenden.

§ 182
Feststellung des Rechts anderer Staaten

(1) Ist es zur Entscheidung eines Rechtsstreits oder einer anderen Rechtsangelegenheit erforderlich, die Gesetze eines anderen Staates anzuwenden, hat das Gericht das Erforderliche zu tun, um den Wortlaut dieser Rechtsnormen und ihre Anwendung auf Rechtsverhältnisse dieser Art durch die Rechtsprechung der Gerichte des betreffenden Staates festzustellen.

Anmerkung: Vgl. Rechtsanwendungsgesetz vom 5. 12. 1975 (GBl. I Nr. 46 S. 748).

(2) Bleiben die nach Abs. 1 vorgesehenen Ermittlungen erfolglos oder würden die entsprechenden Feststellungen einen nicht vertretbaren Aufwand erfordern und kann auch keine Prozeßpartei den Nachweis der Rechtsnormen und ihrer Anwendung führen, kann das Gericht nach den Rechtsvorschriften der Deutschen Demokratischen Republik entscheiden.

§ 183
Sicherheitsleistung für Verfahrenskosten

(1) Ist der Kläger Bürger oder juristische Person eines anderen Staates oder ist er staatenlos und hat er seinen Wohnsitz, Aufenthalt oder Sitz außerhalb der Deutschen Demokratischen Republik, so ist ihm auf Antrag des Verklagten durch Beschluß aufzutragen, innerhalb einer ihm zu setzenden Frist eine angemessene Sicherheit für die Kosten des Verfahrens zu leisten.

(2) Die Leistung einer Sicherheit ist nicht erforderlich, wenn

1. der Staat, dem der Kläger angehört, von Bürgern oder juristischen Personen der Deutschen Demokratischen Republik keine Sicherheitsleistung fordert;
2. der Verklagte ein berechtigtes Interesse an dem Verlangen nach Sicherheitsleistung nicht begründen kann;
3. der Kläger Anspruch auf Befreiung von der Pflicht zur Vorauszahlung der Gerichtskosten hat;
4. der Verklagte den Antrag auf Sicherheitsleistung nicht spätestens in der mündlichen Verhandlung stellt, in der er über sein Antragsrecht vom Gericht unterrichtet worden ist.

(3) Über den Antrag des Verklagten auf Sicherheitsleistung ist durch Beschluß vorab zu entscheiden. Wurde Sicherheitsleistung angeordnet, ist in der Sache erst zu verhandeln, wenn die Sicherheit geleistet ist.

Anmerkung Vgl. § 31 Abs. 1 Ziff. 7 und Abs. 2, § 77 Abs. 5 ZPO.

Zweites Kapitel
Zuständigkeit

§ 184
Zuständigkeitsregeln

(1) Die Gerichte der Deutschen Demokratischen Republik sind in Verfahren mit Prozeßparteien aus anderen Staaten zuständig, wenn nach den Bestimmungen dieses Gesetzes oder anderen Rechtsvorschriften ihre örtliche Zuständigkeit gegeben ist.

Anmerkung: Vgl. §§ 20–25 ZPO sowie die in der Vorbemerkung vor § 20 ZPO aufgeführten Zuständigkeitsvorschriften.

(2) Die Gerichte der Deutschen Demokratischen Republik sind auch zuständig, wenn eine Prozeßpartei Bürger der Deutschen Demokratischen Republik ist oder in der Deutschen Demokratischen Republik ihren Wohnsitz, Aufenthalt oder Sitz hat oder Gegenstand des Verfahrens eine in der Deutschen Demokratischen Republik belegene Sache, eine hier entstandene oder zu erfüllende Verpflichtung ist oder wenn sich in Zivilrechtssachen Vermögen des Verklagten in der Deutschen Demokratischen Republik befindet.

(3) Ist für die Durchführung des Verfahrens nach den Bestimmungen dieses Gesetzes kein Gericht örtlich zuständig, ist das Gericht der Deutschen Demokratischen Republik zuständig, in dessen Bereich der Kläger seinen Wohnsitz, Aufenthalt oder Sitz hat, wenn der Verklagte keinen Wohnsitz, Aufenthalt oder Sitz in der Deutschen Demokratischen Republik hat. In allen anderen Fällen ist das Stadtbezirksgericht Berlin-Mitte zuständig. Dieses kann das Verfahren an ein anderes Gericht verweisen.

(4) Für die Begründung der Zuständigkeit der Gerichte der Deutschen Demokratischen Republik sind die Umstände maßgebend, die bei Zustellung der Klage bestehen. Die einmal begründete Zuständigkeit bleibt bestehen, auch wenn ihre Voraussetzungen nachträglich wegfallen.

§ 185
Vereinbarung über die Zuständigkeit

(1) In Zivilrechtssachen können die Prozeßparteien die Zuständigkeit der Gerichte der Deutschen Demokratischen Republik vereinbaren, auch wenn diese nach den Bestimmungen dieses Teils nicht zuständig sind. Die Vereinbarung kann ausdrücklich oder stillschweigend erfolgen. Die Zuständigkeit gilt als vereinbart, wenn sich der Verklagte auf die Verhandlung zur Sache einläßt.

(2) Soweit für eine Klage nicht eine ausschließliche Zuständigkeit der Gerichte der Deutschen Demokratischen Republik gegeben ist, kann für die Entscheidung einer Zivilrechtssache zwischen Prozeßparteien, von denen eine ihren Wohnsitz, Aufenthalt oder Sitz außerhalb der Deutschen Demokratischen Republik hat, schriftlich die Zuständigkeit des Gerichts eines anderen Staates oder, soweit das in Rechtsvorschriften vorgesehen ist, die Zuständigkeit eines Schiedsgerichts vereinbart werden.

Anmerkung: Vgl. § 2 SchiedsgVO (Reg.-Nr. 4.).

Drittes Kapitel
Rechtshilfe

§ 186
Ersuchen um Rechtshilfe

(1) Ist es erforderlich, zur Klärung eines Sachverhalts, zur Feststellung von Tatsachen oder zum Zwecke der Zustellung eines Schriftstücks oder aus anderen Gründen eine gerichtliche Handlung außerhalb der Deutschen Demokratischen Republik vorzunehmen, ist das zuständige Organ des anderer Staates um Rechtshilfe zu ersuchen.

(2) Kann die erforderliche Handlung von einer diplomatischen oder konsularischen Vertretung der Deutschen Demokratischen Republik vorgenommen werden, ist das Ersuchen an diese zu richten.

(3) Das Rechtshilfeersuchen hat die Sache, in der die Rechtshilfe begehrt wird, und den Gegenstand des Ersuchens zu bezeichnen und die erforderlichen Angaben für seine Erledigung zu enthalten.

§ 187
Gewährung von Rechtshilfe

(1) Die Gerichte der Deutschen Demokratischen Republik gewähren Gerichten anderer Staaten auf Ersuchen Rechtshilfe.

(2) Die Gewährung von Rechtshilfe ist zu versagen, wenn

1. die Erledigung des Ersuchens mit den Grundprinzipien der Staats- und Rechtsordnung der Deutschen Demokratischen Republik unvereinbar ist oder ihre Souveränität, Sicherheit oder andere wesentliche Interessen beeinträchtigen könnte;
2. der Gegenstand des Ersuchens nicht in die Zuständigkeit der Gerichte der Deutschen Demokratischen Republik fällt.

(3) Das Rechtshilfeersuchen kann zurückgewiesen werden, wenn der Staat, dessen Gerichte um Rechtshilfe ersuchen, den Gerichten der Deutschen Demokratischen Republik die Gewährung von Rechtshilfe verweigert.

§ 188
Verfahren bei Erledigung von Rechtshilfeersuchen

(1) Die Erledigung von Rechtshilfeersuchen der Gerichte anderer Staaten um Vornahme einzelner Prozeßhandlungen erfolgt nach den Verfahrensvorschriften der Deutschen Demokratischen Republik.

(2) Ist das Rechtshilfeersuchen nicht in deutscher Sprache abgefaßt oder ist keine Übersetzung in die

deutsche Sprache beigefügt, kann seine Erledigung davon abhängig gemacht werden, daß die Prozeßpartei, in deren Interesse die Prozeßhandlung erfolgen soll, einen angemessenen Vorschuß für die Anfertigung einer beglaubigten Übersetzung in die deutsche Sprache leistet.

(3) Auf Verlangen des ersuchenden Gerichts können von den Verfahrensvorschriften der Deutschen Demokratischen Republik abweichende Formen angewandt werden, soweit diese nicht den Rechtsvorschriften oder den Grundprinzipien der Staats- und Rechtsordnung der Deutschen Demokratischen Republik widersprechen.

(4) Zeugen, Sachverständige und Prozeßparteien können auf ausdrückliches Verlangen des ersuchenden Gerichts nach der Vernehmung vereidigt werden. Dabei sind folgende Eidesformeln anzuwenden:

1. für Zeugen und Prozeßparteien:
   „Ich schwöre nach bestem Wissen und Gewissen, daß ich in allem, worüber ich vom Gericht befragt worden bin, die volle Wahrheit gesagt und nichts verschwiegen habe";
2. für Sachverständige:
   „Ich schwöre, daß ich mein Gutachten unparteiisch und nach bestem Wissen und Gewissen abgegeben habe".

§ 189
Zustellung in andere Staaten

(1) Die Zustellung von Schriftstücken in andere Staaten erfolgt nach den Bestimmungen über die Rechtshilfe.

(2) Die Zustellung wird durch eine Bestätigung des ersuchten Organs, daß die Zustellung erfolgt sei, nachgewiesen.

(3) Ist die Zustellung in einen anderen Staat vorzunehmen, jedoch nach den Bestimmungen über die Durchführung des Rechtshilfeverkehrs nicht möglich, kann die Mitteilung des zuzustellenden Schriftstücks durch eingeschriebenen Brief mit Rückschein erfolgen. In diesem Falle genügt zum Nachweis der Zustellung eine dem internationalen Postrecht entsprechende Bestätigung des Postamtes, welches das Schriftstück ausgeliefert hat.

Anmerkung: Zur Zustellung mittels Einschreibebrief mit Rückschein vgl. §§ 10, 25, 29, 33 und 52 der PostAO.

(4) Die Zustellung von Schriftstücken an Bürger der Deutschen Demokratischen Republik, die sich in einem anderen Staat aufhalten, kann durch die diplomatische oder konsularische Vertretung der Deutschen Demokratischen Republik vorgenommen werden.

§ 190
Bestellung eines Zustellungsbevollmächtigten

(1) Hat eine Prozeßpartei, die ihren Wohnsitz, Aufenthalt oder Sitz außerhalb der Deutschen Demokratischen Republik hat, keinen in der Deutschen Demokratischen Republik wohnhaften Prozeßvertreter, kann ihr vom Gericht durch einen nach den Vorschriften des § 189 zuzustellenden Beschluß aufgegeben werden, innerhalb einer angemessenen Frist einen in der Deutschen Demokratischen Republik wohnhaften Zustellungsbevollmächtigten zu bestellen.

(2) Erfolgt innerhalb dieser Frist die Bestellung eines Zustellungsbevollmächtigten nicht, gelten alle weiteren mit eingeschriebenem Brief erfolgenden Zustellungen innerhalb eines Monats seit der Übergabe an die Post als erfolgt, auch wenn ein Zustellungsnachweis nicht vorliegt.

(3) In dem Beschluß ist die Prozeßpartei über die Folgen nach Abs. 2 zu unterrichten.

§ 191
Zustellung für Gerichte anderer Staaten

Die Zustellung von Schriftstücken auf Ersuchen von Gerichten anderer Staaten wird nach den Bestimmungen über die Rechtshilfe ausgeführt, wenn das zuzustellende Schriftstück in deutscher Sprache verfaßt oder eine beglaubigte Übersetzung in die deutsche Sprache beigefügt ist. Anderenfalls erfolgt die Zustellung durch das Gericht nach § 40 Abs. 1, sofern der Empfänger zur Annahme bereit ist.

Viertes Kapitel
Urkunden und Entscheidungen aus anderen Staaten

§ 192
Legalisation von Urkunden

Zum Nachweis der Echtheit von Urkunden, die von einem Organ oder einer nach den Rechtsvorschriften eines anderen Staates dazu befugten Person im Rahmen ihrer Zuständigkeit aufgenommen oder ausgestellt oder in der vorgeschriebenen Form ausgefertigt und beglaubigt sind und die im Verfahren vor den Gerichten der Deutschen Demokratischen Republik verwendet werden sollen, kann deren Legalisation gefordert werden.

§ 193
Anerkennung von Entscheidungen

(1) Rechtskräftige Entscheidungen von Gerichten anderer Staaten werden unter Voraussetzung der Gegenseitigkeit in der Deutschen Demokratischen Republik anerkannt.

(2) Die Anerkennung ist ausgeschlossen, wenn

1. die Bestimmungen über die ausschließliche Zu-

ständigkeit der Gerichte der Deutschen Demokratischen Republik nicht beachtet worden sind;
2. die Zuständigkeit des Gerichts eines anderen Staates entgegen einer nach dem Recht der Deutschen Demokratischen Republik wirksamen Vereinbarung über die Zuständigkeit eines Gerichts oder Schiedsgerichts begründet wurde;
3. der unterlegenen Prozeßpartei das rechtliche Gehör infolge von Zustellungsmängeln oder sonstigen Verfahrensverstößen versagt war;
4. eine rechtskräftige Entscheidung eines Gerichts der Deutschen Demokratischen Republik über denselben Anspruch zwischen denselben Prozeßparteien vorliegt;
5. die Entscheidung den Grundprinzipien der Staats- und Rechtsordnung der Deutschen Demokratischen Republik widerspricht oder ihre Souveränität, Sicherheit oder anderen wesentlichen Interessen beeinträchtigen könnte.

(3) Ist über den Anspruch zwischen denselben Prozeßparteien ein Rechtsstreit vor den Gerichten der Deutschen Demokratischen Republik anhängig, kann über die Anerkennung erst nach Beendigung dieses Rechtsstreits entschieden werden.

§ 194
Anerkennung von Entscheidungen in Ehesachen

(1) Ist durch das zuständige Organ eines anderen Staates eine Ehe geschieden, für nichtig erklärt oder sonst getrennt oder das Bestehen oder Nichtbestehen einer Ehe festgestellt worden, bedarf es zur Wirksamkeit dieser Entscheidung in der Deutschen Demokratischen Republik ihrer Anerkennung durch den Minister der Justiz.

Anmerkung: Die Vorbereitung der vom Minister der Justiz auszusprechenden Anerkennung obliegt den Kreisgerichten. Entsprechende Anträge sind bei dem für den Wohnsitz des Antragstellers zuständigen Kreisgericht zu stellen. Wegen der Gebühren für das Anerkennungsverfahren vgl. § 17 Abs. 1, 3 und 4 JKO (Reg.-Nr. 8.).

(2) Auf das Erfordernis der Gegenseitigkeit kann in diesen Fällen verzichtet werden.

(3) Einer Anerkennung bedarf es nicht, wenn beide Ehegatten bei Erlaß der Entscheidung Bürger des Staates waren, dessen Organe die Entscheidung getroffen haben.

(4) Die vom Minister der Justiz ausgesprochene Anerkennung ist allgemein bindend.

Vollstreckbarkeitserklärung

§ 195

(1) Eine Vollstreckung aus gerichtlichen Entscheidungen anderer Staaten in Zivil-, Familien- und Arbeitsrechtssachen findet statt, wenn sie für vollstreckbar erklärt worden sind.

(2) Die Vollstreckbarkeitserklärung erfolgt auf Antrag des Gläubigers.

(3) Für die Entscheidung über den Antrag ist das Bezirksgericht zuständig, in dessen Bereich der Schuldner seinen Wohnsitz, Aufenthalt oder Sitz hat. Fehlt es daran, ist das Bezirksgericht zuständig, in dessen Bereich der Schuldner Vermögen hat.

(4) Für die Vollstreckbarkeitserklärung von Entscheidungen, die auf Grund von völkerrechtlichen Verträgen in der Deutschen Demokratischen Republik anzuerkennen und zu vollstrecken sind, ist das Kreisgericht zuständig.

§ 196

(1) Dem Antrag auf Vollstreckbarkeitserklärung ist eine gerichtliche Ausfertigung der zu vollstreckenden Entscheidung und deren beglaubigte Übersetzung in die deutsche Sprache beizufügen. Die Ausfertigung muß einen Vermerk enthalten, daß die Entscheidung mit keinem ordentlichen Rechtsmittel mehr anfechtbar ist.

(2) Im Verfahren über den Antrag ist nur zu prüfen, ob die Voraussetzungen des § 193 erfüllt sind.

(3) Von einer mündlichen Verhandlung kann abgesehen werden, wenn weder der Gläubiger noch der Schuldner eine solche beantragen. Dem Schuldner ist der Antrag mit der Aufforderung zuzustellen, sich zu äußern. Gleichzeitig ist er darauf hinzuweisen, daß von einer mündlichen Verhandlung abgesehen werden kann, wenn er diese nicht ausdrücklich verlangt.

(4) Die Entscheidung über den Antrag erfolgt durch Beschluß.

§ 197

Kostenentscheidungen und Kostenfestsetzungsbeschlüsse, die auf Grund einer nach § 193 anzuerkennenden Entscheidung ergangen sind, können für vollstreckbar erklärt werden, auch wenn sie außerhalb der Entscheidung ergangen sind. Für das Verfahren über den Antrag auf Vollstreckbarkeitserklärung gelten die §§ 195 und 196.

§ 198

(1) In anderen Staaten ergangene Schiedssprüche und im Zusammenhang mit ihnen ergangene Kostenentscheidungen und Kostenfestsetzungen, die in dem anderen Staat verbindlich und vollstreckbar geworden sind, stehen von Gerichten anderer Staaten erlassenen Entscheidungen bezüglich der Anerkennung und Vollstreckbarkeit gleich.

(2) Die Bestimmungen über die Vollstreckbarkeitserklärung inländischer Schiedssprüche sind entsprechend anzuwenden. An die Stelle der Aufhebung des Schiedsspruchs tritt die Feststellung, daß die Vollstreckung in der Deutschen Demokratischen Republik versagt wird.

Anmerkung: Vgl. § 28 SchiedsgVO (Reg.-Nr. 4.).

Siebenter Teil
Übergangs- und Schlußbestimmungen

Erstes Kapitel
Übergangsbestimmungen

§ 199
Grundsatz
Die bei Inkrafttreten dieses Gesetzes noch nicht abschließend entschiedenen Verfahren sind nach den Bestimmungen dieses Gesetzes fortzuführen, soweit nicht nachstehend etwas anderes bestimmt ist.

Anfechtung von Entscheidungen

§ 200
(1) Sind Entscheidungen vor Inkrafttreten dieses Gesetzes erlassen, aber nach den bisherigen Rechtsvorschriften noch nicht rechtskräftig, tritt die Rechtskraft erst nach Ablauf der Rechtsmittelfrist ein, die zur Zeit des Erlasses der Entscheidung galt. Das Rechtsmittelverfahren ist nach den Bestimmungen dieses Gesetzes durchzuführen.
(2) Ein vor Inkrafttreten dieses Gesetzes erlassenes Versäumnisurteil, gegen das der Einspruch zulässig war, wird gegenstandslos, wenn innerhalb einer Woche nach Zustellung dieses Urteils Einspruch eingelegt wird. Das Verfahren ist dann nach den Bestimmungen dieses Gesetzes fortzusetzen.

§ 201
(1) Wird gegen einen Arrest oder eine einstweilige Verfügung ein nach dem bisher geltenden Recht zulässiger Widerspruch oder eine Berufung eingelegt, ist das Verfahren als Beschwerdeverfahren weiterzuführen.
(2) Wird gegen einen Entmündigungsbeschluß, der vor Inkrafttreten dieses Gesetzes erlassen wurde, eine nach dem bisherigen Recht zulässige Anfechtungsklage erhoben, ist das Verfahren als Berufungsverfahren weiterzuführen.
(3) Wird gegen ein Ausschlußurteil eine nach dem bisherigen Recht zulässige Anfechtungsklage erhoben, ist das Verfahren als Beschwerdeverfahren weiterzuführen.

§ 202
Mahnverfahren
(1) Ist vor Inkrafttreten dieses Gesetzes ein Zahlungsbefehl beantragt, aber noch nicht erlassen worden, ist dieser Antrag als Antrag auf Erlaß einer Zahlungsaufforderung zu behandeln.
(2) Ist vor Inkrafttreten dieses Gesetzes ein Zahlungsbefehl, aber noch kein Vollstreckungsbefehl erlassen worden, sind für das weitere Verfahren die Bestimmungen über das Mahnverfahren des bisher geltenden Rechts weiterhin anzuwenden. Aus Vollstreckungsbefehlen darf jedoch erst nach Eintritt der Rechtskraft vollstreckt werden.
(3) Wird nach Inkrafttreten dieses Gesetzes gegen einen Vollstreckungsbefehl innerhalb einer Woche nach dessen Zustellung Einspruch eingelegt, wird der Vollstreckungsbefehl gegenstandslos. In diesem Falle ist der Zahlungsbefehl wie eine Klage zu behandeln.

§ 203
Vollstreckung
(1) Eine vor Inkrafttreten dieses Gesetzes beantragte Vollstreckung ist nach den Bestimmungen dieses Gesetzes weiterzuführen.
(2) Vor Inkrafttreten dieses Gesetzes an Drittschuldner zugestellte Pfändungs- und Überweisungsbeschlüsse behalten ihre Pfändungswirkung; sie sind wie Pfändungsanordnungen zu behandeln.
(3) Sind vor Inkrafttreten dieses Gesetzes Arbeitseinkünfte gepfändet worden, ist durch die Betriebe nach den Bestimmungen dieses Gesetzes zu verfahren. Die Betriebe können noch bis zum 31. Dezember 1976 die der Pfändung unterliegenden Beträge nach der Verordnung vom 9. Juni 1955 über die Pfändung von Arbeitseinkommen (GBl. I Nr. 50 S. 429) berechnen, von den Arbeitseinkünften des Schuldners einbehalten und mit befreiender Wirkung an den Gläubiger zahlen; die §§ 106 bis 114 dieses Gesetzes sind jedoch auch in diesen Fällen anzuwenden.
(4) Die Weiterführung bei Inkrafttreten dieses Gesetzes anhängiger Vergleichs-, Konkurs-, Zwangsversteigerungs- oder Zwangsverwaltungsverfahren wird in besonderen Rechtsvorschriften geregelt.

Anmerkung: Vgl. hierzu § 29 GrundstVollstrVO (Reg.-Nr. 2.) und § 17 GesVollstrVo (Reg.-Nr. 3.).

§ 204
Gerichtskosten
(1) Für ein bei Inkrafttreten dieses Gesetzes noch nicht abschließend entschiedenes Verfahren werden die Gerichtskosten nach dem bisher geltenden Kostenrecht erhoben. Wird nach diesem Zeitpunkt ein Rechtsmittel eingelegt, werden die Gerichtskosten für das Rechtsmittelverfahren nach den Vorschriften dieses Gesetzes erhoben.
(2) Für die Festsetzung des Gebührenwertes ist Abs. 1 entsprechend anzuwenden.

Zweites Kapitel
Schlußbestimmungen

§ 205
(1) Mit Inkrafttreten dieses Gesetzes werden aufgehoben:
1. die Zivilprozeßordnung vom 30. Januar 1877

(RGBl. S. 83) einschließlich des Einführungsgesetzes (RGBl. S. 244),
2. die Konkursordnung vom 10. Februar 1877 (RGBl. S. 351) einschließlich des Einführungsgesetzes (RGBl. S. 390),
3. das Gerichtskostengesetz vom 18. Juni 1878 (RGBl. S. 141),
4. das Gesetz vom 24. März 1897 über die Zwangsversteigerung und die Zwangsverwaltung (RGBl. S. 97) einschließlich des Einführungsgesetzes (RGBl. S. 135),
5. die Vergleichsordnung vom 26. Februar 1935 (RGBl. I S. 321; Ber. S. 356)

sowie alle dazu ergangenen Änderungen und Ergänzungen.

(2) Gleichzeitig treten außer Kraft:
1. die Verordnung vom 4. Oktober 1952 zur Angleichung von Verfahrensvorschriften auf dem Gebiet des Zivilrechts an das Gerichtsverfassungsgesetz (Angleichungsverordnung) (GBl. Nr. 141 S. 988; Ber.Nr. 163 S. 1227),
2. die Verordnung vom 4. Oktober 1952 über das Gerichtsvollzieherwesen (GBl. Nr. 141 S. 993),
3. die Verordnung vom 31. März 1952 über die Zahlung der Prozeßgebühr für die Berufungsinstanz (GBl. Nr. 47 S. 299),
4. die Anordnung vom 1. November 1953 über die Gerichtskosten im Beschlußverfahren (ZBl. Nr. 43 S. 533; Ber. ZBl. 1954 Nr. 1 S. 8) in der Fassung der Änderungs-Anordnung vom 3. Mai 1957 (GBl. I Nr. 37 S. 294),
5. die Anordnung vom 13. Februar 1954 über die Kosten für die Tätigkeit der Gerichtsvollzieher (ZBl. Nr. 7 S. 57),
6. die Verordnung vom 9. Juni 1955 über die Pfändung von Arbeitseinkommen (GBl. I Nr. 50 S. 429) einschließlich der Zweiten Durchführungsbestimmung vom 12. Oktober 1965 (GBl. II Nr. 108 S. 757) und der Dritten Durchführungsbestimmung vom 29. Mai 1974 (GBl. I Nr. 29 S. 285),
7. die Verordnung vom 29. Juni 1961 über die Tätigkeit der Kreis- und Bezirksarbeitsgerichte (Arbeitsgerichtsordnung) (GBl. II Nr. 42 S. 271),
8. das Gesetz vom 17. April 1963 zur Änderung und Ergänzung strafrechtlicher und verfahrensrechtlicher Bestimmungen (GBl. I Nr. 4 S. 65),
9. die Verordnung vom 17. Februar 1966 zur Anpassung der Bestimmungen über das gerichtliche Verfahren in Familiensachen an das Familiengesetzbuch der Deutschen Demokratischen Republik (GBl. II Nr. 31 S. 171),
10. die Verordnung vom 31. Januar 1973 zur Vereinfachung des gerichtlichen Verfahrens in Zivil-, Familien- und Arbeitsrechtssachen (GBl. I Nr. 13 S. 117).

§ 206
(aufgehoben)

§ 207
Wird in Rechtsvorschriften auf Bestimmungen verwiesen, die durch dieses Gesetz oder auf Grund von Durchführungsbestimmungen zu diesem Gesetz aufgehoben werden oder außer Kraft treten, gelten die entsprechenden neuen Bestimmungen.

§ 208
(1) Durchführungsverordnungen zu diesem Gesetz erläßt der Ministerrat; Durchführungsbestimmungen erläßt der Minister der Justiz.
(2) Der Minister der Justiz kann zur Gewährleistung einer konzentrierten und zügigen Durchführung der Verfahren für die Kreis- und Bezirksgerichte Bearbeitungsfristen festlegen.

Anmerkung: Vgl. hierzu RV 7/77 vom 31. 5. 1977 (DuI – B 2 – 7/77).

§ 209
Dieses Gesetz tritt am 1. Januar 1976 in Kraft.

1.1.
1. Durchführungsbestimmung zur Zivilprozeßordnung – Zuständigkeit des Kreisgerichts in Arbeitsrechtssachen –

vom 25. Oktober 1977 (GBl. I Nr. 32 S. 349)

Vorbemerkung: Die Bestimmungen dieser DB ergänzen die Zuständigkeitsvorschriften des § 25 ZPO (Reg.-Nr. 1.).

In Übereinstimmung mit dem Bundesvorstand des Freien Deutschen Gewerkschaftsbundes wird gemäß § 208 Abs. 1 der Zivilprozeßordnung vom 19. Juni 1975 (GBl. I Nr. 29 S. 533) folgendes bestimmt:

§ 1
(1) In Arbeitsrechtssachen ist das Kreisgericht ohne

vorherige Anrufung der Konfliktkommission zuständig, wenn
1. der Werktätige in einem Neuererrechtsstreit Ansprüche gegen einen Betrieb erhebt, zu dem er in keinem Arbeitsrechtsverhältnis steht und zum Zeitpunkt der Einreichung des Neuerervorschlages nicht gestanden hat;
2. zwischen den Erben oder Hinterbliebenen eines Werktätigen und dem Betrieb Streitigkeiten aus dem Arbeitsrechtsverhältnis des Verstorbenen bestehen;
3. eine Prozeßpartei sich in Untersuchungshaft oder im Strafvollzug befindet und Ansprüche aus einem vor der Verhaftung oder vor der Aufnahme in den Strafvollzug begründeten Arbeitsrechtsverhältnis geltend gemacht werden;
4. der Betrieb von dem Gläubiger eines Werktätigen als Drittschuldner in Anspruch genommen wird oder der Staatsanwalt gemäß § 111 Abs. 2 der Zivilprozeßordnung gegen den Betrieb Klage erhebt.

Eine Beratung und Entscheidung durch die Konfliktkommission ist in diesen Fällen nicht zulässig.

(2) Das Kreisgericht ist auch zuständig, wenn die Konfliktkommission über einen gestellten Antrag nicht entschieden hat, weil
1. der Antragsgegner zweimal zu den Beratungen der Konfliktkommission unbegründet nicht erschienen ist und der Sachverhalt nicht geklärt werden konnte;
2. eine Beratung nicht in der vorgeschriebenen Mindestbesetzung durchgeführt werden konnte.

§ 2

(1) In Arbeitsrechtssachen kann ohne vorherige Anrufung der Konfliktkommission eine Klage beim Kreisgericht eingereicht werden, wenn
1. der Werktätige aktiven Wehrdienst leistet;
2. der Werktätige nicht mehr im Betrieb arbeitet, weil er ein Arbeitsrechtsverhältnis mit einem Betrieb in einem anderen Ort begründet hat.

(2) In diesen Fällen darf eine beim Kreisgericht eingereichte Klage nicht gemäß § 25 Abs. 1 Satz 2 der Zivilprozeßordnung an die Konfliktkommission abgegeben werden.

§ 3

(1) Das Kreisgericht ist für die Verhandlung und Entscheidung von Arbeitsrechtssachen zuständig, wenn wegen ihrer Bedeutung, Folgen oder Zusammenhänge der Staatsanwalt oder der Kreisvorstand des FDGB bis zur Durchführung der Beratung der Konfliktkommission über einen gestellten Antrag die Verhandlung vor dem Kreisgericht beantragt oder der Direktor des Kreisgerichts sie an das Kreisgericht heranzieht.

(2) Der vor der Konfliktkommission gestellte Antrag ist an das Kreisgericht abzugeben und steht einer Klage gleich.

§ 4

(1) Die Konfliktkommission kann einen bei ihr eingereichten Antrag wegen der Bedeutung, Folgen oder Zusammenhänge dem Direktor des Kreisgerichts zur Heranziehung vorlegen.

(2) Der Direktor des Kreisgerichts entscheidet über die Heranziehung. Er kann den Antrag an die Konfliktkommission zur Beratung und Entscheidung zurückgeben.

§ 5

Diese Durchführungsbestimmung tritt am 1. Januar 1978 in Kraft.

1.2.
2. Durchführungsbestimmung zur Zivilprozeßordnung – Pfändbarkeit von Geldleistungen der Sozialversicherung –

vom 1. Dezember 1977 (GBl. I Nr. 37 S. 427)

Auf Grund des § 208 Abs. 1 der Zivilprozeßordnung vom 19. Juni 1975 (GBl. I Nr. 29 S. 533) wird zur Anpassung der Vorschriften über die Pfändung von Arbeitseinkünften an die Neuregelung der Zahlung von Geldleistungen der Sozialversicherung durch das Arbeitsgesetzbuch der Deutschen Demokratischen Republik vom 16. Juni 1977 (GBl. I Nr. 18 S. 185) in Übereinstimmung mit dem Bundesvorstand des Freien Deutschen Gewerkschaftsbundes und im Einvernehmen mit den Leitern der zuständigen zentralen Staatsorgane folgendes bestimmt:

§ 1

(1) Die im § 97 Abs. 2 der Zivilprozeßordnung getroffene Regelung, daß dem Schuldner im Falle der Pfändung von Arbeitseinkünften mindestens 50 % der anstelle von Arbeitseinkünften auszuzahlenden Geldleistungen der Sozialversicherung verbleiben müssen,

gilt nur für die Fälle, in denen dem Schuldner eine Geldleistung bis zu 20 M für einen Arbeitstag zusteht.

Anmerkung: Vgl. Anmerkung 1 zu § 97 Abs. 2 ZPO (Reg.-Nr. 1.).

(2) Steht dem Schuldner eine höhere Geldleistung zu, müssen ihm im Falle der Pfändung mindestens 10 M je Arbeitstag verbleiben.
(3) Diese Regelung gilt auch für die Pfändung gleicher Geldleistungen der Sozialversicherung, die nicht im Betrieb ausgezahlt werden.

Anmerkung: Wegen der Pfändung von Geldleistungen der Sozialversicherung, die nicht im Betrieb ausgezahlt werden, vgl. § 115 Abs. 2 ZPO (Reg.-Nr. 1.).

§ 2
Diese Durchführungsbestimmung tritt am 1. Januar 1978 in Kraft.

1.3.
3. Durchführungsbestimmung zur Zivilprozeßordnung – Pfändung von Sachen und Vollstreckung sonstiger Ansprüche –

vom 1. Oktober 1984 (GBl. I Nr. 31 S. 373)

Aufgrund des § 208 Abs. 1 der Zivilprozeßordnung vom 19. Juni 1975 (GBl. I Nr. 29 S. 533) – nachfolgend ZPO genannt – wird im Einvernehmen mit den Leitern der zuständigen zentralen Staatsorgane folgendes bestimmt:

Erster Abschnitt
Pfändung von Sachen

Zu § 118 Abs. 1 der ZPO:

§ 1
(1) Eine Pfändung von Sachen soll nur insoweit erfolgen, als sie zur Erfüllung des zu vollstreckenden Anspruchs und der Vollstreckungskosten erforderlich ist. Sachen, die offensichtlich nicht verwertet werden können, sollen nicht gepfändet werden. Das gleiche gilt für Sachen, deren Verwertungserlös offensichtlich nicht ausreicht, die durch ihre Verwertung entstehenden Unkosten zu denken.

Anmerkung: Wegen der Vollstreckungskosten vgl. §§ 164, 165, § 166 Abs. 5 ZPO (Reg.-Nr. 1.), § 32 dieser DB und § 2 Abs. 1 und 3, § 5 Abs. 1, § 10 RAGO (Reg.-Nr. 9.).

(2) Wird dem Sekretär das einer Verwertung entgegenstehende Recht eines Dritten am Pfandgegenstand nach vollzogener Pfändung nachgewiesen, darf er die Pfändung nur mit Einwilligung des Gläubigers aufheben. Der Dritte ist darüber zu belehren, daß er die Feststellung der Unzulässigkeit der Pfändung gemäß § 133 Abs. 1 Ziff. 2 der ZPO beantragen kann, falls der Gläubiger in die Aufhebung der Pfändung nicht einwilligt.

Zu § 118 Abs. 2 der ZPO:

§ 2
(1) Die Pfändung einer Sache, die der Lebensführung des Schuldners oder seiner Familie dient, ist dann zulässig, wenn der Gläubiger eine gebrauchsfähige, aber weniger wertvolle und mit Rechten Dritter nicht belastete gleichartige Sache zur Verfügung stellt und der Sekretär diese Sache dem Schuldner bei Wegnahme des Pfandgegenstandes übergibt (Austauschpfändung).
(2) Der Wert der vom Gläubiger zur Verfügung gestellten und in das Eigentum des Schuldners übergegangenen Sache ist vom Sekretär gemäß § 11 Abs. 1 festzustellen; er ist Bestandteil der Vollstreckungskosten des Gläubigers.

Anmerkung: Zu den Vollstreckungskosten des Gläubigers gem. § 164 Abs. 3 ZPO (Reg.-Nr. 1.) gehören auch die auf die Gerichtskosten geleisteten Vorauszahlungen gem. § 169 ZPO (Reg.-Nr. 1.) i. V. m. § 33 dieser DB.

Zu § 119 Abs. 1 der ZPO:

§ 3
(1) Erfolgt die Vollstreckung aufgrund einer einstweiligen Anordnung oder eines Arrestbefehls nur zur Sicherung eines Zahlungsanspruchs, dürfen gepfändete Sachen erst nach rechtskräftiger Feststellung des Anspruchs, der Gegenstand der einstweiligen Anord-

nung oder des Arrestbefehls ist, und nur auf Antrag des Gläubigers (§ 86 Abs. 1, § 91 der ZPO) verwertet werden.

Anmerkung: Zur einstweiligen Anordnung vgl. § 16 Abs. 1 Ziff. 1, § 17 ZPO (Reg.-Nr. 1.), zum Arrestbefehl vgl. § 120 StPO und §§ 1, 2 der 2. DB zur StPO vom 1. 10. 1984 (GBl. I Nr. 31 S. 379).

(2) Die sofortige Verwertung einer nur zur Sicherung eines Anspruchs gepfändeten Sache ist dann zulässig, wenn ihr Verderb oder eine wesentliche Verringerung ihres Wertes während der Dauer der Pfändung erwartet werden muß. In einem solchen Fall tritt an die Stelle des Pfandgegenstandes der aus seinem gerichtlichen Verkauf erzielte Erlös.

Anmerkung: Wegen der Verwertung vgl. § 12 Abs. 2 Ziff. 3 und Abs. 3 Satz 1 dieser DB.

(3) Wird bei der Vollstreckung einer zur Anspruchssicherung erlassenen einstweiligen Anordnung, eines Arrestbefehls oder einer Arrestverfügung die Pfändung eines Grundstückes oder Gebäudes des Schuldners erforderlich, ordnet der Sekretär des Kreisgerichts, in dessen Bereich das Grundstück liegt, die Pfändung durch Beschluß an. Die §§ 2 und 3 der Verordnung vom 18. Dezember 1975 über die Vollstrekkung in Grundstücke und Gebäude (GBl. I 1976 Nr. 1 S. 1) finden Anwendung. Die Einwilligung des Gläubigers zur Pfändung des Grundstückes ist zu diesem Zeitpunkt noch nicht erforderlich; sie ist mit dem Vollstreckungsantrag nachzubringen.

Anmerkung: Vgl. Anmerkung zum Abs. 1. Zur Arrestverfügung vgl. §§ 19–21 VerwVollstrVO (Reg.-Nr. 6.). Die GrundstVollstrVO ist unter Reg.-Nr. 2. abgedruckt.

Zu § 119 Abs. 2 der ZPO:

§ 4

(1) Die nach vorheriger Ankündigung zulässige Erzwingung des Zugangs zur Wohnung oder zu anderen Räumen des Schuldners sowie die Öffnung von Türen oder Behältnissen, die sich in den zu durchsuchenden Räumen befinden, kann der Sekretär selbst oder ein von ihm hiermit beauftragter Dritter vornehmen. Der Sekretär ist zur Anwendung der insoweit erforderlichen Gewalt befugt.

(2) Der Sekretär hat auch dann 2 volljährige Bürger als Zeugen zu den Vollstreckungshandlungen hinzuzuziehen, wenn der Schuldner oder ein Dritter Widerstand gegen die Vollstreckung leistet oder wenn Widerstand zu erwarten ist.

(3) Der Sekretär ist berechtigt, vom Schuldner die Vorlage mitgeführter Geldbeträge und Sachen zu fordern und den Schuldner nach Geld und nach pfändbaren Sachen zu durchsuchen (Taschenpfändung). Die Taschenpfändung kann an jedem Ort vorgenommen werden.

Zu § 119 Abs. 3 der ZPO:

§ 5

(1) Die gerichtliche Verwahrung gepfändeter Sachen erfolgt in hierfür vorgesehenen Räumen des Gerichts. Die Sachen sind in angemessener Weise vor Beschädigung oder Verlust zu schützen. Soweit das durch die Art oder Beschaffenheit einer gepfändeten Sache bedingt ist, kann der Sekretär mit ihrer Verwahrung oder Pflege einen Betrieb beauftragen oder hierfür andere geeignete Räumlichkeiten nutzen.

Anmerkung: Zur gerichtlichen Verwahrung vgl. § 119 Abs. 3 ZPO (Reg.-Nr. 1.) und § 5 Abs. 2, § 8 Abs. 3, § 15 Abs. 5, § 20 Abs. 3, § 23 Abs. 3 und 4, § 31, § 33 Abs. 3 dieser DB. Wegen des Schutzes gepfändeter Wertsachen vgl. AO vom 29. 10. 1982 über den Transport und die Lagerung von Edelmetallen, Edelsteinen und Perlen sowie Erzeugnissen aus Edelmetallen, Edelsteinen und Perlen (GBl. I Nr. 29 S. 541).

(2) Beim Schuldner belassene Pfandgegenstände sind, soweit der gerichtliche Verkauf nicht am Ort der Pfändung erfolgen soll, vor dem gerichtlichen Verkauf abzuholen und in gerichtliche Verwahrung zu nehmen. Die Abholung ist dem Schuldner vorher anzukündigen. Eine bereits bei der Pfändung erfolgte Ankündigung ist im Pfändungsprotokoll zu vermerken.

§ 6

(1) Die Pfändung eines auf einer vertraglich genutzten Bodenfläche errichteten Wochenendhauses, einer Garage oder einer anderen der Erholung, der Freizeitgestaltung oder ähnlichen Bedürfnissen dienenden Baulichkeit (nachstehend insgesamt als Baulichkeit bezeichnet) erstreckt sich auch auf die vom Nutzungsberechtigten auf der genutzten Bodenfläche errichten Anlagen und vorgenommenen Anpflanzungen. Der Sekretär hat in der Pfandanzeige darauf hinzuweisen. Dem Schuldner kann die Nutzung der Baulichkeit belassen werden, wenn der Vollstreckungserfolg dadurch nicht gefährdet wird; anderenfalls hat der Sekretär die weitere Nutzung der Baulichkeit durch den Schuldner zu unterbinden.

Anmerkung: Zur Baulichkeit vgl. § 296 Abs. 1, §§ 312–314 ZGB.

(2) Nach der Pfändung hat der Sekretär einen Sachverständigen mit der Ermittlung des Wertes der Baulichkeit einschließlich der Anlagen und Anpflanzungen zu beauftragen. Der im Gutachten ausgewiesene Schätzpreis ist der Kaufpreis; er kann nur nach Anhö-

rung des Schuldners und des Gläubigers vom Sekretär herabgesetzt werden.

(3) Der Sekretär hat die Pfändung der Baulichkeit, den gemäß Abs. 2 festgestellten Kaufpreis, den Ort und die Zeit des gerichtlichen Verkaufs sowie die Verkaufsbedingungen (§ 17 Absätze 1 bis 3) dem Rechtsträger oder Eigentümer der genutzten Bodenfläche (nachstehend Grundstückseigentümer genannt), dem Gläubiger, dem Schuldner und dem staatlichen Organ, das für die Erteilung der Genehmigung zur Begründung eines neuen Nutzungsrechts an der Bodenfläche zuständig ist (nachstehend Genehmigungsorgan genannt), mitzuteilen sowie in geeigneter Weise öffentlich anzukündigen. Zwischen der Übersendung dieser Mitteilung, der öffentlichen Ankündigung und dem Termin für den gerichtlichen Verkauf der Baulichkeit soll ein Zeitraum von 1 Monat liegen.

Anmerkung: Zur Genehmigung der Begründung eines neuen Nutzungsrechts vgl. § 312 Abs. 1 ZGB i. V. m. § 2 Abs. 1 Buchst. m, §§ 7, 10 GVVO, § 3 der DB zur GVVO.

Zu § 119 Abs. 4 der ZPO:

§ 7

(1) Geldbeträge inländischer Währung, die vom Sekretär gepfändet oder vom Schuldner an den vollstreckenden Sekretär gezahlt wurden, sind gemäß den Bestimmungen des § 19 zu verwenden.

(2) Geld ausländischer Währungen ist der Staatsbank der Deutschen Demokratischen Republik zum Umtausch in inländische Währung anzubieten, soweit es sich nicht um Geldmünzen handelt, die Bestandteil einer Münzsammlung sind oder sonstigen Sammlerwert besitzen.

Anmerkung: Zu Münzen mit Sammlerwert vgl. auch § 18 Abs. 3 dieser DB.

Zu § 119 Abs. 5 der ZPO:

§ 8

(1) Der Sekretär hat die zur Aufhebung eines zwischen dem Schuldner und einem Dritten bestehenden Besitzverhältnisses und zur Vollstreckung gegen den Dritten erforderliche richterliche Entscheidung herbeizuführen.

(2) Der Richter hat die Vollstreckung seiner Entscheidung zu veranlassen. Ein besonderer Antrag des Gläubigers ist nicht erforderlich.

(3) Die bei dem Dritten gepfändete Sache ist in gerichtliche Verwahrung zu nehmen.

Anmerkung: Zur gerichtlichen Verwahrung vgl. auch § 5 Abs. 1, § 31, § 33 Abs. 3 dieser DB.

Zu § 120 Abs. 1 der ZPO:

§ 9

(1) Wird beim Kreisgericht gegen einen Schuldner zur gleichen Zeit für mehrere Gläubiger oder für einen Gläubiger wegen mehrerer Ansprüche vollstreckt, soll eine Sachpfändung zugunsten aller Gläubigeransprüche erfolgen (gleichzeitige Pfändung).

(2) Der Sekretär kann von der Pfändung zugunsten eines von mehreren Ansprüchen absehen, wenn dieser Anspruch durch Anwendung anderer Vollstreckungsmaßnahmen in einer angemessenen Zeit erfüllt werden wird oder wenn der durch die Sachpfändung voraussichtlich zu erzielende Erlös ausschließlich einem gemäß § 125 Abs. 1 der ZPO bevorrechtigten Gläubiger zufließen würde.

(3) Der Sekretär kann von der Pfändung einer bereits gepfändeten Sache (Anschlußpfändung) absehen, wenn die im Abs. 2 genannten Voraussetzungen vorliegen.

(4) Eine Anschlußpfändung kann auch zugunsten des Gläubigers erfolgen, für den die Sache bereits gepfändet ist, wenn das für die Vollstreckung eines anderen Anspruchs dieses Gläubigers erforderlich wird.

Zu § 121 Abs. 1 der ZPO:

§ 10

(1) Der Sekretär hat jede auf die Pfändung von Sachen gerichtete Vollstreckungshandlung in das Pfändungsprotokoll aufzunehmen. Es ist weiterzuführen, wenn die Vollstreckung zu einem späteren Zeitpunkt fortgesetzt wird.

(2) Das Pfändungsprotokoll hat folgende Angaben zu enthalten:

1. die Namen des Gläubigers und des Schuldners,
2. die Bezeichnung des Vollstreckungstitels,
3. die Höhe des zu vollstreckenden Anspruchs einschließlich der fälligen Zinsen und der Vollstreckungskosten des Gläubigers,
4. die Berechnung der bis zu diesem Zeitpunkt entstandenen Gerichtskosten für die Vollstreckung,
5. den Namen des anwesenden und an Stelle des Schuldners in die Vollstreckungshandlung einbezogenen Haushaltsangehörigen und dessen Stellung zum Schuldner,
6. die Namen und Anschriften zur Vollstreckungshandlung hinzugezogener Zeugen,
7. die Beschreibung des Ablaufs der Vollstreckungshandlung einschließlich der Entgegennahme von Zahlungen des Schuldners,
8. die für die Vollstreckung wesentlichen Erklärungen des Schuldners oder des mitwirkenden Haushaltsangehörigen,
9. die für die Vollstreckung wesentlichen Erklärungen des Sekretärs einschließlich notwendiger Belehrungen des Schuldners,
10. das fortlaufend numerierte Verzeichnis der ge-

pfändeten Sachen, die im einzelnen so genau zu beschreiben sind, daß eine Verwechslung mit anderen Sachen vermieden wird, einschließlich der Angaben über ihren Verbleib,
11. den vom Sekretär bei der Vornahme der Pfändung geschätzten Wert jeder gepfändeten Sache,
12. die Bestätigung der Richtigkeit des Protokolls durch die Unterschriften des Schuldners oder des anwesenden Haushaltsangehörigen, der Zeugen und des Sekretärs. Die Verweigerung einer Unterschrift und der dafür angegebene Grund sind im Pfändungsprotokoll zu vermerken.

(3) Wurde die Pfändung durch das Anbringen einer Pfandanzeige bewirkt, ist dem Pfändungsprotokoll eine Durchschrift der Pfandanzeige beizufügen. Im Protokoll ist zu vermerken, wo die Pfandanzeige angebracht wurde.

§ 11

(1) Der Sekretär hat den Schätzwert auf der Grundlage der Preisvorschriften, die für gebrauchte Waren bestehen, zu ermitteln. Er kann zur Ermittlung des Wertes gepfändeter Sachen Gutachten beiziehen.

Anmerkung: Die zu beachtenden Preisvorschriften sind in der Anmerkung zu § 121 Abs. 1 ZPO (Reg.-Nr. 1.) aufgeführt.

(2) Zur Feststellung des Wertes gepfändeter Sachen, die unter Verwendung von Edelmetallen, Edelsteinen und Perlen hergestellt sind, sowie von Sammlungen und Archivgut, von wertvollen Gläsern und Porzellan, von Antiquitäten und sonstigem Kulturgut sowie von anderen Sachen, deren Wert vom Sekretär nicht mit Sicherheit eingeschätzt werden kann, ist stets ein Gutachten beizuziehen. Das gleiche gilt für Baulichkeiten. Für Edelmetall oder Edelmetallbruch ist kein Wertgutachten erforderlich.

Anmerkungen:
1. Zu Archivgut vgl. § 2 der VO vom 11. 3. 1976 über das staatliche Archivwesen (GBl. I Nr. 10 S. 165).
2. Zu Kulturgut vgl. § 2 Abs. 1 und 4 des Kulturgutschutzgesetzes vom 3. 7. 1980 (GBl. I Nr. 20 S. 191) i. V. m. § 1 der 1. DB dazu vom 3. 7. 1980 (GBl. I Nr. 21 S. 213) sowie zur Tätigkeit der Kulturgutsachverständigen die 4. DB dazu vom 24. 9. 1984 (GBl. I Nr. 28 S. 319).
3. Wegen der Beurteilung der Beschaffenheit, der Zusammensetzung und des Wertes von Wertsachen vgl. AO vom 20. 2. 1981 über Gutachten für Edelmetalle, Edelsteine, Perlen und Erzeugnisse hieraus (GBl. I Nr. 11 S. 126).

(3) Der Sekretär kann den von ihm geschätzten Wert gepfändeter Sachen bis zum gerichtlichen Verkauf anderweit festsetzen. Der endgültige Schätzwert ist im Pfändungsprotokoll nachzutragen und im Verkaufstermin bekanntzugeben. Eine Herabsetzung des Schätzwertes ist dem Schuldner mindestens eine Woche vor dem Verkaufstermin mitzuteilen.

Zu § 122 Abs. 1 der ZPO:

§ 12

(1) Der gerichtliche Verkauf gepfändeter Sachen erfolgt öffentlich, soweit nachstehend nichts anderes bestimmt ist. Der Sekretär hat Zeit und Ort des gerichtlichen Verkaufs (Verkaufstermin) in geeigneter Weise öffentlich anzukündigen sowie dem Gläubiger und dem Schuldner mindestens 1 Woche vor dem Verkaufstermin mitzuteilen.

(2) Gepfändete Sachen dürfen nicht vor Ablauf von 2 Wochen nach der Pfändung gerichtlich verkauft werden. Der Einhaltung dieser Frist bedarf es nicht, wenn
1. Geld gepfändet wurde (§ 119 Abs. 4 der ZPO);
2. der Schuldner einem sofortigen Verkauf nachweisbar zugestimmt hat;
3. die Beschaffenheit der Sache einen früheren Verkauf insbesondere deshalb erfordert, weil ihr alsbaldiger Verderb befürchtet werden muß oder weil ihre längere Verwahrung oder Erhaltung unvertretbar hohe Kosten verursachen würde.

(3) Der gerichtliche Verkauf der im Abs. 2 Ziff. 3 bezeichneten Sachen kann außerhalb eines Verkaufstermins (freihändig) erfolgen. Das gleiche gilt für gepfändete Sachen, die gemäß § 123 Abs. 1 der ZPO staatlichen Einrichtungen anzubieten sind, wenn das schriftliche Kaufangebot des Sekretärs angenommen wird.

(4) Durch den gerichtlichen Verkauf gepfändeter Sachen entstehen keine Garantieansprüche.

§ 13

Der gerichtliche Verkauf ist vom Sekretär zu protokollieren. Das Protokoll ist dem Pfändungsprotokoll beizufügen; es muß enthalten:
1. den Tag und den Ort des gerichtlichen Verkaufs,
2. die Bezeichnung der verkauften Sachen unter Bezugnahme auf das Pfändungsprotokoll,
3. hinsichtlich jeder einzelnen Sache den Namen, die Anschrift und die Personenkennzahl oder das Geburtsdatum des Erwerbers sowie den für die Sache erzielten Verkaufspreis,
4. die Bestätigung der Richtigkeit der Angaben im Protokoll durch die Unterschriften der Erwerber,
5. die Abrechnung des durch den gerichtlichen Verkauf erzielten Erlöses und die vorgesehene Zuteilung an die jeweiligen Empfangsberechtigten,
6. die Unterschrift des Sekretärs.

Anmerkung zu Ziff. 3: In der dem Schuldner gem. § 124 Abs. 2 ZPO (Reg.-Nr. 1.) zu erteilenden Abrechnung dürfen Hinweise auf die Person des Erwerbers nicht enthalten sein.

§ 14

(1) Bietet der Gläubiger vor dem Verkaufstermin den Schätzwert für eine gepfändete Sache und stimmt der Schuldner dem Verkauf an den Gläubiger zu, hat der Sekretär die Sache freihändig an den Gläubiger zum Schätzwert zu verkaufen. In diesem Falle hat der Gläubiger die noch nicht beglichenen Gerichtskosten für die Vollstreckung an den Sekretär zu zahlen.

(2) Wurde dem Gläubiger eine gepfändete Sache gerichtlich verkauft, ist der Kaufpreis auf den vollstreckbaren Anspruch des Gläubigers anzurechnen, und zwar zuerst auf die Vollstreckungskosten, danach auf einen Zinsanspruch und zuletzt auf den Hauptanspruch.

Anmerkung: Vgl. § 431 Abs. 1 ZGB; das dort normierte Recht des Schuldners besteht beim gerichtlichen Verkauf nicht.

(3) Bietet ein sozialistischer Betrieb des Gebrauchtwarenhandels vor dem Verkaufstermin den Schätzwert für eine gepfändete Sache, hat der Sekretär die Sache freihändig an diesen Betrieb zu verkaufen. Die Zustimmung des Schuldners ist nicht erforderlich.

Anmerkung: Auf den vom Gebrauchtwarenhandelsbetrieb an das Gericht zu zahlenden Kaufpreis (Schätzwert) findet § 9 der GebrauchtwarenAO keine Anwendung.

§ 15

(1) Der im Verkaufstermin bekanntgegebene Schätzwert einer gepfändeten Sache ist der höchstzulässige Verkaufspreis. Der Sekretär darf nur Kaufangebote fordern und berücksichtigen, die den höchstzulässigen Verkaufspreis weder überschreiten noch um mehr als 50 % unterschreiten (zulässiger Preis).

(2) Der Sekretär hat die gepfändete Sache zum Schätzwert anzubieten. Werden keine Kaufangebote zum Schätzwert abgegeben, hat der Sekretär die Sache zu herabgesetzten Preisen anzubieten. Die Preisherabsetzungen sollen jeweils 10 % des Schätzwertes nicht übersteigen.

(3) Ist der Verkauf der Sache zu einem zulässigen Preis auch nach mehrfacher Preisherabsetzung nicht möglich, ist der Verkauf in einem zweiten Verkaufstermin erneut zu versuchen. Kann die Sache auch in einem zweiten Verkaufstermin nicht verkauft werden, soll der Sekretär ihren freihändigen Verkauf zu einem zulässigen Preis versuchen.

(4) Die Bestimmung eines zweiten Verkaufstermins soll auch erfolgen, wenn der Sekretär in dem zweiten Verkaufstermin ein höheres zulässiges Verkaufsangebot erwartet.

(5) Der Sekretär hat die Pfändung der Sache aufzuheben und die Sache an den Schuldner zurückzugeben, wenn ihr Verkauf zu einem zulässigen Preis nicht möglich ist. Wird die Sache vom Schuldner nicht zurückgenommen, ist sie in gerichtlicher Verwahrung zu belassen. Die Bestimmungen des § 31 finden Anwendung.

§ 16

(1) Eine gepfändete Sache ist an den Kaufinteressenten zu verkaufen, der den höchsten zulässigen Kaufpreis geboten hat. Haben mehrere Kaufinteressenten einen gleichhohen zulässigen Kaufpreis geboten, hat der gerichtliche Verkauf an den Kaufinteressenten zu erfolgen, dessen Kaufangebot zuerst abgegeben wurde. Sind die zulässigen gleichhohen Kaufangebote gleichzeitig abgegeben worden, ist durch Los zu entscheiden.

(2) Haben im Verkaufstermin ein sozialistischer Betrieb des Gebrauchtwarenhandels und andere Kaufinteressenten einen gleichhohen Kaufpreis geboten, ist die Sache an den Betrieb zu verkaufen.

Anmerkung: Vgl. Anmerkung zu § 14 Abs. 3 dieser DB.

(3) Bietet der Gläubiger im Verkaufstermin den höchstzulässigen Kaufpreis, kann der Verkauf an den Gläubiger ohne vorherige Anhörung des Schuldners erfolgen.

§ 17

(1) Der gerichtliche Verkauf einer gepfändeten Baulichkeit darf nur zum bekanntgegebenen Kaufpreis und nur gegen sofortige Bezahlung im Verkaufstermin erfolgen. Mit dem gerichtlichen Verkauf endet das zwischen dem Schuldner und dem Grundstückseigentümer bestehende Nutzungsverhältnis.

(2) Bietet der Grundstückseigentümer den im Verkaufstermin bekanntgegebenen Kaufpreis, ist ihm die Baulichkeit zu verkaufen.

(3) Der Verkauf an einen anderen Kaufinteressenten darf nur erfolgen, wenn dieser im Verkaufstermin eine Bescheinigung des Genehmigungsorgans darüber vorlegt, daß die Begründung eines neuen Nutzungsverhältnisses an der Bodenfläche, auf der die Baulichkeit errichtet ist, zwischen dem Kaufinteressenten und dem Grundstückseigentümer für den Fall des Erwerbs der Baulichkeit genehmigt wird, und wenn der Grundstückseigentümer kein wirksames Kaufangebot abgegeben hat. Mit dem gerichtlichen Verkauf der Baulichkeit wird ein neues Nutzungsverhältnis zwischen dem Erwerber und dem Grundstückseigentümer zu den bisherigen Bedingungen begründet. Nutzte der Schuldner die Bodenfläche bisher unentgeltlich oder für ein niedriges Nutzungsentgelt, kann der Grundstückseigentümer vom Erwerber künftig die Zahlung des höchstzulässigen Nutzungsentgelts fordern.

Anmerkung: Zur Begründung eines neuen Nutzungsverhältnisses vgl. Anmerkung zu § 6 Abs. 3 dieser DB.

(4) Der Sekretär hat nach dem gerichtlichen Verkauf

1. dem Erwerber das Eigentum an der Baulichkeit und, sofern er nicht der Grundstückseigentümer ist, auch die Begründung der Nutzungsverhältnisse an der Bodenfläche zu bescheinigen,
2. dem Genehmigungsorgan und gegebenenfalls auch dem Grundstückseigentümer mitzuteilen, an wen der gerichtliche Verkauf der Baulichkeit erfolgte.

Anmerkung: Zu Genehmigungsorgan vgl. §§ 1, 7, 10 GVVO.

Zu § 123 Abs. 1 der ZPO:

§ 18

(1) Sind Edelmetall, Edelsteine oder Perlen sowie daraus hergestellte Erzeugnisse (Schmuck, Ziergeräte, Bestecke usw.) gepfändet, hat der Sekretär die Verwertung wie folgt vorzunehmen:

1. Edelmetall und nicht mehr gebrauchsfähige Erzeugnisse aus Edelmetall (Edelmetallbruch) sind einer staatlich zugelassenen Aufkaufstelle zum amtlichen Aufkaufpreis freihändig zu verkaufen;
2. Edelsteine, Halbedelsteine und Perlen sind einem zum Aufkauf ermächtigten Betrieb schriftlich zum Kauf anzubieten;
3. aus Edelmetall bestehende oder unter Verwendung von Edelmetall, Edelsteinen, Halbedelsteinen oder Perlen hergestellte Erzeugnisse von kulturhistorischer Bedeutung oder musealem Wert sind zuerst über das zuständige Bezirksmuseum einer entsprechenden staatlichen Sammlung und danach dem volkseigenen Antiquitätenhandel zum Kauf anzubieten;
4. aus Edelmetall, Edelsteinen, Halbedelsteinen oder Perlen hergestellte Erzeugnisse, die nicht gemäß den Ziffern 2 und 3 zum Kauf anzubieten sind oder deren Ankauf abgelehnt wurde, sind vom Sekretär öffentlich zu verkaufen.

Anmerkung: Vgl. Anmerkung 2 zu § 123 Abs. 1 ZPO (Reg.-Nr. 1.).

(2) Archivgut ist dem zuständigen staatlichen Archiv schriftlich zum Kauf anzubieten.

Anmerkung: Wegen der Zuständigkeit der Archive vgl. § 2 Abs. 2 und 3 der 1. DB vom 19. 3. 1976 zur VO über das staatliche Archivwesen (GBl. I Nr. 10 S. 169).

(3) Münzsammlungen und einzelne Münzen mit Sammlerwert sowie Antiquitäten und sonstiges geschütztes Kulturgut sind zuerst über das zuständige Bezirksmuseum einer staatlichen Sammlung und danach einem sozialistischen Fachhandelsbetrieb zum Kauf anzubieten. Wird der Ankauf abgelehnt, sind edelmetallhaltige Münzen gemäß Abs. 1 Ziff. 1 und andere Sachen öffentlich zu verkaufen.

(4) In den Fällen des Abs. 1 Ziffern 2 und 3 sowie des Abs. 2 hat der Sekretär dem schriftlichen Kaufangebot eine Abschrift des Wertgutachtens beizufügen. Wird das Kaufangebot angenommen und ein entsprechender Kaufpreis gewährt, hat der Sekretär die gepfändete Sache freihändig an die betreffende Einrichtung zu verkaufen.

Zu § 124 der ZPO:

§ 19

(1) Der Sekretär hat den Betrag der Gerichtskosten für die Vollstreckung, der nicht durch Vorauszahlung des Gläubigers gedeckt ist, aus dem Verkaufserlös vorweg zu entnehmen und bei der zuständigen Zentralbuchhaltung einzuzahlen. Die Einzahlungsnachricht ist zu den Vollstreckungsakten zu nehmen.

Anmerkung: Zu Gerichtskosten für die Vollstreckung vgl. § 164 Abs. 1 und 2, § 165 Abs. 1 und 2, § 166 Abs. 5, § 172 Abs. 1, 3 und 4 ZPO und die in der Anmerkung zu § 166 Abs. 5 ZPO aufgezählten Bestimmungen (Reg.-Nr. 1.).

(2) Der danach verbleibende Teil des Vollstreckungserlöses ist unverzüglich auf das Verwahrkonto des Gerichts einzuzahlen. Der Sekretär hat der Zentralbuchhaltung die zur Auszahlung an die jeweiligen Empfangsberechtigten erforderlichen Zahlungsanweisungen unverzüglich zuzuleiten und die Erteilung der Zahlungsanweisungen in den Vollstreckungsakten zu vermerken.

Anmerkung: Zur Einzahlung des Vollstreckungserlöses und zur Auszahlung an die Empfangsberechtigten vgl. RV 9/84 vom 16. 11. 1984 (LI Nr. 25/84).

(3) Ein nach der Erfüllung aller aus dem Vollstreckungserlös zu berücksichtigenden Ansprüche verbleibender Betrag ist dem Schuldner auszuzahlen.

Zweiter Abschnitt
Vollstreckung sonstiger Ansprüche

Zu § 127 Abs. 1 der ZPO:

§ 20

(1) Die Vollstreckung eines Anspruchs auf Herausgabe oder Leistung von Sachen umfaßt auch die Vollstreckung der dem Gläubiger für die Vollstreckung entstandenen Kosten sowie der durch Vorauszahlungen des Gläubigers nicht gedeckten Gerichtskosten für die Vollstreckung (§ 86 Abs. 3, § 176 Abs. 3 der ZPO). Auf die Vollstreckungshandlungen finden die Bestimmungen des § 4 Anwendung.

(2) Über jede auf die Wegnahme einer herauszugebenden Sache oder Leistung gerichtete Vollstreckungshandlung hat der Sekretär ein Protokoll aufzunehmen. Das Protokoll hat die im § 10 Abs. 2 Ziffern 1 bis 9 und 12 bezeichneten Angaben sowie die Beschreibung der dem Schuldner weggenommenen oder von ihm herausgegebenen Sache und erforderlichenfalls auch einer zur Deckung der Vollstreckungskosten gepfändeten Sache sowie Angaben über ihren Verbleib zu enthalten.
(3) Übernimmt der Gläubiger oder ein von ihm Beauftragter diese Sache oder Leistung am Ort der Vollstreckung nicht, kann sie für den Gläubiger in gerichtliche Verwahrung genommen werden. Die Bestimmungen des § 31 finden entsprechende Anwendung.

§ 21
(1) Findet der Sekretär eine vom Schuldner herauszugebende Sache in den Räumen des Schuldners nicht vor und kann er auch nicht feststellen, wo sich diese Sache befindet, hat der Sekretär in entsprechender Anwendung des § 95 Abs. 1 der ZPO den Schuldner über den Verbleib der Sache zu vernehmen und vom Schuldner die Versicherung der Richtigkeit seiner Angaben über den Verbleib der Sache zu fordern. Befolgt der Schuldner eine Vorladung zur Vernehmung nicht oder gibt er die von ihm geforderte Erklärung nicht ab, findet § 95 Abs. 2 der ZPO Anwendung.
(2) Bleiben die gegen den Schuldner ergriffenen Maßnahmen erfolglos, soll der Sekretär die Räume des Schuldners nach Ablauf eines angemessenen Zeitraumes erneut nach der herauszugebenden Sache durchsuchen. Hat der Schuldner eine mit der Versicherung der Richtigkeit versehene Erklärung über den Verbleib der Sache noch nicht abgegeben, kann der Sekretär den Schuldner erneut gemäß Abs. 1 zur Vernehmung vorladen und die Erklärung von ihm fordern. Die Maßnahmen können mehrfach wiederholt werden, soweit davon der Vollstreckungserfolg erwartet wird.
(3) Kann weder die Herausgabe der Sache noch eine glaubhafte Erklärung des Schuldners über deren Verbleib erlangt werden, ist dem Gläubiger die Erfolglosigkeit der Vollstreckung schriftlich mitzuteilen. Die Vollstreckung ist damit beendet, sofern die Kosten der Vollstreckung vom Schuldner beigetrieben sind.
(4) Beantragt der Gläubiger vor Ablauf 1 Jahres nach Beendigung der Vollstreckung erneut die Vollstreckung seines Herausgabeanspruchs, kann der Sekretär die Vollstreckung ablehnen, wenn kein Vollstreckungserfolg zu erwarten ist. Hat der Gläubiger einen vollstreckbaren Schadenersatzanspruch gegen den Schuldner erlangt, ist die Vollstreckung des Herausgabeanspruchs nicht mehr zulässig.

Zu § 128 Abs. 1 der ZPO:

§ 22
(1) Die Räumungsvollstreckung findet unter der Leitung und unter Aufsicht des Sekretärs statt. Mit der Ausführung der Räumung soll der Sekretär einen geeigneten Betrieb beauftragen, sofern nicht der Gläubiger selbst Transportkräfte und geeigneten Transportraum zum Transport der Sachen des Schuldners bereitstellt.
(2) Zur Durchführung der Räumungsvollstreckung hat sich der Sekretär den Zugang zu den im Vollstreckungstitel bezeichneten Räumlichkeiten des Schuldners zu verschaffen und, soweit erforderlich, die Öffnung von Türen und Behältnissen herbeizuführen. Die Bestimmungen des § 4 finden Anwendung.
(3) Der Sekretär hat über die Räumungsvollstreckung ein Protokoll aufzunehmen. Auf den Inhalt des Protokolls finden die Bestimmungen des § 20 Abs. 2 entsprechende Anwendung. Die herausgeräumten Sachen des Schuldners sind im Protokoll in ausreichender Weise aufzuführen; soweit Sachen Beschädigungen aufweisen, sind Art und Umfang des jeweiligen Schadens im Protokoll zu vermerken.

§ 23
(1) Bei der Vollstreckung eines Räumungstitels hat der Sekretär
1. die Sachen des Schuldners und der zu dessen Haushalt gehörenden Personen (Möbel, sonstige Hausratsgegenstände, Bücher, Kleidung, Wäsche, Haustiere usw.) aus den im Vollstreckungstitel bezeichneten Räumlichkeiten entfernen zu lassen,
2. den Schuldner und seine Haushaltsangehörigen zum Verlassen der betreffenden Räumlichkeiten zu veranlassen und ihnen die in ihrem Besitz befindlichen Schlüssel für diese Räumlichkeiten wegzunehmen,
3. die dem Gläubiger für die Vollstreckung entstandenen Kosten sowie die durch Vorauszahlungen des Gläubigers nicht gedeckten Gerichtskosten für die Vollstreckung nach den Bestimmungen über die Vollstreckung von Zahlungsansprüchen beizutreiben. Insoweit bedarf es keiner besonderen Kostenentscheidung.

(2) Nach Durchführung der im Abs. 1 Ziffern 1 und 2 bezeichneten Maßnahmen hat der Sekretär dem Gläubiger die geräumten Räumlichkeiten sowie die vom Schuldner erlangten Schlüssel zu übergeben.
(3) Der Sekretär hat dem Schuldner oder einem von ihm Beauftragten den Abtransport der Sachen unter Benutzung des bereitgestellten Transportfahrzeuges zu ermöglichen.
(4) Übernimmt der Schuldner den Abtransport seiner Sachen nicht, sind diese in gerichtliche Verwahrung zu nehmen. Die Bestimmungen des § 31 finden Anwendung. Die durch die Verwahrung entstehenden Unkosten des Gerichts sind Bestandteil der gerichtli-

chen Vollstreckungskosten. Der Sekretär kann vom Gläubiger Vorschüsse auch für diese Auslagen fordern.

(5) Eine gerichtliche Verwahrung wertloser und offensichtlich nicht mehr gebrauchsfähiger Sachen erfolgt nicht. Befinden sich solche Sachen in den im Vollstreckungstitel bezeichneten Räumlichkeiten und werden sie vom Schuldner nicht abtransportiert, hat sie der Sekretär einer Erfassungsstelle für Sekundärrohstoffe oder der Vernichtung zuzuführen. Das Veranlaßte und gegebenenfalls die Verwendung eines Verwertungserlöses sind in den Vollstreckungsakten nachzuweisen und dem Schuldner mitzuteilen.

Zu § 128 Abs. 2 der ZPO:

§ 24

(1) Die Vollstreckung eines auf die Räumung einer Wohnung gerichteten Räumungstitels setzt stets die wirksame Zuweisung anderen Wohnraumes durch den zuständigen örtlichen Rat an den Schuldner voraus, soweit nachstehend nichts anderes bestimmt ist.

Anmerkung: Zur Zuweisung anderen Wohnraums vgl. § 123 Abs. 3 ZGB, § 9 Abs. 1 und 2, §§ 12, 36 und 37 der VO vom 16. 10. 1985 über die Lenkung des Wohnraumes – WLVO – (GBl. I Nr. 27 S. 301).

(2) Ist der Schuldner zur Räumung eines Teiles seiner Wohnung oder eines im Vollstreckungstitel bezeichneten Bereiches des Mietobjekts verpflichtet, ist die vorherige Zuweisung entsprechender Räumlichkeiten nicht erforderlich.

(3) Beruht die Räumungsverpflichtung des Schuldners auf einem gemäß § 34 Abs. 1 des Familiengesetzbuches der Deutschen Demokratischen Republik oder gemäß § 33 des Zivilgesetzbuches der Deutschen Demokratischen Republik ergangenen Vollstreckungstitel und legt der Gläubiger im Vollstreckungsantrag dar, daß eine Wohnungszuweisung an den Schuldner nicht erforderlich ist, weil dieser bereits anderweitig wohnt oder wohnen kann oder durch Eheschließung Mitinhaber der Wohnung seines Ehegatten geworden ist, hat der Sekretär diese Behauptung des Gläubigers zu prüfen.

(4) In dem Antrag auf Vollstreckung eines Räumungstitels hat der Gläubiger entweder die vom zuständigen staatlichen Organ erteilte und mit einem Rechtsmittel nicht mehr anfechtbare Zuweisung einer Wohnung an den Schuldner vorzulegen oder, soweit eine solche Zuweisung nicht erforderlich ist, anzugeben, aus welchen Umständen zu schließen ist, daß der Schuldner eine andere Wohnmöglichkeit hat.

§ 25

(1) Legt der Gläubiger eine erforderliche Wohnungszuweisung bei Antragstellung nicht vor und reicht er sie innerhalb einer ihm zu setzenden angemessenen Frist nicht nach, ist dem Gläubiger die Ablehnung der von ihm beantragten Vollstreckung schriftlich mitzuteilen. Das gleiche gilt, wenn der Sekretär unter Ausnutzung der ihm zur Verfügung stehenden Möglichkeiten die Richtigkeit der Behauptung des Gläubigers, daß der Schuldner eine andere Wohnmöglichkeit habe, nicht feststellen kann.

Anmerkung: Vgl. § 24 Abs. 1 dieser DB und die Anmerkung zu dieser Bestimmung.

(2) Zur Prüfung der Behauptung des Gläubigers, der Schuldner habe eine andere Wohnmöglichkeit, kann der Sekretär in entsprechender Anwendung des § 95 Abs. 1 der ZPO

1. den Schuldner über seine Versorgung mit Wohnraum vernehmen und von ihm die Versicherung der Richtigkeit seiner Aussage fordern,
2. von dem für die Wohnraumlenkung zuständigen staatlichen Organ, von dem Betrieb, bei dem der Schuldner beschäftigt ist, und vom Vermieter der Wohnung, in der der Schuldner angeblich wohnt oder wohnen könnte, entsprechende Auskünfte beiziehen.

(3) Der Sekretär kann die Richtigkeit der Behauptung des Gläubigers auch durch eine Besichtigung der im Abs. 2 Ziff. 2 bezeichneten Wohnung überprüfen, soweit der Inhaber dieser Wohnung in diese Besichtigung einwilligt.

(4) Befolgt der Schuldner eine Vorladung zu seiner Vernehmung nicht oder verweigert er die von ihm geforderte Aussage, findet § 95 Abs. 2 der ZPO Anwendung.

§ 26

(1) Der Sekretär soll den Schuldner bei der Mitteilung des Räumungstermins darauf hinweisen,

1. daß der Schuldner die weitere Vollstreckung durch vorherige Erfüllung seiner Räumungspflichten und durch Zahlung der bis dahin entstandenen Kosten der Vollstreckung abwenden kann;
2. daß Einwendungen des Schuldners gegen die Durchführung der Räumung ohne nähere Prüfung als unbegründet abgewiesen werden können, wenn sie erst innerhalb der letzten Woche vor dem Räumungstermin bei Gericht eingegangen sind und wenn der Schuldner die Einwendungen zu einem früheren Zeitpunkt hätte vorbringen können.

(2) Über gegen die Räumungsvollstreckung erhobene Einwendungen hat der Sekretär noch vor Beginn der Räumung zu entscheiden (§ 135 Abs. 3 der ZPO). Ergibt die Nachprüfung der Einwendungen, daß die Räumungsvollstreckung vorerst nicht erfolgen kann oder daß die Voraussetzungen für die Räumung nicht vorliegen, hat der Sekretär die Vollstreckung vorläufig einzustellen.

(3) Ist eine rechtskräftige Entscheidung über rechtzeitig erhobene Einwendungen des Schuldners vor

dem Räumungstermin nicht möglich, weil die Nachprüfung des Vorbringens des Schuldners in der zur Verfügung stehenden Zeit nicht erfolgen kann, hat der Sekretär den Räumungstermin aufzuheben.

Zu § 130 Abs. 2 der ZPO

§ 27

(1) Die Vollstreckung einer Entscheidung, durch die der Schuldner verpflichtet wurde, an den Gläubiger einen bestimmten Betrag als Vorschuß für die Kosten einer Ersatzvornahme zu zahlen, erfolgt auf besonderen Antrag des Gläubigers nach den Bestimmungen über die Vollstreckung von Zahlungsansprüchen.
(2) Verhindert oder erschwert der Schuldner die Ersatzvornahme durch den Gläubiger oder durch vom Gläubiger Beauftragte, kann der Gläubiger beantragen, den Schuldner durch Androhen und Auferlegen eines Zwangsgeldes zur Duldung der Ersatzvornahme zu zwingen oder seine Zustimmung zu seiner Ermächtigung zur Ersatzvornahme widerrufen.
(3) Widerruft der Gläubiger seine Zustimmung zu seiner Ermächtigung zur Ersatzvornahme, hat das Gericht die Entscheidung, durch die der Gläubiger zur Ersatzvornahme ermächtigt wurde, durch unanfechtbaren Beschluß aufzuheben. Die Vollstreckung ist gemäß § 130 Abs. 3 der ZPO fortzusetzen.

Zu § 130 Absätze 3 bis 5 der ZPO:

§ 28

(1) Wird die Vollstreckung der dem Schuldner durch eine einstweilige Anordnung auferlegten Verpflichtung beantragt, hat die Kammer dem Schuldner, ohne dessen vorherige Anhörung, ein Zwangsgeld aufzuerlegen und den zuständigen Sekretär zur sofortigen Vollstreckung zu veranlassen.

Anmerkung: Zur sofortigen Vollstreckbarkeit des Zwangsgeldes vgl. § 90 Abs. 1 Satz 2 ZPO. Abs. 4 trifft auf diese Fälle nicht zu.

(2) Bei der Vollstreckung einer anderen vollstreckbaren Entscheidung oder gerichtlichen Einigung, die keine Androhung eines Zwangsgeldes enthält, hat die Kammer dem Schuldner ein der Höhe nach beziffertes Zwangsgeld anzudrohen und eine Frist zur Erfüllung seiner Verpflichtung zu setzen. Gegen den Beschluß, durch den die Auferlegung eines Zwangsgeldes angedroht wird, ist keine Beschwerde zulässig.
(3) Die Auferlegung des Zwangsgeldes ist nur bis zur Höhe des angedrohten Betrages zulässig. Bei besonderer Eilbedürftigkeit ist die Auferlegung eines Zwangsgeldes auch ohne vorherige Androhung zulässig.
(4) Nach Rechtskraft des Festsetzungsbeschlusses hat der Vorsitzende der Kammer dessen Vollstreckung zu veranlassen. Sie erfolgt zugunsten des Staatshaushalts nach den Bestimmungen über die Vollstreckung von Zahlungsansprüchen.
(5) Erfüllt der Schuldner die ihm obliegende Verpflichtung, hat der Sekretär seine Vollstreckungsmaßnahmen unverzüglich aufzuheben. Auf das Zwangsgeld bereits gezahlte oder beigetriebene Beträge werden dem Schuldner nicht zurückerstattet.

Dritter Abschnitt
Sonstige Bestimmungen

§ 29
Vollstreckungsbereiche

(1) Der örtliche Bereich, in dem der Sekretär des für die Vollstreckung zuständigen Kreisgerichts die Pfändung von Sachen sowie die Vollstreckung von Herausgabe- und Räumungsverpflichtungen (operative Vollstreckung) vornehmen darf, wird durch die Grenzen des Land- oder Stadtkreises – in der Hauptstadt der Deutschen Demokratischen Republik, Berlin, durch die Grenzen des Stadtbezirkes – bestimmt, für den das Kreisgericht oder das Stadtbezirksgericht gebildet wurde (Vollstreckungsbereich). In Stadtkreisen, in denen mehrere Kreisgerichte bestehen, wird der Vollstreckungsbereich für jedes dieser Kreisgerichte durch die Grenzen des Stadtkreises bestimmt.
(2) Soll eine operative Vollstreckung außerhalb des Vollstreckungsbereiches durchgeführt werden, hat der Sekretär das Kreisgericht, in dessen Bereich die Vollstreckungsmaßnahme vorgenommen werden soll, um Vollstreckungshilfe gemäß § 93 Abs. 2 der ZPO zu ersuchen. Dieses hat die Vollstreckungsmaßnahmen gemäß § 94 Abs. 1 und § 95 Absätze 1 bis 3 der ZPO unter Beachtung der Hinweise des ersuchenden Sekretärs durchzuführen.
(3) Nach Erledigung des Ersuchens sind die Vollstreckungsunterlagen mit einer Aufstellung der beim ersuchten Gericht entstandenen gerichtlichen Auslagen an das ersuchende Kreisgericht zu übersenden. Ein erzielter Vollstreckungserlös ist auf das Verwahrkonto des ersuchenden Kreisgerichts zu überweisen.

§ 30
Vollstreckungszeit

(1) Maßnahmen der operativen Vollstreckung dürfen in der Zeit von 22 Uhr bis 6 Uhr sowie an Sonntagen und an gesetzlichen Feiertagen nicht durchgeführt werden.
(2) Der Direktor des Kreisgerichts kann dem Sekretär in Ausnahmefällen die Durchführung einer operativen Vollstreckungsmaßnahme in der Nachtzeit, an einem Sonntag oder, falls besondere Eilbedürftigkeit vorliegt, auch an einem gesetzlichen Feiertag gestatten. Die Erlaubnis ist schriftlich zu erteilen. Sie ist dem Schuldner bei Vornahme der Vollstreckungshandlung vorzuweisen.

§ 31
Gerichtliche Verwahrung von Sachen

(1) Wurde eine dem Schuldner gehörende Sache in gerichtliche Verwahrung genommen und ist der Grund für die Verwahrung weggefallen, hat der Sekretär den Schuldner aufzufordern, die für ihn verwahrte Sache innerhalb einer ihm zu setzenden Frist aus der gerichtlichen Verwahrung abzuholen. Der Schuldner ist zugleich darüber zu belehren, welche Folgen sich für ihn bei Nichtabholung der Sache ergeben.

(2) Die dem Schuldner zu setzende Frist ist so bemessen, daß zwischen der Zustellung der Aufforderung gemäß Abs. 1 und dem zur Abholung gestellten Termin mindestens 1 Monat liegt. Die Frist soll 2 Monate nicht übersteigen. Nach 1 Monat nach Ablauf der dem Schuldner gesetzten Frist entfällt die Verpflichtung zur gerichtlichen Verwahrung.

(3) Holt der Schuldner die für ihn verwahrte Sache innerhalb der ihm gesetzten Frist nicht ab, wird von dem Schuldner neben den durch die Verwahrung entstandenen gerichtlichen Auslagen eine besondere Gebühr erhoben. Diese Gebühr beträgt 5 % des Wertes der verwahrten Sache, jedoch nicht mehr als 500 M.

(4) Ist die Verpflichtung zur Verwahrung weggefallen, hat der Sekretär die Sache in einer den volkswirtschaftlichen Interessen entsprechenden Weise zu verwerten. Die Sache kann unter Berücksichtigung ihrer weiteren Verwendbarkeit verkauft, einer Erfassungsstelle für Sekundärrohstoffe zugeführt oder vernichtet werden. Die Art und Weise der Verwertung ist in der Vollstreckungsakte nachzuweisen und dem Schuldner mitzuteilen. Ein durch die Verwertung erzielter Erlös ist zur Deckung der Gerichtskosten zu verwenden. Ein danach verbleibender Überschuß steht dem Schuldner zu.

Anmerkung: Zum Wegfall der Verwahrungspflicht vgl. Abs. 2 Satz 3. Zur Erlöseinzahlung und -verwertung vgl. Anmerkung zu § 19 Abs. 2 dieser DB.

§ 32
Gebühr für die Verwertung

(1) Für die Verwertung wird eine besondere Gebühr in Höhe von 2,5 % des zu verteilenden Geldbetrages erhoben. Sie entsteht bei der Verteilung

1. des Erlöses aus dem gerichtlichen Verkauf gepfändeter oder verwahrt gewesener Sachen;
2. eines vom Sekretär gemäß § 119 Abs. 4 der ZPO beigetriebenen Geldbetrages;
3. des bei einem gerichtlichen Verkauf eines Grundstückes oder Gebäudes, eines Schiffes oder Schiffsbauwerkes erzielten Verkaufspreises.

Anmerkung: Zu Ziff. 3 vgl. § 1 Abs. 3, § 24 Abs. 1, § 25 Abs. 1 GrundstVollstrVO (Reg.-Nr. 2.), §§ 31, 50 SchVO (Reg.-Nr. 5.).

(2) Die Gebühr des Abs. 1 beträgt höchstens 75 M. Entsteht diese Gebühr in einer Vollstreckungssache mehrmals, dürfen insgesamt nicht mehr als 100 M im Kalenderjahr erhoben werden. Beim gerichtlichen Verkauf eines Schiffes oder Schiffsbauwerkes beträgt die Gebühr höchstens 500 M.

(3) Die Gebühr ist nach vorherigem Abzug der sonstigen Gerichtskosten für die Vollstreckung dem zu verteilenden Geldbetrag zu entnehmen. Reicht dieser danach zur Deckung der Gebühr nicht aus, wird sie nur in Höhe des verbliebenen Betrages erhoben.

§ 33
Kostenzahlungspflicht

(1) Die Bestimmungen des § 168 der ZPO finden auf die Vollstreckung einer innerhalb eines anhängigen Verfahrens erlassenen einstweiligen Anordnung nur dann Anwendung, wenn aus der einstweiligen Anordnung ein arbeitsrechtlicher Anspruch oder ein Anspruch auf Unterhalt oder Familienaufwand vollstreckt wird.

(2) Die Bestimmung des § 169 Abs. 2 der ZPO findet in der Vollstreckung nur dann Anwendung, wenn die Vollstreckung von einem Bürger wegen seines Anspruchs auf Schadenersatz aus einer Straftat beantragt wird.

(3) Für die Verwahrungsgebühr gemäß § 31 Abs. 3 besteht keine Vorauszahlungspflicht.

§ 34
Inkrafttreten

Diese Durchführungsbestimmung tritt am 1. Januar 1985 in Kraft.

1.4.
[1.] Verordnung über die Berechnung des Durchschnittsverdienstes und über die Lohnzahlung

vom 21. Dezember 1961 (GBl. II Nr. 83 S. 551)
i. d. F. der 2. Verordnung vom 27. Juli 1967 (GBl. II Nr. 73 S. 511; Ber. Nr. 118 S. 836),
der Bekanntmachung vom 26. September 1977 (GBl. I Nr. 31 S. 346)
und der Besoldungsverordnung vom 25. März 1982 (GBl. I Nr. 12 S. 253)
– Auszug –

Vorbemerkung: Diese VO ist zur Ergänzung des § 102 Abs. 1 ZPO (Reg.-Nr. 1.) hier auszugsw. abgedruckt. Die Bestimmungen der 5. DB zu dieser VO vom 7. 3. 1985 (GBl. I Nr. 10 S. 109) sind jeweils hinter den Paragraphen der VO eingefügt, die sie ergänzen. Die 5. DB ist am 1. 5. 1985 in Kraft getreten und hat die vordem erlassenen Durchführungsbestimmungen aufgehoben.
Diese VO und die dazu erlassene 5. DB sind die Rechtsvorschriften, nach denen gem. § 123 AGB die Berechnung des Durchschnittslohnes (Durchschnittsverdienstes) vorzunehmen ist. Ausschließlich der nach diesen Bestimmungen errechnete Durchschnittslohn (Durchschnittsverdienst) bildet gem. § 102 Abs. 1 ZPO die Grundlage für die Errechnung des pfändbaren Betrages.

…

Allgemeine Grundsätze zur Berechnung des Durchschnittsverdienstes

…

§ 2

(1) Der Durchschnittsverdienst ist auf der Grundlage der gesetzlichen bzw. vereinbarten Arbeitszeit des vorangegangenen Kalenderjahres zu berechnen.

(2) Ausgenommen hiervon ist die Arbeitszeit, während der der Werktätige

a) an Lehrgängen und Lehrveranstaltungen teilnahm, die über 14 Kalendertage andauerten,
b) infolge von ärztlich bescheinigter Arbeitsunfähigkeit wegen Krankheit, Arbeitsunfall und Berufskrankheit, Quarantäne und Pflege eines erkrankten Kindes von der Arbeit befreit war bzw. Schwangerschafts- und Wochenurlaub hatte,
c) von der Arbeit ohne Bezahlung freigestellt war,
d) Reservistenwehrdienst geleistet hat.

5. DB zu § 2 Abs. 2 Buchst. b der VO:

§ 1

Den im § 2 Abs. 2 Buchst. b der Verordnung genannten Zeiten sind die Zeiten

- der Durchführung einer prophylaktischen Kur bzw. einer Heil- oder Genesungskur der Sozialversicherung,
- der Freistellung von der Arbeit zur Betreuung des Kindes wegen vorübergehender Quarantäne für die Kinderkrippe oder den Kindergarten,
- der Freistellung von der Arbeit zur notwendigen Betreuung der Kinder bei Erkrankung des Ehegatten,
- des Bezuges von Mütterunterstützung

gleichgestellt.

§ 3

(1) Der Berechnung des Durchschnittsverdienstes sind alle Lohn- und Ausgleichszahlungen des vorangegangenen Kalenderjahres – mit Ausnahme der in Abs. 2 angeführten – zugrunde zu legen.

(2) Zum Durchschnittsverdienst gehören nicht

a) alle außerhalb der gesetzlich festgelegten Arbeitszeit erzielten Verdienste, wie Lohn und Zuschläge für Überstundenarbeit, Vergütung für Arbeitsbereitschaft und ähnliche Zahlungen,
b) die jährlich einmal gewährte zusätzliche Belohnung für ununterbrochene Tätigkeit an Beschäftigte im Bergbau und bei der Deutschen Reichsbahn und ähnliche Zahlungen,
c) Lohnzuschläge gemäß der Lohnzuschlagsverordnung vom 28. Mai 1958 (GBl. I Nr. 34 S. 417), *Zuschlagsverordnung Landwirtschaft vom 28. Mai 1958 (GBl. I Nr. 34 S. 419),* Verordnung vom 28. Mai 1958 über die Zahlung von Sonderzuschlägen an Arbeiter und Angestellte (GBl. I Nr. 34 S. 425), *Verordnung vom 28. Mai 1958 über die Zahlung eines staatlichen Kinderzuschlages (GBl. I Nr. 35 S. 437)* und Verordnung vom 28. Mai 1958 über die Zahlung eines Ehegattenzuschlages (GBl. I Nr. 35 S. 441).

   Anmerkung: Die ZuschlagsVO Landwirtschaft ist aufgehoben. Die VO über die Zahlung eines staatlichen Kinderzuschlages ist außer Kraft. Es gilt jetzt die VO vom 12. 3. 1987 über staatliches Kindergeld (GBl. I Nr. 6 S. 43).

d) lohnsteuerfreie Prämien, wie Lehrausbilderprämien, Prämien für besondere Einzel- und Kollektivleistungen, Prämien für Verbesserungsvorschläge sowie Vergütungen für Erfindungen und Patente und ähnliche Zahlungen,

e) lohnsteuerpflichtige Prämien, die auf Grund anderer arbeitsrechtlicher Bestimmungen nicht in den Durchschnittsverdienst einbezogen werden, wie Untertageprämien im Bergbau, Bohrfeldschichtprämien und ähnliche Zahlungen,
f) Ausgleichszahlungen bei Teilnahme an Lehrgängen und Lehrveranstaltungen über 14 Kalendertage,
g) Ausgleichszahlungen bei Arbeitsbefreiungen infolge ärztlich bescheinigter Arbeitsunfähigkeit, Quarantäne und Pflege eines erkrankten Kindes sowie bei Schwangerschafts- und Wochenurlaub,
h) Entschädigungen, wie Aufwandsentschädigung, Ersatz für Fahrt- und Übernachtungskosten, Tage- und Wegegeld, Montagegeld, Heimarbeiterzuschläge und Werkzeuggeld, Bekleidungsgeld und ähnliche Zahlungen,
i) der Ausgleich bei der Ableistung des Reservistenwehrdienstes.

(3) Der Durchschnittsverdienst ist als Brutto- und als Nettodurchschnittsverdienst zu errechnen. Der Nettoverdienst wird aus dem gemäß Abs. 2 bereinigten Bruttoverdienst durch Abzug der auf diesen Bruttoverdienst entfallenden Lohnsteuer und des Sozialversicherungsbeitrages des Werktätigen ermittelt.

5. DB zu § 3 Abs. 1 der VO:

§ 2

Der Berechnung des Durchschnittslohnes sind nachstehende Lohnbestandteile und Ausgleichszahlungen zugrunde zu legen:

a) Tariflohn, Grundlohn, Grundgehalt,
b) Mehrleistungslohn, Lohnprämie,
c) leistungsorientierter Gehaltszuschlag (Gehaltsprämie) für Hoch- und Fachschulkader, Meister, Lehrmeister und sonstige Angestellte, monatlich gewährter Teil des aufgabengebundenen Leistungszuschlages,
d) gemäß des § 7 Abs. 3 der Verordnung
   - zeitweiliger aufgabengebundener Zuschlag nach § 98 des Arbeitsgesetzbuches,
   - Funktionszulage gemäß Rahmenkollektivverträgen,
   - Gehaltszulage gemäß § 90 des Arbeitsgesetzbuches,
e) Erschwerniszuschläge,
f) Zuschläge für Sonntags-, Feiertags- und Nachtarbeit, die innerhalb der gesetzlichen bzw. vereinbarten Arbeitszeit geleistet wurden,
g) Schichtprämien gemäß der Verordnung vom 12. September 1974 über die Gewährung von Schichtprämien (GBl. I Nr. 51 S. 477),
h) Urlaubsvergütung,
i) Ausgleichszahlungen in Höhe des Durchschnittslohnes gemäß den Rechtsvorschriften einschließlich der Rahmenkollektivverträge,
j) Ausgleichszahlung in Höhe der Differenz zwischen dem durch die Arbeitsleistung erzielten Lohn bzw. Gehalt und dem Durchschnittslohn, wenn gemäß den Rechtsvorschriften mindestens Anspruch auf den Durchschnittslohn besteht,
k) Ausgleichszahlungen in Höhe des Tariflohnes gemäß den Rechtsvorschriften einschließlich der Rahmenkollektivverträge,
l) Ausgleichszahlungen für die Verkürzung der wöchentlichen Arbeitszeit gemäß den Rechtsvorschriften einschließlich der Rahmenkollektivverträge

sowie weitere Lohnbestandteile und Ausgleichszahlungen, für die die Zugehörigkeit zum Durchschnittslohn in den Rechtsvorschriften einschließlich der Rahmenkollektivverträge festgelegt ist.

§ 4

§ 2 Abs. 2 Buchst. a und § 3 Abs. 2 Buchst. f sind nicht anzuwenden, wenn zwischen dem Arbeitsverdienst und dem Tariflohn keine Differenz besteht.

Berechnung des Durchschnittsverdienstes

§ 5

(1) Bei Werktätigen mit Stundenlohn ist der Durchschnittsverdienst wie folgt zu berechnen:

1. Es ist der gesamte Arbeitsverdienst aus dem letzten Kalenderjahr mit Ausnahme der Zeiten gemäß § 2 Abs. 2 zu ermitteln. Dabei ist der Lohn für Überstundenarbeit (ohne Überstundenzuschläge) einzubeziehen. Die anderen Lohnzahlungen sowie Ausgleichs- und Entschädigungszahlungen, die gemäß § 3 Abs. 2 nicht zum Durchschnittsverdienst gehören, sind nicht zu berücksichtigen.
2. a) Der nach Ziff. 1 ermittelte Arbeitsverdienst ist durch die Zahl der gesetzlichen bzw. vereinbarten Arbeitsstunden nach Abzug der im § 2 Abs. 2 genannten Zeiten zu dividieren;
   b) ist in dem im letzten Kalenderjahr erzielten Arbeitsverdienst Lohn für Überstundenarbeit enthalten, so ist die Zahl der gesetzlichen bzw. vereinbarten Arbeitsstunden um die geleisteten Überstunden zu erhöhen. Der Jahresverdicnst einschließlich des Lohnes für Überstundenarbeit (ohne Überstundenzuschläge) ist durch die Zahl der gesetzlichen bzw. vereinbarten Arbeitsstunden zuzüglich der Zahl der geleisteten Überstunden zu dividieren;
   c) sofern ein Werktätiger der Arbeit unentschuldigt ferngeblieben ist, darf die dadurch entstandene Ausfallzeit nicht von der Gesamtzahl der Arbeitsstunden abgesetzt werden;
   d) wird ein Schichtzuschlag auf Grund arbeitsrechtlicher Bestimmungen gezahlt, der zum Durchschnittsverdienst gehört, so erhöht sich der errechnete Durchschnittsverdienst um den Durchschnittsbetrag des Schichtzuschlages pro Stunde.

3. Der Tagesdurchschnittsverdienst ist zu errechnen, indem der Stundendurchschnittsverdienst nach Ziff. 2 mit der gesetzlich festgelegten oder bei Teilbeschäftigung mit der vereinbarten durchschnittlichen Arbeitszeit multipliziert wird.

(2) Der tägliche Durchschnittsverdienst kann bei Endbeträgen von weniger als 5 Pfennig auf volle 10 Pfennig nach unten abgerundet und bei Endbeträgen von 5 Pfennig und mehr auf volle 10 Pfennig nach oben aufgerundet werden.

5. DB zu § 5 und § 6 der VO:

§ 3

Besteht während des Zeitraumes der vorübergehenden Übertragung einer anderen Arbeit oder während der Ausübung einer Tätigkeit, bei der der Werktätige mindestens Anspruch auf den bisherigen Durchschnittslohn hat, Anspruch auf Sonntags-, Feiertags-, Nacht- oder Erschwerniszuschläge bzw. Schichtprämien, sind diese Zuschläge zusätzlich zum Durchschnittslohn zu zahlen. Auf die zusätzlich zu zahlenden Zuschläge sind für die Stunden, Tage oder Schichten, für die der Werktätige diese Zuschläge erhält, die im Durchschnittslohn enthaltenen Durchschnittsbeträge der jeweiligen Zuschlagsart anzurechnen.

§ 6

(1) Für Werktätige mit Monatsgehalt bzw. Monatslohn ist die tägliche Ausgleichszahlung auf der Grundlage des im vorangegangenen Kalenderjahr erzielten monatlichen Durchschnittsverdienstes zu berechnen.

(2) Für Werktätige, die im vorangegangenen Kalenderjahr keine zusätzlichen Zahlungen zum Monatsgehalt bzw. Monatslohn, wie z. B. monatliche Prämien, Erschwerniszuschläge, Schichtzuschläge, erhalten haben, gilt als Durchschnittsverdienst das letzte Monatsgehalt bzw. der letzte Monatslohn vor der Ausgleichszahlung.

(3) Für Werktätige, die im vorangegangenen Kalenderjahr zusätzliche Zahlungen erhalten haben, ist der monatliche Durchschnittsverdienst wie folgt zu errechnen:

a) Zum letzten Monatsgehalt ist der auf einen Monat entfallende Betrag der zusätzlichen Zahlungen, der nach Buchst. b zu ermitteln ist, hinzuzurechnen.
b) Der im vergangenen Kalenderjahr erzielte Arbeitsverdienst aus den zusätzlichen Zahlungen ist durch die Zahl der Arbeitstage des Kalenderjahres, vermindert um die im § 2 Abs. 2 genannten Zeiten, zu dividieren. Der so ermittelte durchschnittliche Tagesbetrag der zusätzlichen Zahlungen ergibt mit 22 bzw. für Lehrer und Lehrkräfte sowie für Werktätige in den volkseigenen Gütern (VEG) und ihnen gleichgestellten Betrieben mit 26 multipliziert den durchschnittlichen Monatsbetrag.

Zusätzliche Zahlungen, die gemäß § 3 Abs. 2 nicht zum Durchschnittsverdienst gehören, sind nicht zu berücksichtigen.

(4) Ist der Werktätige während des vorangegangenen Kalenderjahres unentschuldigt von der Arbeit ferngeblieben, so ist der monatliche Durchschnittsverdienst aus dem Arbeitsverdienst des letzten Kalenderjahres entsprechend den Grundsätzen des Abs. 3 Buchst. b zu ermitteln. Die Tage des unentschuldigten Fernbleibens von der Arbeit dürfen von der Zahl der Arbeitstage des Kalenderjahres nicht abgesetzt werden.

(5) Der tägliche Durchschnittsverdienst ist zu errechnen, indem der gemäß Absätzen 2, 3 oder 4 ermittelte monatliche Durchschnittsverdienst durch die Zahl der Arbeitstage des jeweiligen Kalendermonats geteilt wird. Der entsprechend der Anzahl der Arbeitstage des Monats zu ermittelnde tägliche Durchschnittsverdienst kann aus den als Anlage beigefügten Tabellen abgelesen werden. In den Tabellen ist die nach den Bestimmungen des § 5 Abs. 2 mögliche Aufrundung bzw. Abrundung berücksichtigt.

(6) Die Ermittlung des Durchschnitsverdienstes je Arbeitsstunde erfolgt in der Weise, daß der tägliche Durchschnittsverdienst durch die gesetzlichen bzw. vereinbarten durchschnittlichen täglichen Arbeitsstunden dividiert wird.

5. DB zu § 6 Abs. 3 Buchst. b der VO:

§ 4

Lehrer und Lehrkräfte im Sinne dieser Bestimmung sind die Lehrer der allgemeinbildenden und berufsbildenden Schulen, die hauptamtlichen Lehrer in den Einrichtungen der Aus- und Weiterbildung der Werktätigen sowie die Lehrkräfte der Universitäten, Hoch- und Fachschulen, für die die 6-Tage-Unterrichtswoche gilt.

Berechnung des Durchschnittsverdienstes bei Neueinstellungen und Veränderungen

§ 7

(1) Wurde der Werktätige im vorangegangenen oder im laufenden Kalenderjahr im Betrieb eingestellt, so ist der Durchschnittsverdienst nach dem vom Beginn des Arbeitsrechtsverhältnisses bis zur Ausgleichszahlung abgerechneten Arbeitsverdienst zu errechnen. Erfolgt die Ausgleichszahlung nach Ablauf von 12 abgerechneten Monaten, so gilt der auf der Grundlage der ersten 12 abgerechneten Monate errechnete Durchschnittsverdienst als Durchschnittsverdienst des letzten Kalenderjahres. Die Berechnung

a) des täglichen Durchschnittsverdienstes für Werktätige mit Stundenlohn erfolgt entsprechend den Grundsätzen des § 5 und
b) des monatlichen Durchschnittsverdienstes für

Werktätige mit Monatsgehalt und Monatslohn erfolgt entsprechend den Grundsätzen des § 6.

5. DB zu § 7 Abs. 1 der Verordnung:

§ 5
(1) Besteht Anspruch auf Ausgleichszahlung vor der erstmaligen Lohn- bzw. Gehaltsabrechnung, ist der Durchschnittslohn nach dem von der Aufnahme der Tätigkeit bis zum Anspruch auf Ausgleichszahlung erzielten Lohn zu errechnen, soweit in Rechtsvorschriften einschließlich Rahmenkollektivverträgen nichts anderes festgelegt ist.
(2) Besteht Anspruch auf Ausgleichszahlung bereits am Tag der vereinbarten Arbeitsaufnahme, ist bei der Berechnung der Ausgleichszahlung vom Durchschnittslohn eines Werktätigen mit vergleichbarer Arbeitsaufgabe auszugehen.

(2) Entsprechend den Grundsätzen des Abs. 1 ist zu verfahren, wenn sich im vorangegangenen oder laufenden Kalenderjahr die Lohn- oder Gehaltsgruppe bzw. die Dauer der Arbeitszeit (z. B. Umwandlung einer Teilbeschäftigung in eine Vollbeschäftigung) verändert hat oder Lohnveränderungen beschlossen wurden.

5. DB zu § 7 Abs. 2 der Verordnung:

§ 6
Beschlossene Lohnveränderungen sind Veränderungen, die durch Rechtsvorschriften bestimmt, in Rahmenkollektivverträgen vereinbart werden oder sich aus Vereinbarungen zwischen dem Betriebsleiter und der zuständigen betrieblichen Gewerkschaftsleitung ergeben.

§ 7
(1) Als Veränderungen, bei denen eine Neuberechnung des Durchschnittslohnes vorzunehmen ist, gelten auch Veränderungen
a) des Lohnes innerhalb der Von-Bis-Spannen sowie der Steigerungssätze bei Tarifen mit Steigerungssätzen,
b) des Lohnes durch Einführung einer neuen Lohnform oder Veränderung der Lohnform,
c) der Entlohnung im Zusammenhang mit einem Wechsel des Schichtsystems,
d) der Höhe des Lehrlingsentgeltes.
(2) Besteht bei einem vorübergehenden Wechsel des Schichtsystems Anspruch auf den bisherigen Durchschnittslohn, erfolgt keine Neuberechnung des Durchschnittslohnes gemäß Abs. 1 Buchst. c.

§ 8
Erreicht der Werktätige
a) nach Erhöhung der Lohn- oder Gehaltsgruppe,
b) nach einer beschlossenen Lohnveränderung,
c) nach Einführung einer neuen Lohnform oder Veränderung der Lohnform,
d) nach Erhöhung der Entlohnung im Zusammenhang mit dem Wechsel in ein anderes Schichtsystem

im neuen Berechnungszeitraum in Ausnahmefällen vorübergehend noch nicht den bisherigen Durchschnittslohn, weil zusätzliche Zahlungen oder andere Lohnbestandteile im neuen Berechnungszeitraum noch nicht wieder voll wirksam geworden sind, ist bei Ausgleichszahlungen der bisherige Durchschnittslohn zugrunde zu legen, maximal bis zum Ablauf von 12 Monaten nach der Veränderung.

(3) Bei Gewährung, Veränderung oder Entzug von Leistungszuschlägen gemäß *§ 47 des Gesetzbuches der Arbeit* ist der Durchschnittsverdienst um die dadurch entstehende Differenz zu erhöhen bzw. zu verringern. Das gleiche gilt bei Funktionszulagen und Leistungszulagen gemäß *§ 28 des Gesetzbuches der Arbeit.*

Anmerkung: Beachte jetzt die Bestimmungen des AGB, insbes. § 90.

(4) Treten Veränderungen des Monatsgehaltes bzw. Monatslohnes entsprechend gesetzlicher oder kollektivvertraglicher Bestimmungen, Veränderungen der Lohn- oder Gehaltsgruppe oder Veränderungen der Dauer der vereinbarten Arbeitszeit während des Bezuges einer Ausgleichszahlung ein, so ist der tägliche bzw. monatliche Durchschnittsverdienst unter Berücksichtigung dieser Veränderungen neu zu berechnen.

§ 8
(1) Bei Veränderungen der Lohnsteuerklasse im vorangegangenen oder laufenden Kalenderjahr ist der Nettodurchschnittsverdienst nach der letzten Lohnsteuerklasse vor der Ausgleichszahlung umzurechnen. Das gleiche gilt bei Gewährung, Veränderung oder Entzug von Steuerermäßigungen und steuerfreien Beträgen sowie in den Fällen, in denen der Werktätige auf Grund eines Vollrentenbezuges von der eigenen Beitragszahlung zur Sozialversicherung befreit ist.
(2) Bei Werktätigen mit Stundenlohn ist der tägliche Nettodurchschnittsverdienst auf der Grundlage der Tageslohnsteuertabelle, bei Werktätigen mit Monatsgehalt bzw. Monatslohn ist der monatliche Nettodurchschnittsverdienst auf der Grundlage der Monatslohnsteuertabelle umzurechnen.

§ 9
Berechnung des anteiligen Monatsgehaltes
Für die Berechnung des anteiligen Monatsgehaltes bzw. Monatslohnes für die geleistete Arbeitszeit des Monats, in dem der Werktätige nicht an allen Arbeitstagen gearbeitet hat, ist die in der Anlage beigefügte Tabelle zu verwenden. Der aus der Tabelle abzule-

sende Tagesbetrag ist mit der Anzahl der Tage, an denen Arbeit geleistet wurde, zu multiplizieren.

Anmerkung: Die Tabelle für die Ermittlung des täglichen Durchschnittsverdienstes – Anlage 1 zur 2. VO – wurde aus Platzgründen nicht mit abgedruckt; sie kann im Gesetzblatt eingesehen werden.

...

2. Verordnung über die Vollstreckung in Grundstücke und Gebäude

vom 18. Dezember 1975 (GBl. I 1976 Nr. 1 S. 1)

Auf Grund des § 208 Abs. 1 der Zivilprozeßordnung vom 19. Juni 1975 (GBl. I Nr. 29 S. 533) wird folgendes verordnet:

§ 1
Gegenstand der Vollstreckung

(1) Diese Verordnung regelt die Vollstreckung in Grundstücke und Gebäude, soweit diese Gegenstand eines selbständigen Eigentumsrechts sind und für sie die Vorschriften über Grundstücke entsprechende Anwendung finden, oder in Anteile davon (im folgenden als Grundstück bezeichnet).

Anmerkung: Vgl. § 288 Abs. 4, § 292 Abs. 3, § 295 ZGB, § 2 Abs. 1 Buchst. a und b, § 16 GDO.

(2) Die Vollstreckung in ein Grundstück ist, soweit sie nicht durch Rechtsvorschriften ausgeschlossen ist, nur zulässig, wenn

1. die Erfüllung des Anspruchs aus dem Grundstück verlangt werden kann;
2. bei einem sonstigen Anspruch andere Vollstreckungsmaßnahmen gegen den Schuldner erfolglos geblieben oder von vornherein aussichtslos oder für den Gläubiger nicht zumutbar sind. Der Anspruch muß mindestens 500 M betragen.

Anmerkung: Vgl. § 20 Abs. 3 Satz 2 ZGB i. V. m. § 87 Abs. 1 ZPO (Reg.-Nr. 1.); zu Ziff. 1 vgl. § 455 ZGB.

(3) Die Vollstreckung erfolgt durch gerichtlichen Verkauf des Grundstücks und die Verteilung des Erlöses. Sie obliegt dem Sekretär des Kreisgerichts, in dessen Bereich das Grundstück liegt.

(4) Auf die Vollstreckung in Grundstücke sind die Vorschriften der Zivilprozeßordnung (ZPO) anzuwenden, soweit nachfolgend nichts anderes bestimmt ist.

§ 2
Einleitung der Vollstreckung

(1) Die Vollstreckung ist durch Beschluß (Anordnungsbeschluß) anzuordnen, wenn

– der Gläubiger eines Anspruchs gemäß § 1 Abs. 2 Ziff. 1 die Vollstreckung beantragt;
– bei der Vollstreckung eines sonstigen Anspruchs festgestellt wird, daß der Schuldner im Grundbuch eingetragener Eigentümer oder Erbe eines eingetragenen Eigentümers eines Grundstücks ist, und wenn die Voraussetzungen des § 1 Abs. 2 Ziff. 2 sowie die Einwilligung des Gläubigers vorliegen.

Anmerkung: Zur Einwilligung vgl. § 469 Abs. 1 ZGB.

(2) Der Anordnungsbeschluß hat die Bezeichnung des Gläubigers und des Schuldners, des geltend gemachten Anspruchs und des Vollstreckungstitels sowie des Grundstücks, in das vollstreckt wird, zu enthalten. In ihm ist die Pfändung des Grundstücks zugunsten des Gläubigers auszusprechen.

(3) Der Anordnungsbeschluß ist dem Gläubiger und dem Schuldner sowie der zuständigen Außenstelle oder Arbeitsgruppe des Liegenschaftsdienstes des Rates des Bezirkes (nachfolgend Liegenschaftsdienst genannt) mit dem Ersuchen um Eintragung der Pfändung in das Grundbuch zuzustellen und dem Rat des Kreises zu übersenden.

Anmerkung: Soweit nach dieser VO Mitteilungen oder Zustellungen an den Rat des Kreises zu erfolgen haben, sind diese an die Abteilung Finanzen zu richten (Ausnahme: § 6).

§ 3
Wirkung der Pfändung

(1) Die Pfändung des Grundstücks wird mit der Zustellung des Anordnungsbeschlusses an den Liegenschaftsdienst wirksam. Dieser hat dem Gericht die erfolgte Eintragung des Pfändungsvermerks in das

Grundbuch unter Beifügung einer beglaubigten Abschrift des Grundbuchblattes unverzüglich mitzuteilen.

(2) Die Pfändung erstreckt sich auf das Grundstück und auf die mit dem Boden fest verbundenen Gebäude und Anlagen, die Anpflanzungen und das Grundstückszubehör, soweit an diesen kein selbständiges Eigentumsrecht eines Dritten besteht.

Anmerkung: Vgl. hierzu §§ 467, 468 ZGB.

(3) Dem Schuldner kann durch besonderen Beschluß die Verwaltung des Grundstücks untersagt und einem zu bestellenden Verwalter übertragen werden, wenn der Schuldner durch sein Verhalten die ordnungsgemäße Erhaltung des Grundstücks gefährdet.

§ 4

Vollstreckung für weitere Gläubiger

(1) Bis zum Beginn der Verkaufsverhandlung kann die Vollstreckung in das Grundstück des Schuldners auch für weitere Gläubiger angeordnet werden; die Bestimmung des § 2 Abs. 2 ist anzuwenden.

(2) Der Beschluß ist den Gläubigern und dem Schuldner zuzustellen. Mit der Zustellung des Beschlusses an den Schuldner wird die Pfändung des Grundstücks auch für die weiteren Gläubiger bewirkt.

§ 5

Einstellung der Vollstreckung

(1) Wird gegen den Schuldner die Gesamtvollstreckung eröffnet, ist die Vollstreckung in das Grundstück vorläufig einzustellen. Sie ist auf Antrag des in der Gesamtvollstreckung bestellten Verwalters fortzusetzen (§ 24); beantragt dieser innerhalb eines Monats keine Fortsetzung, ist die Vollstreckung in das Grundstück endgültig einzustellen.

(2) Nimmt der Gläubiger seine Einwilligung zur Vollstreckung in das Grundstück zurück, ist insoweit die Pfändung des Grundstücks aufzuheben.

§ 6

Feststellung des höchstzulässigen Verkaufspreises

Nach Anordnung der Vollstreckung ist dem Rat des Kreises, Abteilung Preise, der Anordnungsbeschluß und ein Grundstückswert-Gutachten zur Festsetzung des höchstzulässigen Verkaufspreises zu übersenden. Der höchstzulässige Verkaufspreis ist dem Gericht innerhalb eines Monats mitzuteilen.

Berücksichtigung eingetragener Rechte

§ 7

(1) Im Grundbuch eingetragene Rechte am Grundstück, die dem Recht eines vollstreckenden Gläubigers im Rang vorgehen, bleiben bestehen, soweit nachstehend nichts anderes bestimmt ist.

Anmerkung: Zu eingetragenen Rechten vgl. § 2 Abs. 1 Buchst. c, §§ 3, 4 GDO, § 322 ZGB (Mitbenutzungsrechte), §§ 452 ff. ZGB und ggf. § 6 EGZGB (Hypotheken und sonstige Grundpfandrechte), §§ 306 ff. ZGB (Vorkaufsrecht).

(2) Rechte, denen eine Geldforderung zugrunde liegt, bleiben nur in Höhe der noch bestehenden Forderungen bestehen. Sind mehrere Grundstücke mit dem gleichen Recht belastet, ist dieses bei jedem Grundstück nur zu einem dem Wert des Grundstücks entsprechenden Teilbetrag zu berücksichtigen.

(3) Rechte und ihnen zugrunde liegende Forderungen einschließlich rückständiger Zinsen und Nebenforderungen sind von den Berechtigten innerhalb eines Monats nach Zustellung der Bekanntmachung des Verkaufstermins beim Gericht anzumelden. Eine nicht angemeldete Forderung gilt als erfüllt.

(4) Die im Abs. 1 bezeichneten Rechte bleiben nur bis zur Höhe des höchstzulässigen Verkaufspreises oder des mit Zustimmung des Rates des Kreises gemäß § 9 Abs. 4 herabgesetzten Mindestbetrages bestehen.

§ 8

(1) Ein nicht ausgeübtes Vorkaufsrecht erlischt. Ebenso erlöschen alle sich auf die Eintragung des Schuldners als Eigentümer beziehenden Beschränkungen, wenn der Berechtigte bis zum Verkaufstermin keinen Antrag gemäß § 133 Abs. 1 Ziff. 2 ZPO gestellt hat.

Anmerkung: Zu Vorkaufsrecht vgl. §§ 306 ff. ZGB.

(2) Mitbenutzungsrechte gemäß §§ 321 und 322 des Zivilgesetzbuches der Deutschen Demokratischen Republik vom 19. Juni 1975 (GBl. I Nr. 27 S. 465) bleiben bestehen, auch wenn sie nicht im Grundbuch eingetragen sind. Alle übrigen Rechte auf persönliche Nutzung oder Mitbenutzung erlöschen ohne Rücksicht auf ihre Rangstelle. Sie sind durch einen an den Berechtigten aus dem Verkaufserlös zu zahlenden Geldbetrag in Höhe des Jahreswertes des Rechts abzulösen, wenn der Berechtigte das Bestehen seines Rechts fristgemäß angemeldet hat und es von ihm ausgeübt wurde.

§ 9

Feststellung des Mindestbetrages

(1) Auf Grund der Anmeldungen der Berechtigten hat der Sekretär vor dem Verkaufstermin für jedes zu verkaufende Grundstück den Betrag festzustellen, unter dem das Grundstück nicht verkauft werden darf (Mindestbetrag).

(2) Der Mindestbetrag ist so zu bemessen, daß er die Deckung folgender angemeldeter Forderungen ermöglicht:

1. Grundsteuern;

2. sonstige mit dem Grundstück im Zusammenhang stehende Abgaben sowie regelmäßig zu leistende Gebühren oder Preise für Dienstleistungen;
3. Ansprüche eines von einem staatlichen Organ eingesetzten Verwalters auf Ersatz von Aufwendungen für die Instandsetzung, Instandhaltung, den Aus- oder Umbau und für die Verwaltung des Grundstücks sowie Ansprüche auf Ersatz anderer Aufwendungen für die Erhaltung des Grundstücks;
4. Geldbeträge, die zur Ablösung von Rechten auf persönliche Nutzung oder Mitbenutzung erforderlich sind, soweit diese Rechte dem Recht des Gläubigers im Range vorgehen;
5. Zinsen für im Grundbuch eingetragene und bestehenbleibende Geldforderungen.

Die Forderungen zu Ziffern 2, 4 und 5 sind jedoch nur insoweit zu berücksichtigen, als sie in einem Zeitraum fällig wurden, der 1 Jahr vor der Pfändung des Grundstücks beginnt und mit dem Tage des Verkaufstermins endet.

Anmerkung: Zu den unter Ziff. 2 bezeichneten Abgaben gehört auch das sogenannte Abgeltungsdarlehen.

(3) Dem gemäß Abs. 2 ermittelten Betrag sind der Gesamtbetrag der Vollstreckungskosten und bis zur Höhe des höchstzulässigen Verkaufspreises der Gesamtwert der gemäß § 7 Abs. 1 bestehenbleibenden Rechte hinzuzurechnen.

(4) Der Mindestbetrag darf 50 % des höchstzulässigen Verkaufspreises nicht unterschreiten. Eine Herabsetzung des Mindestbetrages ist nur mit Zustimmung des Rates des Kreises zulässig.

§ 10

Bestimmung des Verkaufstermins

Nach Mitteilung des höchstzulässigen Verkaufspreises ist der Termin zum Verkauf des Grundstücks zu bestimmen. Die Bekanntmachung des Verkaufstermins ist den Gläubigern, dem Schuldner und den Berechtigten aus im Grundbuch eingetragenen Rechten (Beteiligte) zuzustellen sowie dem Rat des Kreises, dem Rat der Gemeinde (Rat der Stadt) und der Kreisdirektion der Staatlichen Versicherung der Deutschen Demokratischen Republik zu übersenden. Sie ist öffentlich bekanntzumachen.

Anmerkung: Wegen der öffentlichen Bekanntmachung vgl. § 41 ZPO (Reg.-Nr. 1.).

§ 11

Bekanntmachung des Verkaufstermins

Die Bekanntmachung des Verkaufstermins muß enthalten:

1. die Bezeichnung des zu verkaufenden Grundstücks und des im Grundbuch eingetragenen Eigentümers;
2. Ort, Tag und Uhrzeit der Verkaufsverhandlung;
3. den höchstzulässigen Verkaufspreis:
4. die Aufforderung an Kaufinteressenten, ihr Kaufangebot in der Verkaufsverhandlung unter Vorlage der erforderlichen staatlichen Genehmigung abzugeben;
5. die Bekanntgabe des für die Erteilung der Genehmigung zuständigen staatlichen Organs;
6. die Aufforderung an diejenigen, für die Rechte im Grundbuch eingetragen sind, ihre Rechte und, soweit diesen eine Forderung zugrunde liegt, die Höhe der Forderung innerhalb eines Monats nach Zustellung der Bekanntmachung des Termins beim Gericht anzumelden, anderenfalls die Rechte oder Forderungen als nicht mehr bestehend behandelt werden;
7. die Aufforderung an diejenigen, die einen vollstreckbaren Anspruch gegen den Schuldner haben und eine Zahlung aus dem Verkaufserlös beanspruchen, ihren Anspruch innerhalb eines Monats nach der öffentlichen Bekanntmachung des Termins beim Gericht anzumelden und nachzuweisen.

Verkaufsverhandlung

§ 12

(1) Die Verkaufsverhandlung ist öffentlich. Die Bestimmungen des § 68 Absätze 1 bis 3 und des § 69 ZPO sind entsprechend anzuwenden.

(2) In der Verkaufsverhandlung ist bekanntzugeben:

1. das zu verkaufende Grundstück und der Grund des gerichtlichen Verkaufs,
2. der höchstzulässige Verkaufspreis,
3. die angemeldeten Rechte und Forderungen,
4. der Mindestbetrag und seine Zusammensetzung,
5. die nach dem Verkauf am Grundstück bestehenbleibenden Rechte,
6. daß Kaufangebote, die unter dem Mindestbetrag oder über dem höchstzulässigen Verkaufspreis liegen oder ohne staatliche Genehmigung abgegeben werden, nicht berücksichtigt werden,
7. daß Kaufangebote bis zum Schluß der Verkaufsverhandlung wieder zurückgenommen werden können,
8. daß innerhalb einer Woche nach Zustellung des Verkaufsbeschlusses der in Geld zu entrichtende Teil des Kaufpreises an das Gericht zu zahlen ist,

und zur Abgabe von Kaufangeboten aufzufordern.

(3) Für mehrere Grundstücke, die keine wirtschaftliche Einheit bilden, sind getrennte Kaufangebote zu unterbreiten.

(4) Die Bestimmungen der Absätze 2 und 3 sind nicht anzuwenden, wenn der Rat des Kreises das Vorerwerbsrecht ausübt. In diesem Falle ist die Pfändung des Grundstücks durch unanfechtbaren Beschluß aufzuheben.

Anmerkung: Zur Ausübung des Vorerwerbsrechts vgl. § 306 Abs. 2 ZGB, §§ 12–19 GVVO, §§ 11, 12 der DB vom 19. 1. 1978 zur GVVO (GBl. I Nr. 5 S. 77), §§ 6–10 GVAO.

§ 13

(1) Werden für ein Grundstück mehrere Kaufangebote zum gleichen Kaufpreis unterbreitet, haben die Kaufinteressenten ihr Interesse am Erwerb des Grundstücks darzulegen. Die Kaufangebote und die dazu abgegebenen Erklärungen sind zu protokollieren. Nach Abschluß der Verkaufsverhandlung ist der Verkaufsbeschluß zu verkünden.

(2) Die Verkündung des Verkaufsbeschlusses kann bis zu einem Monat nach dem Schluß der Verkaufsverhandlung ausgesetzt werden, wenn Zweifel darüber bestehen, ob bei dem Erwerber Alleineigentum oder gemeinschaftliches Eigentum gemäß § 13 Abs. 1 des Familiengesetzbuches der Deutschen Demokratischen Republik vom 20. Dezember 1965 (GBl. I 1966 Nr. 1 S. 1) entstehen soll. Der Sekretär hat die erforderlichen Feststellungen zu treffen und darüber vor der Verkündung des Verkaufsbeschlusses zu verhandeln.

§ 14

(1) Werden in der Verkaufsverhandlung keine Kaufangebote abgegeben, ist der Schluß der Verkaufsverhandlung festzustellen und die Vollstreckung in das Grundstück vorläufig einzustellen oder ein neuer Verkaufstermin zu bestimmen.

(2) Ein neuer Verkaufstermin soll nur bestimmt werden, wenn das der Gläubiger beantragt und sich für den Fall des erfolglosen Verkaufs dieses Termins zur Übernahme der dadurch entstehenden Kosten verpflichtet. Das gleiche gilt für die Fortsetzung einer vorläufig eingestellten Vollstreckung. Anderenfalls ist nach Ablauf von 3 Monaten die Pfändung des Grundstücks durch Beschluß aufzuheben.

Anmerkung: Vgl. § 28 Abs. 3 dieser VO.

§ 15

Feststellung des Erwerbers

(1) Im Verkaufsbeschluß ist derjenige als Erwerber festzustellen, der den höchsten zulässigen Kaufpreis geboten hat.

(2) Haben mehrere Kaufinteressenten Kaufangebote zu einem gleichhohen zulässigen Kaufpreis abgegeben, ist in nachstehender Reihenfolge derjenige vorrangig als Erwerber festzustellen,

1. dem ein im Grundbuch eingetragenes Miteigentumsrecht oder persönliches Mitbenutzungsrecht zusteht, sofern er nicht Schuldner ist;
2. dem ein Vorkaufsrecht zusteht;
3. der Mieter oder ein sonstiger Nutzungsberechtigter des Grundstücks oder eines überwiegenden Teiles ist.

(3) Unter mehreren gleichberechtigten Kaufinteressenten ist derjenige als Erwerber festzustellen, der die besten Voraussetzungen für eine ordnungsgemäße und zweckentsprechende Nutzung des Grundstücks bietet.

§ 16

Verkaufsbeschluß

(1) Der Verkaufsbeschluß hat zu enthalten:

1. die genaue Bezeichnung des zu verkaufenden Grundstücks einschließlich des Namens des im Grundbuch eingetragenen Eigentümers;
2. den Namen, die Anschrift, die berufliche Tätigkeit und die Arbeitsstelle des Erwerbers;
3. den Preis, zu dem der Verkauf erfolgt;
4. die Feststellung der am Grundstück nach dem Verkauf bestehenbleibenden Rechte;
5. die Aufforderung an den Erwerber, den Teil des Kaufpreises, der den Wert der bestehenbleibenden Rechte übersteigt, innerhalb einer Woche nach Zustellung des Verkaufsbeschlusses an das Gericht zu zahlen;
6. die Rechtsmittelbelehrung.

Anmerkungen: Zur Ziff. 5: wegen der Zahlung des Kaufpreises an das Gericht vgl. §§ 75, 76 ZGB und die RV 9/84 vom 16. 11. 1984 (LI Nr. 25/84); zu Ziff. 6: wegen des zulässigen Rechtsmittels vgl. § 135 Abs. 1 ZPO (Reg.-Nr. 1.).

(2) Beim Verkauf mehrerer Grundstücke hat der Beschluß diese Angaben für jedes Grundstück zu enthalten. Rechte, die mehrere Grundstücke belasten und nach dem Verkauf bestehenbleiben, sind nach dem Verhältnis des Wertes der Grundstücke aufzuteilen. Die Aufteilung von Gesamtbelastungen kann in Ausnahmefällen unterbleiben.

(3) Der Beschluß ist zu begründen, wenn einer von mehreren Kaufinteressenten als Erwerber festgestellt wird. Er ist den Beteiligten, dem Erwerber und den weiteren Kaufinteressenten zuzustellen.

Anmerkung: Zu Beteiligte vgl. § 10 dieser VO.

(4) Erfolgt der Erwerb zugunsten des Volkseigentums, ist im Verkaufsbeschluß festzustellen, daß am Grundstück keine Rechte bestehenbleiben und daß der Kaufpreis nach den Rechtsvorschriften zu leisten ist, die für den Erwerb von Grundstücken als Investition gelten.

Anmerkung: Vgl. § 3 Abs. 1 Ziff. 2 und Abs. 2 der AO vom 10. 11. 1971 über Regelungen für die Finanzierung von Investitionen sowie die Behandlung von Mehrkosten und Anlaufkosten (GBl. II Nr. 78 S. 690).

§ 17
Nichtzahlung des Kaufpreises
(1) Wird der Kaufpreis vom Erwerber nicht innerhalb einer Woche nach Zustellung des Verkaufsbeschlusses bezahlt, ist der Verkaufsbeschluß für gegenstandslos zu erklären. Dieser Beschluß ist den Beteiligten und dem Erwerber zuzustellen; er kann nur vom Erwerber mit der Beschwerde angefochten werden.
(2) Ein neuer Verkaufstermin ist nur zu bestimmen, wenn mehrere Kaufangebote für das Grundstück abgegeben waren. Zu diesem Termin sind die Beteiligten und die Kaufinteressenten zu laden, die Kaufangebote abgegeben hatten. Eine öffentliche Bekanntmachung des Termins ist nicht erforderlich.

Anmerkung: Zu Beteiligten vgl. § 10 dieser VO.

(3) Sind für das Grundstück keine weiteren Kaufangebote abgegeben worden, ist die Vollstreckung in das Grundstück vorläufig einzustellen. Die Bestimmung des § 14 Abs. 2 ist anzuwenden.

§ 18
Rechtskraft des Verkaufsbeschlusses
(1) Der Verkaufsbeschluß wird rechtskräftig, wenn keine Beschwerde eingelegt und keine Entscheidung nach § 17 Abs. 1 getroffen wurde. Der Eintritt der Rechtskraft des Verkaufsbeschlusses ist auf dem Beschluß zu bescheinigen.
(2) Durch den rechtskräftigen Verkaufsbeschluß treten rückwirkend zum Tage seiner Verkündung folgende Wirkungen ein:
1. der Erwerber wird Eigentümer des Grundstücks;
2. die im Grundbuch eingetragenen und im Verkaufsbeschluß nicht als bestehenbleibend ausgewiesenen Rechte erlöschen;
3. die gemäß § 16 Abs. 2 erfolgte Aufteilung von Rechten wird wirksam;
4. der Erwerber wird Schuldner der im Grundbuch gesicherten und eingetragenen Geldforderungen, der bisherige Schuldner wird von seiner Zahlungsverpflichtung befreit;
5. Grundpfandbriefe über durch Eintragung im Grundbuch gesicherte Geldforderungen werden kraftlos; sie sind dem Gericht einzureichen.

§ 19
Bestimmung des Verteilungstermins
(1) Nach Rechtskraft des Verkaufsbeschlusses ist ein Termin zur Verteilung des Verkaufserlöses (Verteilungstermin) zu bestimmen.
(2) Der Verteilungstermin ist den Beteiligten, dem Erwerber und denjenigen mitzuteilen, die eine Forderung angemeldet haben. Die Mitteilung ist zuzustellen, ihr ist eine Ausfertigung des vom Sekretär vorbereiteten Verteilungsplanes beizufügen, aus dem ersichtlich sein muß:
1. der gezahlte Kaufpreis;
2. die Gerichtskosten der Vollstreckung;
3. die angemeldeten Forderungen in der Reihenfolge des § 20 und die Angabe, ob und in welcher Höhe auf sie eine Zahlung vorgesehen ist;
4. der Hinweis, daß die Verteilung nach diesem Plan erfolgen wird, wenn nicht im Verteilungstermin der vorgesehenen Verteilung widersprochen wird.

Anmerkung: Zu Beteiligten vgl. § 10 dieser VO.

§ 20
Verteilung des Verkaufserlöses
(1) Aus dem Verkaufserlös sind nach Abzug der Kosten für die Vollstreckung Zahlungen auf die angemeldeten Forderungen in folgender Reihenfolge zu leisten:
1. die im § 9 Abs. 2 genannten Forderungen, und zwar in der dort bezeichneten Reihenfolge;
2. Forderungen aus im Grundbuch eingetragenen Rechten, die durch den Verkauf erloschen sind, nach der Rangfolge ihrer Eintragung;
3. sonstige vollstreckbare Ansprüche in der Rangfolge des § 125 Abs. 1 Satz 1 ZPO und innerhalb eines Ranges nach dem Verhältnis der Ansprüche.

(2) Ein verbleibender Betrag ist an den Schuldner auszuzahlen.

§ 21
Verteilungstermin
(1) Im Verteilungstermin ist über den Verteilungsplan öffentlich zu verhandeln. Die Bestimmungen des § 68 Absätze 1 bis 3 und § 69 ZPO sind entsprechend anzuwenden.
(2) Werden gegen den Verteilungsplan Einwendungen erhoben, sind sie zu protokollieren und als Beschwerde zu behandeln. Die Erlösverteilung ist bis zur Entscheidung über die Beschwerde auszusetzen.

Anmerkung: Vgl. § 158 ZPO (Reg.-Nr. 1.); § 159 Abs. 1 ZPO findet keine Anwendung.

(3) Werden gegen den Verteilungsplan keine Einwendungen erhoben oder wird über im Verteilungstermin erhobene Einwendungen eine Einigung erzielt, veranlaßt der Sekretär die Auszahlung des Verkaufserlöses an die Berechtigten, sofern die Zahlung des Kaufpreises nicht gemäß § 16 Abs. 4 erfolgt.

Anmerkung: Bei dieser Einigung handelt es sich nicht um eine gerichtliche Einigung gemäß §§ 46, 47 ZPO (Reg.-Nr. 1.). An dieser Einigung über die Abänderung des zugestellten Verteilungsplanentwurfs müssen alle mitwirken, die durch diese Änderung betroffen werden. Sind nicht alle Betroffenen im Verteilungstermin anwesend, ist eine Einigung über den Verteilungsplan nicht möglich.

§ 22
Entscheidung über Einwendungen gegen den Verteilungsplan

(1) Das Bezirksgericht kann auf Grund der Beschwerde den Verteilungsplan ändern oder die Beschwerde abweisen.

(2) Nach der Entscheidung durch das Bezirksgericht hat der Sekretär die Verteilung des Verkaufserlöses vorzunehmen. Die Bestimmung eines neuen Verteilungstermins ist in diesem Falle nicht erforderlich.

§ 23
Berichtigung des Grundbuches

(1) Nach Rechtskraft des Verkaufsbeschlusses hat der Sekretär den Liegenschaftsdienst zu ersuchen, im Grundbuch

- den Pfändungsvermerk zu löschen;
- den Erwerber als Eigentümer einzutragen;
- die Rechte zu löschen, die am Grundstück nicht bestehen bleiben;
- notwendige Berichtigungen eingetragener Rechte vorzunehmen, insbesondere hinsichtlich der Höhe der Forderungen.

(2) Dem Eintragungsersuchen nach Abs. 1 ist eine mit der Bescheinigung der Rechtskraft versehene Ausfertigung des Verkaufsbeschlusses beizufügen. Eingezogene Grundpfandbriefe sind dem Liegenschaftsdienst zu übersenden.

Anmerkung: Vgl. § 2 der Grundbuchverfahrensordnung vom 30. 12. 1975 (GBl. I 1976 Nr. 3 S. 42).

(3) Wurde die Vollstreckung endgültig eingestellt oder die Pfändung des Grundstücks aufgehoben, ist der Liegenschaftsdienst um die Löschung des Pfändungsvermerks im Grundbuch zu ersuchen.

Anmerkung: Vgl. Anmerkung zu Abs. 2.

(4) Für Eintragungen in das Grundbuch werden Verwaltungsgebühren erhoben.

§ 24
Gerichtlicher Verkauf innerhalb der Gesamtvollstreckung

(1) Ist über das Vermögen des Schuldners die Gesamtvollstreckung angeordnet, kann der in der Gesamtvollstreckung bestellte Verwalter den gerichtlichen Verkauf eines zum verwalteten Vermögen gehörenden Grundstücks beantragen, wenn der Schuldner im Grundbuch eingetragener Eigentümer oder Rechtsnachfolger des eingetragenen Eigentümers des Grundstücks ist.

Anmerkung: Vgl. § 8 Abs. 2 GesVollstrVO (Reg.-Nr. 3.).

(2) Im Anordnungsbeschluß sind der Grund des gerichtlichen Verkaufs und der Antragsteller zu bezeichnen.

(3) Die Bestimmungen dieser Verordnung sind entsprechend anzuwenden. Der nach der Verteilung des Verkaufserlöses verbleibende Teil des Kaufpreises ist dem verwalteten Vermögen zuzuführen.

Gerichtlicher Verkauf zur Aufhebung gemeinschaftlichen Eigentums

§ 25

(1) Gemeinschaftliches Eigentum an einem Grundstück kann durch gerichtlichen Verkauf des Grundstücks aufgehoben werden. Die Aufhebung des gemeinschaftlichen Eigentums der Ehegatten erfolgt nach den Bestimmungen des Familiengesetzbuches. Die Aufhebung einer Erbengemeinschaft ist auch nach den Vorschriften dieser Verordnung zulässig, wenn der ungeteilte Nachlaß nur noch aus dem Grundstück besteht.

Anmerkung: Zum gemeinschaftlichen Eigentum (Miteigentum und Gesamteigentum) vgl. §§ 34ff., 400, 401, 421, 423 Abs. 1 ZGB; zum gemeinschaftlichen Eigentum der Ehegatten vgl. § 13 Abs. 1, §§ 14, 39, 41 FGB und § 4 EGFGB.
Die Aufteilung eines Nachlasses kann auch vom Staatlichen Notariat vorgenommen werden – vgl. §§ 425–427 ZGB, §§ 34–36 NG.

(2) Die Anordnung des gerichtlichen Verkaufs kann von jedem Miteigentümer sowie vom Nachlaßverwalter beantragt werden. Der Antragsteller hat die Stellungnahme der übrigen Miteigentümer zur Aufhebung der Gemeinschaft mitzuteilen sowie glaubhaft zu machen, daß eine Einigung der Miteigentümer über die Aufhebung der Eigentumsgemeinschaft erfolglos versucht wurde. Dem Antrag ist ein Grundstückswert-Gutachten eines im Territorium zugelassenen Sachverständigen für Wertermittlung beizufügen.

Anmerkung: Zur Glaubhaftmachung vgl. § 53 Abs. 2 ZPO (Reg.-Nr. 1.).

(3) Im Anordnungsbeschluß sind der Antragsteller und die weiteren Miteigentümer (Antragsgegner) sowie der Grund des gerichtlichen Verkaufs zu bezeichnen.

§ 26

(1) Die im § 7 Abs. 1 genannten Rechte bleiben am Grundstück bestehen, soweit sie den Anteil des Antragstellers belasten oder mitbelasten und einem dieser Rechte im Rang vorgehen oder gleichstehen. Ist danach die Belastung eines Anteils höher als die eines anderen Anteils, ist der Mindestbetrag um den zur

Ausgleichung unter den Miteigentümern erforderlichen Geldbetrag zu erhöhen.

(2) Der nach der Verteilung des Verkaufserlöses verbleibende Teil des Kaufpreises ist den Miteigentümern

- einer Gesamteigentumsgemeinschaft ungeteilt zuzuteilen und für diese gegebenenfalls zu hinterlegen;
- einer Miteigentumsgemeinschaft nach der Höhe ihrer Miteigentumsanteile auszuzahlen oder, falls einer solchen Auszahlung widersprochen wird, für die Miteigentümer ungeteilt zu hinterlegen.

Anmerkung: Zur Hinterlegung vgl. § 428 Abs. 2 ZGB, §§ 39–41 NG.

(3) Im übrigen finden die Bestimmungen dieser Verordnung entsprechende Anwendung.

Gerichtskosten

§ 27

(1) Für den gerichtlichen Verkauf eines Grundstücks wird die im § 166 Abs. 5 ZPO bestimmte Gebühr nach dem Wert des höchstzulässigen Verkaufspreises erhoben. Eine in gleicher Sache entstandene Vollstreckungsgebühr ist anzurechnen. Die Gerichtskosten sind dem Verkaufserlös zu entnehmen.

(2) Für die Verteilung einer Entschädigungssumme *(§ 17 Abs. 3 des Entschädigungsgesetzes vom 25. April 1960 [GBl. I Nr. 26 S. 257])* wird die im Abs. 1 bezeichnete Gebühr nach dem Wert der Entschädigungssumme erhoben.

Anmerkung: Die Verteilung einer rechtskräftig festgestellten Entschädigungssumme obliegt den Gerichten jetzt gem. § 10 Abs. 2 EntschG. Diese Gebühr wird auch für das gerichtliche Verfahren zur Verteilung einer Entschädigungssumme bzw. des Grundstückswertes gem. § 14 Abs. 3 und 5 GVVO erhoben – vgl. Ziff. 2.5. der Anlage zum RSchr 1/85 (LI Nr. 15/85).

(3) Gerichtliche Auslagen sind auch die durch die Anordnung der Verwaltung des Grundstücks gemäß § 3 Abs. 3 entstandenen Kosten, insbesondere die dem Verwalter gezahlte Vergütung.

Anmerkung: Vgl. § 164 Abs. 2 ZPO (Reg.-Nr. 1.) und die Anmerkung zu dieser Bestimmung.

§ 28

(1) Wird vor dem Verkauf die Vollstreckung endgültig eingestellt oder die Pfändung des Grundstücks aufgehoben, wird die Gerichtsgebühr nach dem Wert des Anspruchs des Gläubigers erhoben.

(2) Wird ein auf Antrag angeordneter Verkauf (§§ 24, 25) vor dem gerichtlichen Verkauf des Grundstücks endgültig eingestellt, wird die Gerichtsgebühr nach dem Wert des Mindestbetrages erhoben. Die Gerichtskosten sind im Falle des § 24 Abs. 1 vom Verwalter aus dem verwalteten Vermögen, im Falle des § 25 Abs. 2 vom Antragsteller zu zahlen.

(3) Die durch die Bestimmung eines neuen Verkaufstermins gemäß § 14 entstehenden Auslagen sind im Falle des gerichtlichen Verkaufs des Grundstücks als Teil der Gerichtskosten zu erheben. Anderenfalls hat diese Auslagen derjenige zu zahlen, der sich zur Übernahme dieser Kosten verpflichtet hat.

(4) Eine besondere Kostenentscheidung ist nicht erforderlich.

§ 29
Übergangsbestimmungen

(1) Bei Inkrafttreten der Zivilprozeßordnung anhängige Zwangsversteigerungsverfahren sind nach dem bisher geltenden Recht fortzuführen, wenn bereits der Versteigerungstermin bestimmt oder durchgeführt ist.

(2) Vor dem Inkrafttreten der Zivilprozeßordnung beantragte Zwangsversteigerungsverfahren, in denen noch kein Versteigerungstermin bestimmt ist, sind nach den Bestimmungen dieser Verordnung fortzuführen. Liegen die Voraussetzungen des § 1 Abs. 2 nicht vor, ist die Pfändung des Grundstücks aufzuheben.

(3) Zwangsverwaltungsverfahren sind bis zum 31. März 1976 abzuschließen.

(4) Für die Erhebung von Gerichtskosten sind die Bestimmungen des § 204 ZPO anzuwenden.

§ 30
Schlußbestimmungen

(1) Diese Verordnung tritt am 1. Januar 1976 in Kraft.

(2) Durchführungsbestimmungen zu dieser Verordnung erläßt der Minister der Justiz.

3.
Verordnung über die Gesamtvollstreckung

vom 18. Dezember 1975 (GBl. I 1976 Nr. 1 S. 5)

Auf Grund des § 208 Abs. 1 der Zivilprozeßordnung vom 19. Juni 1975 (GBl. I Nr. 29 S. 533) wird folgendes verordnet:

§ 1
Gegenstand der Gesamtvollstreckung

(1) Die Gesamtvollstreckung erfolgt bei Überschuldung oder Zahlungsunfähigkeit des Schuldners. Sie erfaßt das Vermögen des Schuldners mit Ausnahme der Sachen und Forderungen, die nach den Bestimmungen der Zivilprozeßordnung und anderer Rechtsvorschriften nicht der Vollstreckung unterliegen.

Anmerkung: Wegen der nicht der Vollstreckung unterliegenden Sachen und Forderungen vgl. § 20 Abs. 3 ZGB, § 16 FGB, §§ 87, 98, 118 Abs. 2 ZPO (Reg.-Nr. 1.). Bei Überschuldung eines Nachlasses findet diese VO keine Anwendung; vgl. dazu §§ 410, 420 ZGB, § 33 NG.

(2) Die Verwertung des Vermögens dient dem Ziel, die Verpflichtungen des Schuldners zu erfüllen.
(3) Die Gesamtvollstreckung obliegt dem Sekretär des Kreisgerichts, in dessen Bereich der Schuldner seinen Wohnsitz oder Sitz hat.
(4) Auf die Gesamtvollstreckung sind die Vorschriften der Zivilprozeßordnung (ZPO) anzuwenden, soweit nachfolgend nichts anderes bestimmt ist.

Einleitung des Verfahrens

§ 2

(1) Wird bei der Vollstreckung die Zahlungsunfähigkeit des Schuldners festgestellt oder dessen Überschuldung bekannt, ist die Einleitung der Gesamtvollstreckung zu prüfen. Gegen den Schuldner eingeleitete Vollstreckungsmaßnahmen sind vorläufig einzustellen.
(2) Der Sekretär kann durch Beschluß vorläufige Maßnahmen zur Sicherung einer Gesamtvollstreckung, insbesondere die Sicherstellung einzelner Vermögenswerte, Guthaben oder Forderungen des Schuldners anordnen sowie die Verfügungsbefugnis des Schuldners von der Zustimmung des Rates des Kreises abhängig machen oder auf andere Weise beschränken.
(3) Die Maßnahmen gemäß Abs. 2 sind auch zulässig, wenn der Schuldner seine Überschuldung oder seine Zahlungsunfähigkeit anzeigt und die Einleitung der Gesamtvollstreckung beantragt.

§ 3

(1) Der Schuldner hat dem Kreisgericht
1. ein vollständiges Verzeichnis seines Vermögens,
2. ein Verzeichnis seiner Gläubiger unter Angabe der bestehenden Verpflichtungen,
3. ein Verzeichnis seiner Schuldner unter Angabe der bestehenden Forderungen

vorzulegen.
(2) Der Schuldner hat die Richtigkeit und Vollständigkeit des Verzeichnisses zu versichern; er ist über die strafrechtlichen Folgen einer wissentlich falschen Versicherung zu belehren.

Anmerkung: Vgl. § 53 Abs. 2, § 95 Abs. 1 und 2 ZPO (Reg.-Nr. 1.), § 231 StGB.

§ 4

(1) Vor der Entscheidung über die Einleitung der Gesamtvollstreckung ist der Schuldner und, soweit erforderlich, der Rat des Kreises zu hören.
(2) Die Gesamtvollstreckung ist abzulehnen, wenn
- das Vermögen des Schuldners so gering ist, daß die Verwertung zu keinem Ergebnis für die Gläubiger führen würde;
- die Weiterführung des Betriebes des Schuldners durch die hierfür zuständigen Staatsorgane festgelegt wurde und dadurch die Voraussetzungen für eine Gesamtvollstreckung weggefallen sind oder aber in absehbarer Zeit wegfallen werden.

(3) Der Beschluß über die Ablehnung des Antrages des Schuldners auf Einleitung der Gesamtvollstreckung ist dem Schuldner zuzustellen und dem Rat des Kreises mitzuteilen.

§ 5

Die Gesamtvollstreckung ist durch Beschluß anzuordnen (Anordnungsbeschluß). In dem Beschluß ist
- dem Schuldner die Verfügung über sein Vermögen zu verbieten;
- die Verwaltung des Vermögens des Schuldners anzuordnen und der Verwalter zu bestellen;
- allen Gläubigern des Schuldners aufzugeben, innerhalb einer vom Gericht festgelegten Frist (Anmeldefrist) ihre Forderungen beim Verwalter anzumelden, anderenfalls sie bei der Erlösverteilung unberücksichtigt bleiben können;
- allen denjenigen aufzugeben, die ein Eigentums- oder Pfandrecht an einer im Vermögen des Schuldners befindlichen beweglichen Sache beanspruchen, dieses Recht innerhalb der Anmelde-

frist beim Verwalter geltend zu machen, anderenfalls das Recht erlischt;
- allen denjenigen, die eine zum Vermögen des Schuldners gehörende Sache besitzen oder dem Schuldner zu einer Leistung verpflichtet sind, die Leistung an den Schuldner zu verbieten und aufzugeben, nur noch an den Verwalter zu leisten.

Anmerkung: Zum Pfandrecht vgl. §§ 443ff. ZGB.

§ 6

(1) Der Anordnungsbeschluß ist gemäß § 41 ZPO öffentlich bekanntzumachen. Er ist an den Schuldner und an den vom Gericht bestellten Verwalter zuzustellen.

(2) Der Anordnungsbeschluß ist zu übersenden an
- das Volkspolizei-Kreisamt, Abteilung Paß- und Meldewesen;
- den Rat des Kreises;
- den Rat der Gemeinde (der Stadt);
- das Post- und Fernmeldeamt;
- das Kreditinstitut des Schuldners;
- die Kreisdirektion der Staatlichen Versicherung der DDR;
- registerführende Organe mit dem Ersuchen um Eintragung der Anordnung der Gesamtvollstreckung in das Register, soweit der Betrieb oder Grundstücke oder Gebäude des Schuldners in einem Register eingetragen sind.

(3) Der Verwalter hat denjenigen den Anordnungsbeschluß zu übersenden, von denen bis zum Ablauf der Anmeldefrist bekannt wird, daß ihnen Forderungen gegen den Schuldner zustehen oder daß sie dem Schuldner zu einer Leistung verpflichtet sind.

§ 7
Pfändungswirkung

(1) Durch die Zustellung des Anordnungsbeschlusses an den Schuldner wird die Pfändung des Vermögens des Schuldners bewirkt.

(2) Der Pfändung unterliegen das pfändbare Vermögen des Schuldners und alle im Besitz des Schuldners befindlichen Sachen sowie die vom Schuldner genutzten Grundstücke oder Gebäude.

(3) Vor Anordnung der Gesamtvollstreckung gegen den Schuldner eingeleitete Vollstreckungsmaßnahmen verlieren ihre Wirksamkeit. Die Vollstreckungsverfahren sind an das Kreisgericht zu verweisen, das die Gesamtvollstreckung durchführt.

(4) Eine nach der öffentlichen Bekanntmachung des Anordnungsbeschlusses an den Schuldner erfolgte Leistung ist unwirksam, wenn sie nicht in das verwaltete Vermögen gelangt.

Aufgaben des Verwalters

§ 8

(1) Der vom Gericht bestellte Verwalter ist berechtigt, Forderungen des Schuldners im eigenen Namen geltend zu machen. Dem Verwalter ist eine Ernennungsurkunde auszustellen, aus der der Umfang seiner Befugnisse ersichtlich wird.

(2) Der Verwalter ist berechtigt und verpflichtet, das der Pfändung unterliegende Vermögen unverzüglich in Besitz zu nehmen, zu verwalten und durch Verkauf oder in anderer Weise darüber zu verfügen. Insbesondere soll er Forderungen des Schuldners einziehen und Ansprüche des Schuldners aus gemeinschaftlichem Eigentum geltend machen.

Anmerkung: Zur Geltendmachung von Ansprüchen aus gemeinschaftlichem Eigentum vgl. §§ 34, 40–42, 266, 267, 272, 273, 400, 401, 423 ZGB, § 16 Abs. 3, § 41 FGB.
Wegen des Verkaufs von Grundstücken oder Gebäuden vgl. § 5 Abs. 1, § 24 GrundstVollstrVO (Reg.-Nr. 2.).

(3) Die Vermögensverwaltung unterliegt der Aufsicht des Sekretärs. Er kann dem Verwalter bindende Weisungen erteilen, ihn abberufen und einen anderen Verwalter einsetzen.

§ 9

(1) Der Verwalter hat ein Verzeichnis des Vermögens und der Verpflichtungen des Schuldners aufzustellen. Das Verzeichnis ist nach Ablauf der Anmeldefrist abzuschließen.

(2) Der Verwalter hat angemeldete Forderungen oder sonstige Rechte, die von ihm anerkannt werden, in das Verzeichnis aufzunehmen. Er hat den Anmeldenden mitzuteilen, in welchem Umfang die Anmeldung von ihm anerkannt wird.

(3) Ein Gläubiger, dessen Forderung vom Verwalter ganz oder teilweise nicht anerkannt wurde, kann seine Forderung nur durch eine Klage gegen den Verwalter geltend machen. Für die Klage ist ausschließlich das Kreisgericht zuständig, bei dem die Gesamtvollstreckung durchgeführt wird.

§ 10

(1) Sachen, an denen Dritten ein Eigentums- oder ein Pfandrecht zusteht, kann der Verwalter an die Berechtigten herausgeben oder das Pfandrecht durch Zahlung ablösen. Verweigert der Verwalter die Herausgabe einer Sache oder die Anerkennung eines Pfandrechts, kann der Berechtigte auf Herausgabe oder auf Feststellung seines Rechts klagen. Die Bestimmung des § 9 Abs. 3 findet Anwendung.

Anmerkung: Die Anwendung des § 133 Abs. 1 Ziff. 2 ZPO (Reg.-Nr. 1.) ist hierdurch ausgeschlossen.

(2) Entscheidungen des Verwalters gemäß Abs. 1 bedürfen der Zustimmung des Sekretärs.

(3) Aus den vorhandenen Mitteln hat der Verwalter vorab zu begleichen:

- Lohn- oder Gehaltsforderungen von Werktätigen, die im Betrieb des Schuldners beschäftigt waren, höchstens für einen nicht länger als 12 Monate vor der Pfändung zurückliegenden Zeitraum sowie die mit Lohn- oder Gehaltszahlungen zu entrichtenden Beiträge zur Sozialversicherung einschließlich der für eine Zusatzrentenversicherung sowie die entsprechenden Lohnsteuerbeträge;
- die durch die Verwaltung entstehenden notwendigen Ausgaben einschließlich der vom Sekretär festgesetzten Vergütung des Verwalters und der Kosten, die durch die Geltendmachung von Forderungen und Rechten des Schuldners sowie durch die Ablösung von Pfandrechten entstehen;
- die Gerichtskosten für das Verfahren.

§ 11

(1) Die Verwertung der Sachen, die von Dritten beansprucht werden, ist bis zur Entscheidung über das Bestehen eines Eigentums- oder Pfandrechts auszusetzen.

(2) Der Verwalter hat auch die zur Deckung weiterer Verwaltungsausgaben sowie die zur Erfüllung nicht anerkannter Forderungen erforderlichen Geldbeträge bis zur Einstellung der Gesamtvollstreckung bzw. bis zur Entscheidung über das Bestehen bestrittener Ansprüche zurückzubehalten. Ein bei Einstellung der Gesamtvollstreckung verbleibender Überschuß ist nachträglich zu verteilen.

(3) Wird innerhalb eines Monats nach der Mitteilung des Verwalters über die Nichtanerkennung eines Rechts oder einer Forderung keine Klage gemäß § 9 Abs. 3 oder § 10 Abs. 1 erhoben, erlöschen Eigentums- oder Pfandrechte an beweglichen Sachen; eine Verpflichtung zur Zurückbehaltung aus Abs. 1 oder Abs. 2 entfällt.

§ 12

(1) Der Verwalter kann mit Zustimmung des Sekretärs nach Ablauf der Anmeldefrist eingehende Forderungsanmeldungen noch anerkennen und in das Vermögensverzeichnis aufnehmen. Nach Bestätigung des Verteilungsvorschlags gemäß § 13 Abs. 1 ist eine Anerkennung verspätet angemeldeter Forderungen nicht mehr zulässig.

(2) Unterlagen über verspätet angemeldete und nicht anerkannte Forderungen sind mit dem Hinweis zurückzugeben, daß die Forderung nach Beendigung der Gesamtvollstreckung gegen den Schuldner geltend gemacht werden kann.

§ 13
Erfüllung der Forderungen

(1) Nach Abschluß der Verwertung hat der Verwalter ein Verzeichnis der von ihm anerkannten Gläubigerforderungen mit einem Vorschlag über die Reihenfolge ihrer Erfüllung aufzustellen und dem Sekretär zur Bestätigung vorzulegen.

(2) Die Erfüllung hat nach folgender Rangordnung und innerhalb eines Ranges im gleichen Verhältnis zu erfolgen:

1. Lohn- oder Gehaltsforderungen und Sozialversicherungsbeiträge, soweit diese nicht gemäß § 10 Abs. 3 vorab zu begleichen sind;
2. Forderungen auf Zahlung von Unterhalt, Familienaufwand oder Schadensrente für einen nicht länger als 12 Monate vor der Beschlagnahme zurückliegenden Zeitraum;
3. Steuern und Abgaben;
4. Forderungen volkseigener Betriebe, staatlicher Einrichtungen sowie andere dem Volkseigentum zustehende Forderungen;
5. alle übrigen Forderungen.

(3) Nach Bestätigung des Verteilungsvorschlages durch den Sekretär hat der Verwalter die Verteilung vorzunehmen und den Gläubigern, deren Forderungen ganz oder teilweise nicht erfüllt wurden, unter Rücksendung eingereichter Unterlagen mitzuteilen, daß die nicht erfüllte Forderung gegen den Schuldner geltend gemacht werden kann.

(4) Nicht verwertbare Sachen können Gläubigern zum Schätzwert, unter Anrechnung auf anerkannte Forderungen überlassen werden, anderenfalls sind sie dem Schuldner herauszugeben.

Anmerkung: Zur Ermittlung des Schätzwertes vgl. die Anmerkung zu § 121 Abs. 1 ZPO (Reg.-Nr. 1.).

§ 14
Einstellung der Gesamtvollstreckung

(1) Die Gesamtvollstreckung ist nach Verteilung des Erlöses und nach Prüfung des Abschlußberichts des Verwalters einzustellen. Der Einstellungsbeschluß ist an den Schuldner und an den Verwalter zuzustellen und öffentlich bekanntzumachen. Die im § 6 Abs. 2 genannten Organe sind von der Einstellung zu benachrichtigen.

(2) Der Beschluß ist unanfechtbar.

(3) Dem registerführenden Organ ist der Einstellungsbeschluß mit dem Ersuchen zu übersenden, vorgenomene Eintragungen zu löschen.

§ 15
Beschwerde

(1) Gegen die Beschlüsse des Sekretärs, die im Zusammenhang mit der Eröffnung der Gesamtvollstreckung erlassen werden, steht dem Schuldner die Beschwerde zu.

Anmerkung: Vgl. § 135 Abs. 1 ZPO (Reg.-Nr. 1.).

(2) Gegen den Beschluß über die Festsetzung der Vergütung des Verwalters können der Verwalter und der Schuldner Beschwerde einlegen.

(3) Der Verwalter, der Schuldner und der Rat des Kreises können gegen Weisungen oder sonstige Maßnahmen des Sekretärs Einwendungen gemäß § 135 Abs. 3 ZPO erheben.

§ 16
Kostenbestimmungen
(1) Für die Gesamtvollstreckung wird die volle Gerichtsgebühr nach dem Wert des zu verwertenden Vermögens erhoben. Die Gebühr wird mit der Eröffnung der Gesamtvollstreckung fällig. Wird die Eröffnung abgelehnt, wird keine Gebühr erhoben.

Anmerkung: Vgl. § 165 Abs. 1 und 2 ZPO (Reg.-Nr. 1.).

(2) Gerichtskosten sind vom Verwalter aus dem verwalteten Vermögen zu zahlen.

§ 17
Übergangsbestimmungen
(1) Bei Inkrafttreten dieser Verordnung noch nicht abgeschlossene Konkurs- und Vergleichsverfahren sind nach bisher geltendem Recht fortzuführen. Die Bestimmung des § 13 Abs. 4 findet auch in diesen Verfahren Anwendung.
(2) Für die Erhebung von Gerichtskosten in den im Abs. 1 bezeichneten Verfahren sind die Bestimmungen des § 204 ZPO anzuwenden.

§ 18
Schlußbestimmungen
(1) Diese Verordnung tritt am 1. Januar 1976 in Kraft.
(2) Gleichzeitig treten die Verordnung vom 25. Oktober 1951 über den Rang volkseigener Forderungen im Konkurs des Schuldners (GBl. Nr. 126 S. 955), die Änderungsverordnung vom 19. März 1953 dazu (GBl. Nr. 38 S. 460) und die Durchführungsbestimmung vom 26. Mai 1952 dazu (GBl. Nr. 70 S. 441) sowie die Verfügung vom 22. Januar 1953 über den Rang volkseigener Forderungen im Konkurs (Rangstellung der Beiträge aus der Sozialversicherung) (ZBl. Nr. 5 S. 44) außer Kraft.
(3) Durchführungsbestimmungen zu dieser Verordnung erläßt der Minister der Justiz.

4.
Verordnung über das schiedsgerichtliche Verfahren

vom 18. Dezember 1975 (GBl. I 1976 Nr. 1 S. 8)

Auf Grund des § 208 Abs. 1 der Zivilprozeßordnung vom 19. Juni 1975 (GBl. I Nr. 29 S. 533) wird folgendes verordnet:

§ 1
Geltungsbereich
Diese Verordnung regelt das Verfahren der Schiedsgerichte in der Deutschen Demokratischen Republik und die Vollstreckbarkeit von Schiedssprüchen. Die Zuständigkeit eines Schiedsgerichts kann durch Rechtsvorschriften oder eine Schiedsgerichtsvereinbarung bestimmt werden.

§ 2
Schiedsgerichtsvereinbarung
Im Wirtschaftsverkehr können die Partner vereinbaren, daß die Verhandlung und Entscheidung über einen zwischen ihnen entstandenen oder künftig entstehenden Rechtsstreit durch ein Schiedsgericht erfolgt. Eine Schiedsgerichtsvereinbarung ist nicht zulässig, wenn durch Rechtsvorschriften eine andere Art der Entscheidung des Rechtsstreites bestimmt wird.

Anmerkung: Vgl. § 185 Abs. 2 ZPO (Reg.-Nr. 1.).

§ 3
Form der Schiedsgerichtsvereinbarung
(1) Eine Schiedsgerichtsvereinbarung ist schriftlich abzuschließen. Die Schriftform ist eingehalten, wenn Geschäftsbedingungen Bestandteil des Vertrages sind und darin die Zuständigkeit des Schiedsgerichts festgelegt ist (Schiedsklausel). Das gleiche gilt, wenn eine Schiedsgerichtsvereinbarung von den Verfahrensparteien zu Protokoll des Schiedsgerichts erklärt wird.
(2) Die Zuständigkeit des Schiedsgerichts gilt als vereinbart, wenn sich der Verklagte gegenüber dem Schiedsgericht zur Hauptsache erklärt, ohne dessen Unzuständigkeit einzuwenden.

§ 4
Ausschluß des Gerichtsweges
(1) Wird durch Rechtsvorschriften die Zuständigkeit eines Schiedsgerichts bestimmt, ist der Gerichtsweg für die Verhandlung und Entscheidung derselben Sache ausgeschlossen. Das gleiche gilt, wenn sich eine Verfahrenspartei zu Beginn der mündlichen Verhandlung vor Gericht auf eine wirksame Schiedsgerichtsvereinbarung beruft.

(2) Der Antrag auf Erlaß einer einstweiligen Anordnung oder auf Durchführung einer Beweissicherung bei einem Gericht hebt die Zuständigkeit eines Schiedsgerichts für die Verhandlung und Entscheidung der Sache nicht auf.

§ 5
Anzuwendendes Verfahren

(1) Das Verfahren vor einem ständigen Schiedsgericht wird durch dessen Schiedsgerichtsordnung bestimmt.

(2) Das Verfahren vor einem nicht ständigen Schiedsgericht (Arbitrage ad hoc) wird durch Vereinbarung der Verfahrensparteien bestimmt. Sie können sich in der Vereinbarung auf im internationalen Wirtschaftsverkehr übliche Musterschiedsregeln beziehen.

§ 6
Bildung des Schiedsgerichts

(1) Haben die Verfahrensparteien über die Bildung des Schiedsgerichts keine Vereinbarung getroffen, gelten die nachfolgenden Bestimmungen.

(2) Das Schiedsgericht besteht aus 3 Schiedsrichtern. Jede Verfahrenspartei benennt einen Schiedsrichter. Durch die benannten Schiedsrichter wird ein dritter Schiedsrichter gewählt, der den Vorsitz im Schiedsgericht führt.

(3) Der Kläger bezeichnet dem Verklagten in der Klageschrift oder der Mitteilung über die Einleitung des Verfahrens den von ihm benannten Schiedsrichter mit der Aufforderung, nach deren Empfang innerhalb eines Monats schriftlich ebenfalls einen Schiedsrichter zu benennen. Die Verfahrensparteien können auch beim Präsidenten der Kammer für Außenhandel der Deutschen Demokratischen Republik beantragen, den Schiedsrichter zu benennen.

(4) Die benannten Schiedsrichter haben innerhalb eines Monats den dritten Schiedsrichter zu wählen.

(5) Benennt der Verklagte den Schiedsrichter nicht fristgemäß, wird dieser auf Antrag des Klägers vom Präsidenten der Kammer für Außenhandel der Deutschen Demokratischen Republik benannt. Das gleiche gilt, wenn sich die Schiedsrichter nicht fristgemäß über den zu wählenden Vorsitzenden einigen.

§ 7
Ablehnung eines Schiedsrichters

(1) Jede Verfahrenspartei kann einen Schiedsrichter ablehnen, wenn Zweifel an seiner Unvoreingenommenheit bestehen, insbesondere wenn er durch ein eigenes Interesse am Ausgang des Rechtsstreits befangen ist.

(2) Über die Ablehnung entscheiden die anderen Mitglieder des Schiedsgerichts. Kommt es zwischen ihnen zu keiner Einigung oder betrifft die Ablehnung mehr als einen Schiedsrichter, wird das Schiedsgericht neu gebildet. Wird dem Antrag stattgegeben, ist ein anderer Schiedsrichter zu benennen.

§ 8
Benennung eines neuen Schiedsrichters

Für einen Schiedsrichter, der seiner Benennung nicht zustimmt oder innerhalb eines Monats nach seiner Benennung nicht tätig wird oder später dazu außerstande ist, ist ein anderer Schiedsrichter zu benennen. Die Bestimmung des § 6 ist entsprechend anzuwenden.

§ 9
Ort des Schiedsgerichts

Haben die Verfahrensparteien über den Ort der Durchführung des Verfahrens keine Vereinbarung getroffen, wird dieser vom Schiedsgericht bestimmt.

§ 10
Zustellungen

(1) Klagen, Ladungen, Einigungen, Schiedssprüche, Beschlüsse und andere wichtige Schriftstücke sind vom Schiedsgericht durch eingeschriebenen Brief an die von den Verfahrensparteien angegebenen Adressen zuzustellen. Das Schiedsgericht kann eine andere Art der Zustellung festlegen.

(2) Zwischen der Zustellung der Ladung und dem Verhandlungstermin soll ein Zeitraum von einem Monat liegen. Im Einvernehmen mit den Verfahrensparteien kann das Schiedsgericht diese Frist abkürzen.

§ 11
Einleitung des Verfahrens

(1) Das Verfahren wird durch eine Klage eingeleitet. Die Klage ist schriftlich beim Schiedsgericht einzureichen. Es treten die gleichen Wirkungen ein, wie im Falle ihrer Einreichung bei einem Gericht.

(2) Soll mit der Einleitung des Verfahrens vor einem nicht ständigen Schiedsgericht eine Frist gewahrt werden, hat der Kläger innerhalb dieser Frist alles durch ihn Erforderliche zur Bildung des Schiedsgerichts zu unternehmen, insbesondere einen Schiedsrichter zu benennen oder seine Benennung bei der dafür vorgesehenen Stelle zu beantragen und dem Schiedsrichter oder der benennenden Stelle sowie dem Verklagten schriftlich die Gründe für die Zuständigkeit des Schiedsgerichts und die zu entscheidenden Fragen mitzuteilen. Diese Mitteilung ist innerhalb von 2 Wochen nach Bildung des Schiedsgerichts durch eine ordnungsgemäße Klageschrift zu ergänzen.

(3) Wird die Klageschrift gemäß Abs. 1 oder die Mitteilung gemäß Abs. 2 auf dem Postweg übersandt, ist das Datum im Stempel des Aufgabepostamtes für den Zeitpunkt der Klageerhebung maßgebend.

(4) Mit der Zustellung der Klage ist der Verklagte aufzufordern, innerhalb einer Frist von einem Monat zur Klage schriftlich Stellung zu nehmen.

§ 12
Inhalt der Klage
(1) Die Klageschrift hat zu enthalten:
1. die Bezeichnung und Anschrift der Verfahrensparteien,
2. den Antrag (Klageanspruch),
3. die Unterschrift des Klägers.
(2) Die Klageschrift soll außerdem enthalten:
1. die Begründung der Zuständigkeit des Schiedsgerichts,
2. die Darlegung der Tatsachen und Rechtsgrundlagen, auf die der Kläger den Anspruch stützt,
3. die Angabe von Beweismitteln,
4. den Streitwert,
5. den Nachweis der Zahlung der Schiedsgerichtsgebühren,
6. die Benennung des Schiedsrichters.

§ 13
Widerklage
Der Verklagte kann bis zum Beginn der mündlichen Verhandlung Widerklage erheben. Für sie gelten die gleichen Voraussetzungen wie für die Klage.

§ 14
Rücknahme der Klage
(1) Der Kläger kann die Klage jederzeit zurücknehmen.
(2) Die Klage gilt als zurückgenommen, wenn der Kläger Mängel der Klageschrift gemäß § 12 Abs. 1 nicht innerhalb einer Frist von 2 Monaten nach Aufforderung durch das Schiedsgericht beseitigt.
(3) Die Rücknahme der Klage berührt nicht den Fortbestand einer vorher erhobenen Widerklage.

§ 15
Rechtliches Gehör
Das Schiedsgericht hat den Verfahrensparteien Gelegenheit zu geben, zum gegenseitigen Vorbringen, zum Beweisergebnis und zur Beilegung des Rechtsstreits Stellung zu nehmen.

§ 16
Anwesenheit am Verfahren nicht Beteiligter
Das Schiedsgericht kann in Übereinstimmung mit den Verfahrensparteien die Anwesenheit am Verfahren nicht Beteiligter an der mündlichen Verhandlung gestatten.

§ 17
Beweiserhebung
Die Verfahrensparteien haben die Tatsachen zu beweisen, auf die sie ihre Ansprüche oder Einwände stützen. Das Schiedsgericht kann von den Verfahrensparteien die Vorlage weiterer Beweise fordern. Es kann die Erstattung von Sachverständigengutachten oder die Vernehmung von Zeugen anordnen. Die Bestimmungen der Zivilprozeßordnung über Beweismittel und Beweisaufnahme sind entsprechend anzuwenden.

Anmerkung: Vgl. §§ 53ff. ZPO (Reg.-Nr. 1.).

§ 18
Beendigung des Verfahrens
Das Verfahren wird durch Schiedsspruch, Einigung oder Beschluß über die Einstellung des Verfahrens beendet.

§ 19
Einigung
(1) Das Schiedsgericht soll im Verfahren darauf hinwirken, daß die Verfahrensparteien den Rechtsstreit durch eine Einigung beilegen. Die zu Protokoll des Schiedsgerichts erklärte Einigung ist von den Verfahrensparteien zu unterschreiben und durch die Unterschrift der Schiedsrichter zu bestätigen.
(2) Die Verfahrensparteien haben das Recht, die Einigung innerhalb eines Monats nach Protokollierung zu widerrufen. Sie können auf den Widerruf verzichten.
(3) Im Falle des Widerrufs kann jede Verfahrenspartei verlangen, daß das Verfahren fortgesetzt wird.

§ 20
Erlaß des Schiedsspruchs
(1) Das Schiedsgericht beendet das Verfahren durch Schiedsspruch, wenn es zu der Überzeugung gelangt ist, daß alle für die Entscheidung der Sache erheblichen Tatsachen geklärt sind. Ein Schiedsspruch kann auch auf Grund einer Einigung ergehen (Schiedsspruch zu vereinbarten Bedingungen).
(2) Der Schiedsspruch wird in geschlossener Beratung des Schiedsgerichts mit Stimmenmehrheit getroffen.

§ 21
Inhalt des Schiedsspruchs
(1) Der Schiedsspruch hat zu enthalten:
1. Bezeichnung des Schiedsgerichts, das die Entscheidung getroffen hat,
2. Ort und Datum der Entscheidung,
3. Bezeichnung der Verfahrensparteien,
4. Entscheidung über den Klageantrag sowie über Gebühren und Auslagen des Schiedsgerichts,
5. Begründung der Zuständigkeit des Schiedsgerichts und der Entscheidung,
6. Unterschrift der Schiedsrichter.
(2) Die Verfahrensparteien können auf die Begründung der Entscheidung verzichten.

§ 22
Wirkung des Schiedsspruchs
(1) Innerhalb einer durch das Schiedsgericht festzusetzenden Frist, die einen Monat nach Abschluß der

mündlichen Verhandlung nicht überschreiten soll, ist der Schiedsspruch den Verfahrensparteien zuzustellen.
(2) Mit der Zustellung des Schiedsspruchs an die Verfahrensparteien wird die Entscheidung rechtskräftig. Wird der Schiedsspruch auf dem Postweg zugestellt, ist das Datum im Stempel des Aufgabepostamtes für den Zeitpunkt des Eintritts der Rechtskraft maßgebend.
(3) Der den Verfahrensparteien zugestellte Schiedsspruch hat die Wirkung eines rechtskräftigen gerichtlichen Urteils.

§ 23
Einstellung des Verfahrens
Das Schiedsgericht stellt das Verfahren durch Beschluß ein:
1. bei Rücknahme der Klage,
2. nach mehr als 6monatiger Untätigkeit des Klägers,
3. bei Fehlen sonstiger Voraussetzungen, die für die Verhandlung und Entscheidung der Sache erforderlich sind.

§ 24
Aufhebung des Schiedsspruchs
(1) Ein Schiedsspruch oder eine Einigung sind auf Antrag aufzuheben, wenn
1. eine wirksame Schiedsgerichtsvereinbarung nicht bestand oder das Verfahren aus anderen Gründen unzulässig war,
2. eine Verfahrenspartei infolge Verletzung der Regeln des Verfahrens nicht die Möglichkeit hatte, ihre Rechte wahrzunehmen,
3. sie zu einer nach den Rechtsvorschriften der Deutschen Demokratischen Republik unzulässigen Leistung verpflichten,
4. der Schiedsspruch nicht mit Gründen versehen ist, es sei denn, die Verfahrensparteien haben hierauf ausdrücklich verzichtet,

(2) Der Antrag auf Aufhebung des Schiedsspruchs oder der Einigung ist nur innerhalb von 2 Monaten nach Eintritt der Rechtskraft des Schiedsspruchs oder nach Unterzeichnung des Protokolls über die Einigung zulässig.

§ 25
Verfahren der Aufhebung
Über den Antrag auf Aufhebung eines Schiedsspruchs oder einer Einigung entscheidet das Stadtbezirksgericht Berlin-Mitte nach mündlicher Verhandlung durch Beschluß.

§ 26
Rechtsfolgen der Aufhebung
Im Falle der Aufhebung eines Schiedsspruchs oder einer Einigung ist jede Verfahrenspartei berechtigt, innerhalb von 3 Monaten ab Rechtskraft des Beschlusses, die Klage erneut einzureichen. Bis zum Ablauf dieser Frist bleibt die Verjährung gehemmt.

§ 27
Vollstreckbarkeit
(1) Rechtskräftige Schiedssprüche und Einigungen vor einem Schiedsgericht in der Deutschen Demokratischen Republik, dessen Zuständigkeit durch besondere Rechtsvorschriften bestimmt ist, sind wie gerichtliche Entscheidungen vollstreckbar. Das gleiche gilt für in anderen Staaten erlassene Schiedssprüche und Einigungen vor einem Schiedsgericht, wenn das durch Rechtsvorschriften der Deutschen Demokratischen Republik bestimmt ist.

Anmerkung: Vgl. § 88 Abs. 1 Ziff. 1, § 198 ZPO (Reg.-Nr. 1.).

(2) Den Voraussetzungen gemäß Abs. 1 nicht entsprechende Schiedssprüche und Einigungen sind vollstreckbar, wenn sie auf Antrag des Gläubigers durch Beschluß des Stadtbezirksgerichts Berlin-Mitte für vollstreckbar erklärt werden. Zur Aufklärung des Sachverhalts kann die Durchführung einer mündlichen Verhandlung angeordnet werden. Gegen den Beschluß ist die Beschwerde nach der Zivilprozeßordnung zulässig.

Anmerkung: Vgl. § 88 Abs. 1 Ziff. 3, §§ 158, 159 ZPO (Reg.-Nr.1.).

§ 28
Ablehnung der Vollstreckbarkeitserklärung
(1) Die Vollstreckbarkeitserklärung eines Schiedsspruchs oder einer Einigung ist unter gleichzeitiger Aufhebung des Schiedsspruchs oder der Einigung abzulehnen, wenn die im § 24 genannten Gründe für die Aufhebung vorliegen. Bei in anderen Staaten ergangenen Schiedssprüchen oder durch das Schiedsgericht bestätigten Einigungen tritt an die Stelle der Aufhebung die Feststellung, daß die Vollstreckung in der Deutschen Demokratischen Republik versagt wird.
(2) Die Vollstreckbarkeitserklärung ist auch abzulehnen, wenn der Schuldner nachweist, daß der Schiedsspruch oder die Einigung nach den Rechtsvorschriften des Staates, in dem das Verfahren stattgefunden hat, aufgehoben oder die Vollstreckung ausgesetzt ist.

Anmerkung: Vgl. § 198 Abs. 2 ZPO (Reg.-Nr. 1.).

§ 29
Gerichtskosten
(1) Für das Verfahren zur Aufhebung eines Schiedsspruchs oder einer Einigung wird eine volle Gerichtsgebühr erhoben.
(2) Für das Verfahren der Vollstreckbarkeitserklärung eines Schiedsspruchs oder einer Einigung wird eine halbe Gerichtsgebühr erhoben.

Anmerkung: Vgl. § 165 Abs. 1 und 2 ZPO (Reg.-Nr. 1.).

§ 30
Vollstreckung
Auf die Vollstreckung von Schiedssprüchen oder Einigungen sind die Bestimmungen der Zivilprozeßordnung anzuwenden.

Anmerkung: Vgl. §§ 85ff. ZPO (Reg.-Nr. 1.).

Schlußbestimmungen

§ 31
Die bei Inkrafttreten dieser Verordnung noch nicht abschließend entschiedenen Verfahren sind nach dem bis zu diesem Zeitpunkt geltenden Recht zu beenden.

§ 32
Die Bestimmungen dieser Verordnung sind nicht anzuwenden, soweit in völkerrechtlichen Verträgen, an denen die Deutsche Demokratische Republik beteiligt ist, etwas anderes festgelegt ist.

§ 33
(1) Diese Verordnung tritt am 1. Januar 1976 in Kraft.
(2) Durchführungsbestimmungen zu dieser Verordnung erläßt der Minister der Justiz.

5.
[1.] Verordnung über zivilrechtliche Verfahren in Schiffahrtssachen – Schiffahrts-Verfahrensordnung (SchVO) –

vom 27. Mai 1976 (GBl. I Nr. 21 S. 290)
i. d. F. der 2. Verordnung vom 28. November 1978 (GBl. I 1980 Nr. 21 S. 207)

Auf Grund des § 142 des Seehandelsschiffahrtsgesetzes der Deutschen Demokratischen Republik – SHSG – vom 5. Februar 1976 (GBl. I Nr. 7 S. 109) und des § 208 Abs. 1 des Gesetzes vom 19. Juni 1975 über das gerichtliche Verfahren in Zivil-, Familien- und Arbeitsrechtssachen – Zivilprozeßordnung – (GBl. I Nr. 29 S. 533) wird folgendes verordnet:

Erstes Kapitel
Verfahren zur Durchführung der Beschränkung der Reederhaftung

Vorbemerkung: Die Berechtigung des Reeders zur Haftungsbeschränkung ist in den §§ 111–116 SHSG ausgestaltet. Nach § 115 Abs. 5 SHSG ist für die Errichtung des Haftungsfonds und die Durchführung des Verfahrens das Bezirksgericht Rostock als Gericht erster Instanz zuständig.

Erster Abschnitt
Allgemeine Bestimmungen

§ 1
(1) Das Verfahren zur Durchführung der Beschränkung der Reederhaftung (Haftungsbeschränkungs-Verfahren) ist zulässig, wenn die Haftungsbeschränkung gemäß § 111 oder § 116 SHSG für Forderungen geltend gemacht oder wenn eine künftige Geltendmachung von Forderungen, die der Haftungsbeschränkung unterliegen, glaubhaft gemacht wird.
(2) Der Antrag auf Eröffnung des Haftungsbeschränkungs-Verfahrens kann durch den Reeder und die übrigen im § 113 und § 116 SHSG genannten Personen gestellt werden (Antragsberechtigte). Mehrere Antragsberechtigte können den Antrag gemeinschaftlich oder jeder für sich stellen. Mehrere Einzelanträge sind zu einem Verfahren zu verbinden.
(3) Für Forderungen aus Gewässerverunreinigung ist immer ein gesondertes Haftungsbeschränkungs-Verfahren durchzuführen.

§ 2
(1) Das Haftungsbeschränkungs-Verfahren kann beantragt werden, wenn
1. der Antragsberechtigte oder der Gläubiger einer Forderung, die der Haftungsbeschränkung unterliegt, Bürger der Deutschen Demokratischen Republik ist oder in der Deutschen Demokratischen Republik seinen Wohnsitz, Aufenthalt oder Sitz hat;
2. das Schiff, aus dessen Betrieb oder Verwendung die Forderung entstanden ist, im See- oder Binnenschiffsregister der Deutschen Demokratischen Republik eingetragen ist oder seinen Heimathafen in der Deutschen Demokratischen Republik hat;
3. der Schadensfall, aus dem die Forderung entstan-

den ist (Ereignis), auf den Gewässern der Deutschen Demokratischen Republik eingetreten ist;
4. das Schiff unmittelbar nach dem Ereignis einen Hafen der Deutschen Demokratischen Republik angelaufen hat oder bei normalem Verlauf der Reise angelaufen hätte;
5. die beförderten Personen in einem Hafen der Deutschen Demokratischen Republik das Schiff verlassen haben oder die Ladung in einem Hafen der Deutschen Demokratischen Republik gelöscht wird und die Forderungen aus der Verletzung oder Tötung von Personen oder aus der Beschädigung oder dem Verlust des Reisegepäcks oder der Ladung entstanden sind;
6. über die Forderungen, für die das Haftungsbeschränkungs-Verfahren beantragt wird, ein Verfahren bei einem Gericht der Deutschen Demokratischen Republik eingeleitet ist;
7. der Reeder bei einem Gericht der Deutschen Demokratischen Republik auf Grund einer einstweiligen Anordnung Sicherheit geleistet hat und er mit seinem Antrag die Einbeziehung dieser Sicherheitsleistung in das Haftungsbeschränkungs-Verfahren beantragt.

Anmerkung: Zu Ziff. 2 vgl. §§ 2, 19ff. SchRegVO; zu Ziff. 7 vgl. zur einstweiligen Anordnung §§ 16, 17 ZPO (Reg.-Nr. 1.).

(2) Das Gericht kann im Fall des Abs. 1 Ziff. 7 den Antrag auf Durchführung des Haftungsbeschränkungs-Verfahrens durch Beschluß abweisen, wenn keine der im Abs. 1 Ziffern 1 bis 6 genannten Antragsvoraussetzungen vorliegt und die Durchführung des Haftungsbeschränkungs-Verfahrens vor dem Gericht der Deutschen Demokratischen Republik unzweckmäßig ist.

§ 3

(1) Ist innerhalb der Deutschen Demokratischen Republik oder in einem Staat, der Vertragspartei der Internationalen Konvention vom 10. Oktober 1957 über die Beschränkung der Haftung der Eigentümer von Seeschiffen ist (Vertragsstaat), ein Haftungsbeschränkungs-Verfahren anhängig, treten nach Errichtung des Haftungsfonds die dafür vorgesehenen Rechtsfolgen ein; insbesondere ist der Erlaß einer einstweiligen Anordnung zur Sicherung der Forderung eines Gläubigers nicht mehr zulässig.

(2) Hat der Antragsberechtigte in der Deutschen Demokratischen Republik oder in einem Vertragsstaat bereits eine dem Höchstbetrag seiner Haftung entsprechende Sicherheit geleistet, ist ein Antrag auf Erlaß einer einstweiligen Anordnung zur Sicherung einer Forderung abzuweisen, eine bereits erlassene einstweilige Anordnung auf Antrag des Antragsberechtigten aufzuheben und eine im Zusammenhang damit geleistete Sicherheit freizugeben. Wurde die Sicherheit in einem Vertragsstaat geleistet, gilt das nur, wenn diese Sicherheit an Orten geleistet wurde, in denen sich folgende Häfen befinden:
1. der Hafen, in dem das Ereignis eingetreten ist,
2. der erste nach dem Ereignis angelaufene Hafen,
3. der Hafen, in dem die beförderten Personen das Schiff verlassen haben oder die Ladung gelöscht wird und die Forderungen aus der Verletzung oder Tötung von Personen oder aus Beschädigung oder Verlust des Reisegepäcks oder der Ladung entstanden sind.

(3) Wurde in einem anderen Hafenort eines Vertragsstaates Sicherheit geleistet, kann das Gericht einen Antrag auf Erlaß einer einstweiligen Anordnung abweisen, eine bereits erlassene einstweilige Anordnung aufheben oder eine im Zusammenhang damit geleistete Sicherheit freigeben.

Anmerkung: Zur Aufhebung einer einstweiligen Anordnung vgl. § 18 ZPO (Reg.-Nr. 1.).

§ 4

Die Bestimmungen des § 3 finden keine Anwendung, wenn nach Errichtung eines Haftungsfonds oder nach Leistung einer Sicherheit in einem Vertragsstaat
a) eine Forderung aus der Verunreinigung der Gewässer der Deutschen Demokratischen Republik geltend gemacht oder deswegen eine Sicherungsmaßnahme beantragt wird;
b) die Gegenseitigkeit nicht gewahrt ist, rechtskräftige Entscheidungen oder verbindliche Einigungen der Gerichte oder Schiedsgerichte der Deutschen Demokratischen Republik in Verfahren vor Organen in anderen Staaten trotz ordnungsgemäßer Anmeldung nicht berücksichtigt werden oder Gläubiger, die Bürger der Deutschen Demokratischen Republik sind oder ihren Wohnsitz, Aufenthalt oder Sitz in der Deutschen Demokratischen Republik haben, bei der Anmeldung ihrer Forderungen und der Verteilung des Haftungsfonds diskriminierenden Beschränkungen unterworfen sind.

Zweiter Abschnitt

Einleitung des Haftungsbeschränkungs-Verfahrens

§ 5

Antragstellung

(1) Der Antrag auf Eröffnung des Haftungsbeschränkungs-Verfahrens ist schriftlich zu stellen und muß enthalten:
1. Angaben zur Person des Antragstellers und über sein Rechtsverhältnis zum Schiffseigentümer sowie über seine auf das Schiff bezogenen Rechte zum Zeitpunkt des Ereignisses;
2. Name, Baujahr, Vermessungsangaben, Register-

und Heimathafen des Schiffes, seinen Aufenthalt zum Zeitpunkt des Antrages, seine gegenwärtige Nutzung sowie Angaben über Versicherer und Schiffspfandrechte;
3. Angaben über den Schiffseigentümer;
4. Beschreibung des Ereignisses unter Angabe der erforderlichen Beweismittel;
5. Benennung der Forderungen, die zum Zeitpunkt der Antragstellung bereits erhoben wurden, einschließlich der Angaben über Gläubiger und ihre Versicherer unter Beifügung von Vollstreckungstiteln oder von Nachweisen über eingeleitete gerichtliche Verfahren;
6. Benennung der Forderungen, deren Geltendmachung erwartet wird;
7. Benennung der Forderungen des Antragstellers gegen Gläubiger (Gegenforderungen) aus demselben Ereignis, für das die Eröffnung des Haftungsbeschränkungs-Verfahrens beantragt wird;
8. Angaben über die Errichtung des Haftungsfonds und
9. Angaben über die Leistung einer Sicherheit, die in das Haftungsbeschränkungs-Verfahren einbezogen werden soll.

(2) Ist die Höhe einer Forderung noch nicht bestimmbar, kann die Forderung dem Grunde nach benannt werden.

(3) Zieht der Antragsteller eine von ihm benannte Forderung bis zum Abschluß der Forderungsliste nicht zurück, gilt die Forderung als anerkannt.

(4) Die Erfüllung einer Forderung, für die ein Schiffsgläubigerrecht besteht, kann nach Errichtung des Haftungfonds nur aus diesem verlangt werden. Wird eine solche Forderung innerhalb der dafür vorgesehenen Fristen weder vom Antragsteller benannt noch vom Gläubiger angemeldet, erlischt das Pfandrecht.

Anmerkung: Zu Schiffsgläubigerrecht vgl. §§ 119ff. SHSG.

§ 6
Prüfung des Antrages

Das Gericht prüft den Antrag auf Vollständigkeit und kann unter Fristsetzung weitere Angaben und Unterlagen vom Antragsteller fordern. Wird die Frist versäumt, kann das Gericht den Antrag durch Beschluß abweisen. Gegen den Beschluß steht nur dem Antragsteller die Beschwerde zu.

Anmerkung: Zur Beschwerde vgl. §§ 158, 159 ZPO (Reg.-Nr. 1.).

§ 7
Antragstellung für eigene Forderungen

(1) Hat der Antragsteller vor Eröffnung des Haftungsbeschränkungs-Verfahrens oder vor der Verteilung des Haftungsfonds eine Forderung, für die er seine Haftung beschränken kann, ganz oder teilweise erfüllt, kann er in Höhe seiner Leistung wie ein Gläubiger am Haftungsbeschränkungs-Verfahren teilnehmen (eigene Forderung). Das gilt auch für Forderungen gemäß § 116 Abs. 2 SHSG.

(2) Die Bestimmungen des Abs. 1 gelten auch, wenn der Antragsteller glaubhaft macht, daß er zu einem späteren Zeitpunkt eine solche Forderung ganz oder teilweise erfüllen muß. Er kann in Höhe seiner möglichen Leistungen wie ein Gläubiger am Haftungsbeschränkungs-Verfahren teilnehmen (bedingte eigene Forderung). Ist die Forderung bis zum Abschluß der Forderungsliste vom Antragsteller erfüllt worden, hat er unverzüglich die Umwandlung seiner bedingten eigenen Forderung in eine eigene Forderung zu beantragen, anderenfalls ist die Forderung im weiteren Haftungsbeschränkungs-Verfahren nicht zu berücksichtigen.

Anmerkung: Zur Glaubhaftmachung vgl. § 53 Abs. 2 ZPO (Reg.-Nr. 1.).

§ 8
Eröffnung des Haftungsbeschränkungs-Verfahrens

(1) Das Gericht eröffnet das Haftungsbeschränkungs-Verfahren durch Beschluß. Der Beschluß und eine Abschrift des Antrages sind dem Antragsteller, den Gläubigern und dem Verfahrensbeauftragten (Verfahrensbeteiligte) zuzustellen. Der Eröffnungsbeschluß ist öffenlich bekanntzumachen.

Anmerkung: Zur öffentlichen Bekanntmachung vgl. § 41 ZPO (Reg.-Nr. 1.).

(2) Der Eröffnungsbeschluß hat zu enthalten:
1. den Namen und die Anschrift des Antragstellers;
2. die Beschreibung des Ereignisses;
3. die Bestellung eines Verfahrensbeauftragten;
4. die Auflage zur Errichtung des Haftungsfonds einschließlich einer Entscheidung über eine geleistete Sicherheit und über die Höhe des Anteils, der ausschließlich für Forderungen aus der Verletzung oder Tötung von Personen zur Verfügung stehen soll;
5. eine Auflage zur Einzahlung eines Vorschusses für die Gerichtskosten und die Vergütung des Verfahrensbeauftragten;
6. die Aufforderung an diejenigen, die eine Forderung aus dem Ereignis gegen den Antragsteller oder einen anderen Antragsberechtigten haben, diese Forderung innerhalb von 2 Monaten nach Bekanntmachung des Eröffnungsbeschlusses bei dem Gericht anzumelden, anderenfalls diese Forderung in diesem Haftungsbeschränkungs-Verfahren nicht berücksichtigt und außerhalb dieses Haftungsbeschränkungs-Verfahrens nicht mehr geltend gemacht werden kann;

7. die Rechtsmittelbelehrung und eine Belehrung über die Rechtswirkungen der Verfahrenseröffnung.

(3) Das Haftungsbeschränkungs-Verfahren ist durch Beschluß einzustellen, wenn innerhalb eines Monats nach Zustellung des Eröffnungsbeschlusses der Haftungsfonds nicht oder nicht in voller Höhe errichtet oder der geforderte Vorschuß nicht eingezahlt wird. Der Beschluß ist dem Antragsteller zuzustellen und den übrigen Verfahrensbeteiligten zu übersenden.

§ 9

Ergänzung und Rücknahme des Antrages

(1) Der Antragsteller kann bis zum Abschluß der Forderungsliste weitere Forderungen benennen oder benannte Forderungen zurückziehen.

(2) Der Antragsteller kann seinen Antrag bis zur Errichtung des Haftungsfonds zurücknehmen. Danach bedarf die Rücknahme der Zustimmung der Gläubiger. Das Gericht stellt nach wirksamer Rücknahme des Antrages das Haftungsbeschränkungs-Verfahren durch Beschluß ein. Der Beschluß ist den Verfahrensbeteiligten zuzustellen. Das Gericht hat nach Rechtskraft des Beschlusses die Rückzahlung des vom Antragsteller errichteten Haftungsfonds zu veranlassen.

Anmerkung: Zur Rechtskraft vgl. § 83 Abs. 1, § 84 ZPO (Reg.-Nr. 1.).

(3) Die Rücknahme des Antrages durch einen Antragsteller berührt nicht die Fortsetzung des Haftungsbeschränkungs-Verfahrens für andere Antragsteller.

Rechte der Gläubiger nach Verfahrenseröffnung

§ 10

(1) Innerhalb eines Monats nach Zustellung des Eröffnungsbeschlusses können die Gläubiger die Angaben des Antragstellers über ihre Forderungen berichtigen oder vervollständigen, wenn kein Vollstreckungstitel vorliegt oder kein gerichtliches Verfahren über die betreffende Forderung eingeleitet ist. Der Antragsteller kann gegen die Angaben der Gläubiger Widerspruch einlegen. Ist Widerspruch eingelegt worden, gelten die ursprünglichen Angaben des Antragstellers als richtig. Sie werden in die Forderungsliste übernommen, wenn der Gläubiger nicht fristgerecht Klage auf Feststellung der Höhe oder des Bestandes der Forderung einreicht.

Anmerkung: Zu Vollstreckungstitel vgl. § 88 Abs. 1, § 90, § 195 Abs. 1, § 197, § 198 Abs. 1 ZPO (Reg.-Nr. 1.).

(2) Der Gläubiger kann nach Zustellung des Eröffnungsbeschlusses Widerspruch gegen die Höhe oder den Bestand von Gegenforderungen des Antragstellers einlegen. Ist Widerspruch eingelegt worden, bleibt die Gegenforderung in diesem Haftungsbeschränkungs-Verfahren unberücksichtigt und kann außerhalb des Haftungsbeschränkungs-Verfahrens nicht mehr geltend gemacht werden, wenn sich der Widerspruch gegen den Bestand der Gegenforderung richtet. Richtet sich der Widerspruch des Gläubigers gegen die Höhe der Gegenforderung, gilt sie in der von ihm genannten Höhe als zugestanden. Diese Rechtsfolgen treten nicht ein, wenn der Antragsteller fristgerecht Klage auf Feststellung des Bestandes oder der Höhe seiner Gegenforderung einreicht.

§ 11

(1) Der Gläubiger kann gegen die Einbeziehung seiner Forderung in das Haftungsbeschränkungs-Verfahren Widerspruch einlegen, wenn er einwendet, daß

a) seine Forderung nicht der Haftungsbeschränkung unterliegt oder

b) der Antragsteller für Forderungen aus dem Ereignis unbeschränkt haftet.

Anmerkung: Zu Buchst. a vgl. § 112 SHSG, zu Buchst. b vgl. § 111 Abs. 3 SHSG; vgl. auch § 13 Abs. 1 dieser VO.

(2) Ist Widerspruch eingelegt worden, kann der Antragsteller Feststellungsklage einreichen. Wird die Klage nicht fristgerecht eingereicht,

- bleibt im Falle des Abs. 1 Buchst. a die Forderung in diesem Haftungsbeschränkungs-Verfahren unberücksichtigt,
- ist im Falle des Abs. 1 Buchst. b das Haftungsbeschränkungs-Verfahren durch Beschluß einzustellen.

Die Einstellung des Verfahrens hinsichtlich eines Antragstellers berührt nicht die Fortsetzung des Verfahrens für andere Antragsteller.

(3) Bleibt eine Forderung gemäß Abs. 2 ganz oder teilweise im Haftungsbeschränkungs-Verfahren unberücksichtigt, kann sie der Gläubiger außerhalb des Haftungsbeschränkungs-Verfahrens geltend machen. Die Forderung kann durch öffentliche Bekanntmachung des Eröffnungsbeschlusses nicht ausgeschlossen werden.

§ 12

(1) Der Gläubiger einer Forderung aus dem Ereignis kann diese nur innerhalb der im Eröffnungsbeschluß gesetzten Anmeldefrist beim Gericht anmelden. Der Anmeldung sind gegebenenfalls Vollstreckungstitel oder Nachweise über eingeleitete gerichtliche Forderungen beizufügen. Wurde die Forderung verspätet angemeldet und liegen die Voraussetzungen für die Befreiung von den Folgen der Fristversäumnisse nicht vor, ist die Forderungsanmeldung durch Beschluß abzuweisen. Eine Befreiung von den Folgen einer Fristversäumnis ist nicht mehr zulässig, wenn die Forde-

rungsliste abgeschlossen ist. Die Anmeldung der Forderung ist den Verfahrensbeteiligten zuzustellen.

Anmerkung: Zur Befreiung von den Folgen der Fristversäumnis vgl. § 70 ZPO (Reg.-Nr. 1.).

(2) Der Antragsteller kann Widerspruch gegen Bestand und Höhe der Forderung einlegen. Ein Widerspruch ist nicht zulässig, wenn die Forderung bereits rechtskräftig festgestellt ist.
(3) Ist Widerspruch eingelegt worden, kann der Gläubiger Klage auf Feststellung des Bestandes oder der Höhe seiner Forderung einreichen. Wird die Klage nicht fristgerecht eingereicht, gelten die mit dem Widerspruch gemachten Angaben des Antragstellers als zugestanden, wenn sich der Widerspruch gegen die Höhe der Forderung richtet. Richtet sich der Widerspruch gegen den Bestand der Forderung, bleibt die Forderung in diesem Haftungsbeschränkungs-Verfahren unberücksichtigt und kann nicht mehr außerhalb des Haftungsbeschränkungs-Verfahrens geltend gemacht werden.

§ 13
Fristen
(1) Widersprüche sind innerhalb eines Monats nach der Zustellung des Eröffnungsbeschlusses sowie der Zustellung der Berichtigung, Vervollständigung oder Anmeldung einer Forderung durch den Gläubiger einzulegen. Der Widerspruch eines Antragstellers wirkt zugunsten anderer Antragsteller, wenn sie ebenfalls Schuldner der betreffenden Forderung sind.
(2) Feststellungsklagen sind innerhalb von 2 Monaten nach Einlegen des Widerspruchs bei dem Gericht einzureichen, bei dem das Haftungsbeschränkungs-Verfahren eingeleitet ist.

Anmerkung: Zur Feststellungsklage vgl. § 10 Abs. 1 Ziff. 3 ZPO (Reg.-Nr. 1.); eine abweichende Fristenregelung enthält § 22 Abs. 4 dieser VO; zur Berechnung der Fristen vgl. §§ 470, 471 ZGB.

§ 14
Verfahrensbeauftragter
(1) Der Verfahrensbeauftragte verwaltet und verteilt den Haftungsfonds und ist insoweit in eigenem Namen zur Vornahme von Rechtshandlungen sowie zur Prozeßführung berechtigt.

Anmerkung: Vgl. § 90 Abs. 4 ZPO (Reg.-Nr. 1.)

(2) Das Gericht kann dem Verfahrensbeauftragten Weisungen für seine Tätigkeit erteilen, es kann ihn abberufen und einen anderen Verfahrensbeauftragten bestellen.
(3) Der Verfahrensbeauftragte hat Anspruch auf Vergütung für seine Tätigkeit.

§ 15
Errichtung des Haftungsfonds
(1) Der Haftungsfonds ist innerhalb eines Monats nach Zustellung des Eröffnungsbeschlusses in der vom Gericht festgelegten Währung zu errichten. Der Betrag ist auf ein vom Gericht bestimmtes Bankkonto einzuzahlen.

Anmerkung: Zu Haftungsfonds und Haftungshöchstbetrag vgl. § 114 SHSG.

(2) Das Gericht kann dem Antragsteller auf Antrag gestatten, den Haftungsfonds durch eine unwiderrufliche und mindestens bis zum Abschluß des Haftungsbeschränkungs-Verfahrens befristete Bankgarantie zu errichten. Die Bankgarantie muß die sofortige Zahlung des garantierten Betrages an den Verfahrensbeauftragten gewährleisten. Das Gericht kann weitere Bedingungen an den Inhalt der Bankgarantie stellen.
(3) Mehrere Antragsteller sind für die Errichtung des Haftungsfonds als Gesamtschuldner verantwortlich.

Anmerkung: Zur Gesamtschuldnerschaft vgl. § 434 ZGB.

(4) Die Einleitung der Gesamtvollstreckung nach Errichtung des Haftungsfonds hat auf die Durchführung dieses Haftungsbeschränkungs-Verfahrens keinen Einfluß.

Anmerkung: Zur Gesamtvollstreckung (im Ausland auch als Konkurs bezeichnet) vgl. GesVollstrVO (Reg.-Nr. 3.).

§ 16
Anerkennung der Sicherheitsleistung als Haftungsfonds
(1) Hat der Antragsteller eine Sicherheit für eine diesem Haftungsbeschränkungs-Verfahren unterliegende Forderung innerhalb der Deutschen Demokratischen Republik geleistet, hat das Gericht auf seinen Antrag zu beschließen, daß diese Sicherheit in den Haftungsfonds umgewandelt wird.
(2) Erreicht die Sicherheit nicht die Höhe des Haftungsfonds, ist der Antragsteller aufzufordern, innerhalb eines Monats den Differenzbetrag zu entrichten. Kommt er dieser Aufforderung nicht fristgemäß nach, ist § 8 Abs. 3 anzuwenden.

§ 17
Erhöhung des Haftungsfonds
(1) Wird nach Errichtung des Haftungsfonds die Einbeziehung einer Forderung, die aus der Verletzung oder Tötung von Personen entstanden ist, in das Haftungsbeschränkungs-Verfahren beantragt oder von einem Gläubiger angemeldet und ist der Haftungsfonds nur für Forderungen aus Sachschäden errichtet,

beschließt das Gericht die Erhöhung des Haftungsfonds.
(2) Ergänzt der Antragsteller den Haftungsfonds nicht innerhalb eines Monats nach Zustellung des Beschlusses, ist der Antrag auf Einbeziehung der Forderung gemäß Abs. 1 abzuweisen. Der Gläubiger kann diese Forderung außerhalb des Haftungsbeschränkungs-Verfahrens geltend machen; sie kann durch öffentliche Bekanntmachung des Eröffnungsbeschlusses nicht ausgeschlossen werden.

§ 18
Einstellung von Vollstreckungsmaßnahmen
(1) Nach Errichtung des Haftungsfonds und Einzahlung des geforderten Gerichtskostenvorschusses hat das Gericht dem Antragsteller zu bescheinigen, daß der Haftungsfonds in voller Höhe errichtet ist. In dieser Bescheinigung sind die Forderungen zu bezeichnen, die in das Haftungsbeschränkungs-Verfahren einbezogen sind.

Anmerkung: Vgl. § 28 dieser VO.

(2) Wegen dieser Forderungen laufende Vollstreckungsmaßnahmen sind vorläufig einzustellen, wenn der Antragsteller die Einstellung unter Vorlage der Bescheinigung gemäß Abs. 1 beantragt. Die Vollstreckung ist endgültig einzustellen, wenn der Antragsteller nachweist, daß der Anspruch im Haftungsbeschränkungs-Verfahren berücksichtigt wird.

Anmerkung: Vgl. § 131 Abs. 1, § 134 ZPO (Reg.-Nr. 1.).

§ 19
Beitrittserklärung
(1) Nach Eröffnung des Haftungsbeschränkungs-Verfahrens kann jeder andere Antragsberechtigte die Zulassung seines Beitritts beantragen.
(2) Der Antrag hat die Angaben gemäß § 5 zu enthalten. Insbesondere sind die im Haftungsbeschränkungs-Verfahren benannten Forderungen anzugeben, die auch gegen den Beitretenden geltend gemacht werden oder geltend gemacht werden können. Er kann auch beantragen, daß weitere Forderungen, die aus dem Ereignis gegen ihn geltend gemacht werden, in das Haftungsbeschränkungs-Verfahren einbezogen werden.
(3) Das Gericht entscheidet über die Zulassung nach Anhören des ursprünglichen Antragstellers durch Beschluß. Die Bestimmungen der §§ 6 bis 18 sind anzuwenden.

Dritter Abschnitt
Durchführung des Haftungsbeschränkungs-Verfahrens

§ 20
Aufrechnung
(1) Forderungen des Antragstellers gegen den Gläubiger sind gegen Forderungen des Gläubigers gegen den Antragsteller aus demselben Ereignis aufzurechnen. Mit Forderungen aus anderen Gründen darf in diesem Haftungsbeschränkungs-Verfahren nicht aufgerechnet werden. Das Aufrechnungsverbot gilt auch in Haftungsbeschränkungs-Verfahren für Forderungen aus der Gewässerverunreinigung.
(2) Werden Forderungen gleicher Höhe gegeneinander aufgerechnet, gelten beide Forderungen als erfüllt.
(3) Verbleibt nach der Aufrechnung für den Gläubiger ein Restbetrag, ist er in die Forderungsliste aufzunehmen. Ein für den Antragsteller verbleibender Restbetrag findet im Haftungsbeschränkungs-Verfahren keine Berücksichtigung.
(4) Meldet der Antragsteller eine Gegenforderung nicht bis zum Abschluß der Forderungsliste an, kann er sie außerhalb des Haftungsbeschränkungs-Verfahrens nicht mehr geltend machen.

Anmerkung: Zur Aufrechnung vgl. § 432 ZGB.

§ 21
Forderungsliste
(1) Der Verfahrensbeauftragte hat die Forderungsliste zu führen, die ständig zu ergänzen ist. Die bedingten eigenen Forderungen sind in der Forderungsliste gesondert auszuweisen.
(2) Nach Klärung von Widersprüchen gegen Forderungen und Gegenforderungen ist die Forderungsliste abzuschließen, jedoch nicht vor Ablauf von 3 Monaten nach der öffentlichen Bekanntmachung des Eröffnungsbeschlusses. Der Verfahrensbeauftragte hat die abgeschlossene Forderungsliste dem Gericht einzureichen.

§ 22
Prüfungstermin
(1) Das Gericht hat einen Prüfungstermin zu bestimmen, zu dem die Verfahrensbeteiligten unter Beifügung der Forderungsliste zu laden sind. Zwischen der Zustellung der Ladung und dem Termin soll eine Frist von mindestens einem Monat liegen.
(2) Die Verfahrensbeteiligten können spätestens im Prüfungstermin Einwendungen gegen die Forderungsliste erheben. Das gilt nicht hinsichtlich der Forderungen, über deren Höhe oder über deren Einbeziehung in das Haftungsbeschränkungs-Verfahren durch rechtskräftiges Urteil entschieden wurde, und hinsichtlich der Forderungen, gegen die der Verfahrensbeteiligte hätte Widerspruch einlegen oder eine Be-

richtigung oder Vervollständigung hätte vornehmen können.

(3) Wird im Prüfungstermin eine Einigung zwischen den Verfahrensbeteiligten erzielt oder wurden Einwendungen nicht erhoben, bestätigt das Gericht die endgültige Forderungsliste durch Beschluß.

(4) Wird im Prüfungstermin eine Einigung über Einwendungen nicht erzielt, kann der Verfahrensbeteiligte bei dem Gericht, bei dem das Haftungsbeschränkungs-Verfahren durchgeführt wird, Feststellungsklage einreichen. Ist die Klage nicht innerhalb eines Monats nach dem Prüfungstermin eingereicht worden, gilt die Einwendung als nicht erhoben. Nach Rechtskraft des Urteils oder nach Ablauf der Frist bestätigt das Gericht die Forderungsliste durch Beschluß.

Anmerkung: Zu Verfahrensbeteiligten vgl. § 8 Abs. 1, § 19 dieser VO. Die Frist des § 13 Abs. 2 dieser VO gilt nicht für die Feststellungsklage nach Abs. 4.

§ 23
Verteilungsplan

(1) Nach Bestätigung der Forderungsliste stellt der Verfahrensbeauftragte den Verteilungsplan auf.

(2) Bedingte eigene Forderungen des Antragstellers werden im Verteilungsplan wie Forderungen eines Gläubigers berücksichtigt. Der auf sie entfallende Anteil des Haftungsfonds wird vorläufig zurückbehalten.

Anmerkung: Zu bedingte eigene Forderungen vgl. § 7 Abs. 2 dieser VO.

(3) Übersteigt die Höhe der Forderungen den Haftungsfonds, ist dieser auf die einzelnen Forderungen im Verhältnis zu ihrer jeweiligen Höhe aufzuteilen. Alle Forderungen sind bei der Verteilung gleichberechtigt; Schiffsgläubigerrechte und andere Pfandrechte begründen kein Vorrecht.

(4) Ist der Gesamtbetrag der Forderungen niedriger als der Haftungsfonds, steht die Differenz dem Antragsteller zu, der den Haftungsfonds errichtet hat.

§ 24
Verteilungsplan bei Personen- und Sachschäden

(1) Sind im Haftungsbeschränkungs-Verfahren Forderungen aus Verletzung und Tötung von Personen und Forderungen aus Sachschäden einbezogen, ist der Verteilungsplan in 2 Teilen aufzustellen:

Teil A für Forderungen aus Verletzung und Tötung von Personen,

Teil B für Forderungen aus Sachschäden und Restforderungen gemäß Abs. 3.

(2) Auf die Forderungen im Teil A ist der Anteil des Haftungsfonds zu verteilen, der ausschließlich für Personenschäden zur Verfügung steht. Auf die Forderungen im Teil B ist der Anteil des Haftungsfonds zu verteilen, der hierfür zur Verfügung steht.

Anmerkung: Zu den Haftungsfonds vgl. §§ 114, 115 SHSG.

(3) Werden Forderungen des Teils A nicht in voller Höhe erfüllt, nehmen die Restforderungen als gleichberechtigte Forderungen an der Verteilung des Haftungsfonds teil, der für Teil B zur Verfügung steht.

(4) Diese Bestimmungen gelten nicht, wenn das Haftungsbeschränkungs-Verfahren wegen Forderungen aus der Gewässerverunreinigung geführt wird.

§ 25
Ausführung des Verteilungsplanes

(1) Gegen den Verteilungsplan können die Verfahrensbeteiligten innerhalb eines Monats nach Zustellung Einwendungen beim Gericht erheben, über die durch Beschluß entschieden wird.

(2) Nach rechtskräftiger Entscheidung über Einwendungen, jedoch nicht vor Ablauf der Frist gemäß Abs. 1, weist das Gericht den Verfahrensbeauftragten an, die Auszahlung des Haftungsfonds nach dem Verteilungsplan vorzunehmen. Mit der Auszahlung sind die Forderungen, die in das Haftungsbeschränkungs-Verfahren einbezogen waren, erfüllt.

§ 26
Nachträgliche Verteilung

(1) Wurde für eine bedingte eigene Forderung ein Anteil des Haftungsfonds vorläufig zurückbehalten, ist dem Antragsteller aufzugeben, innerhalb eines Jahres unter Nachweis der von ihm vorgenommenen Zahlung beim Gericht die Umwandlung seiner bedingten eigenen Forderung in eine eigene Forderung zu beantragen.

Anmerkung: Vgl. auch § 7 Abs. 2 dieser VO.

(2) Stellt der Antragsteller den Antrag gemäß Abs. 1, hat das Gericht den Verfahrensbeauftragten anzuweisen, einen Nachtragsverteilungsplan aufzustellen. Hat der Antragsteller innerhalb der Frist gemäß Abs. 1 keinen Antrag gestellt, ist der Nachtragsverteilungsplan aufzustellen, ohne die Forderungen des Antragstellers zu berücksichtigen.

(3) Die Bestimmungen über den Verteilungsplan finden Anwendung.

§ 27
Abschluß des Verfahrens

(1) Nach Auszahlung des Haftungsfonds hat der Verfahrensbeauftragte seine Unterlagen über die Verwaltung des Haftungsfonds einschließlich sämtlicher Belege dem Gericht zur Prüfung vorzulegen.

(2) Nach Feststellung der Ordnungsmäßigkeit der Verwaltung und Auszahlung des Haftungsfonds stellt das Gericht das Haftungsbeschränkungs-Verfahren durch Beschluß ein und setzt die Vergütung des Verfahrensbeauftragten fest.

§ 28
Kosten des Verfahrens

(1) Kosten des Haftungsbeschränkungs-Verfahrens sind Gerichtsgebühren und Auslagen für die Aufwendungen und die Vergütung des Verfahrensbeauftragten.

(2) Für das Haftungsbeschränkungs-Verfahren wird eine volle Gerichtsgebühr gemäß § 165 der Zivilprozeßordnung erhoben. Wird das Haftungsbeschränkungs-Verfahren vorzeitig beendet, wird eine halbe Gerichtsgebühr erhoben.

(3) Der Gebührenwert bestimmt sich nach der Höhe des Haftungsfonds.

(4) Die Kosten des Haftungsbeschränkungs-Verfahrens trägt der Antragsteller. Mehrere Antragsteller tragen die Kosten als Gesamtschuldner.

Zweites Kapitel
Vollstreckung in Schiffe und Schiffsbauwerke

Grundsätze

§ 29

(1) Die Vollstreckung in Schiffe und Schiffsbauwerke, die in ein Schiffs- oder Schiffsbauregister eingetragen sind, erfolgt nach den Bestimmungen dieser Verordnung. Die Vollstreckung in nicht eingetragene Schiffe und Schiffsbauwerke erfolgt nach den Bestimmungen der Zivilprozeßordnung über die Pfändung von Sachen.

Anmerkung: Zu Schiff und Schiffsbauwerk vgl. § 2 Abs. 1 und 2 SchRegVO; zur Pfändung von Sachen vgl. §§ 118ff. ZPO (Reg.-Nr. 1.) und die §§ 1ff. der 3. DB zur ZPO (Reg.-Nr. 1.3.).

(2) Die Vollziehung einer einstweiligen Anordnung, durch die ein Schiff zur Sicherung einer Forderung beschlagnahmt wird, erfolgt durch Zustellung der einstweiligen Anordnung an den verantwortlichen Schiffsführer. Das Gericht hat zugleich die notwendigen Maßnahmen zur Sicherstellung des Schiffes anzuordnen.

Anmerkung: Zur Vollziehung einer einstweiligen Anordnung vgl. § 16 Abs. 1 Ziff. 1, § 90 Abs. 1 Satz 2 ZPO (Reg.-Nr. 1.) und § 3 Abs. 1 und 2 der 3. DB zur ZPO (Reg.-Nr. 1.3.).

§ 30

(1) Die Vollstreckung in eingetragene Schiffe und Schiffsbauwerke oder in Eigentumsanteile daran (nachstehend als Schiff bezeichnet) ist, soweit sie nicht durch Rechtsvorschriften ausgeschlossen ist, nur zulässig, wenn

1. die Erfüllung des Anspruchs aus dem Schiff zu erfolgen hat,
2. ein sonstiger Anspruch mindestens 1000 M beträgt.

Anmerkung: Zu Ziff. 1 vgl. §§ 119ff. SHSG, § 87 Abs. 1 ZPO (Reg.-Nr. 1.), §§ 11ff. SchRegVO.

(2) Für die Vollstreckung ist das Kreisgericht zuständig, in dessen Bereich sich das Schiff oder das Schiffsbauwerk befindet. Die Vollstreckung obliegt dem Sekretär.

Einleitung der Vollstreckung

§ 31

(1) Beantragt der Gläubiger eines Anspruchs gemäß § 30 Abs. 1 Ziff. 1 die Vollstreckung in ein Schiff, hat sie der Sekretär des Kreisgerichts durch Beschluß anzuordnen.

(2) Stellt der Sekretär bei der Vollstreckung eines sonstigen Anspruchs fest, daß der Schuldner Eigentümer eines Schiffes ist, kann er mit Einwilligung des Gläubigers die Vollstreckung in das Schiff durch Beschluß anordnen.

Anmerkung: Zur Einwilligung vgl. § 469 Abs. 1 ZGB.

§ 32

(1) Der Beschluß, durch den die Vollstreckung angeordnet wird (Anordnungsbeschluß), hat die Bezeichnung des Gläubigers und des Schuldners, des geltend gemachten Anspruchs und des Vollstreckungstitels sowie des Schiffes, in das vollstreckt wird, zu enthalten. In ihm ist die Pfändung des Schiffes zugunsten des Gläubigers auszusprechen.

(2) Der Anordnungsbeschluß ist dem Gläubiger, dem Schuldner, dem Schiffsführer sowie bei Schiffsbauwerken der betreffenden Werft zuzustellen.

(3) Ist das Schiff in einem Register der Deutschen Demokratischen Republik eingetragen, hat das Gericht dem Beauftragten für das Register den Anordnungsbeschluß mit dem Ersuchen um Eintragung der Pfändung zuzustellen.

Anmerkung: Vgl. §§ 19ff. SchRegVO.

§ 33
Wirkung der Pfändung

(1) Die Pfändung des Schiffes wird mit der Zustellung des Anordnungsbeschlusses an den Schiffsführer, die Pfändung eines Schiffsbauwerkes mit der Zustellung an die betreffende Werft wirksam.

(2) Die Pfändungswirkung erstreckt sich auf das Schiff und auf das Schiffszubehör, soweit an letzterem kein selbständiges Eigentumsrecht eines Dritten besteht.

Anmerkung: Zum Zubehör vgl. § 468 ZGB.

(3) Der Sekretär kann Maßnahmen zur Sicherstellung des Schiffes anordnen; insbesondere kann er die Verwaltung des Schiffes einem zu bestellenden Verwalter übertragen, wenn die ordnungsgemäße Erhaltung des Schiffes gefährdet ist oder wenn das Schiff für Rechnung und im Namen des Schuldners eingesetzt werden soll. Der Sekretär kann dem Verwalter Weisungen erteilen, ihn abberufen und einen anderen Verwalter bestellen.

§ 34
Vollstreckung für weitere Gläubiger
Bis zum Beginn der Verkaufsverhandlung kann die Vollstreckung auch für weitere Gläubiger angeordnet werden; die Bestimmungen des § 32 Absätze 1 und 2 sind anzuwenden. Mit der Zustellung des Beschlusses an den Schiffsführer oder die Werft wird die Pfändung des Schiffes auch für die weiteren Gläubiger bewirkt.

§ 35
Einstellung der Vollstreckung
(1) Nimmt der Gläubiger seine Einwilligung zur Vollstreckung in das Schiff zurück, ist die Vollstreckung insoweit endgültig einzustellen, sofern sie nicht für einen weiteren Gläubiger fortzusetzen ist.

Anmerkung: Zur endgültigen Einstellung vgl. § 134 Abs. 1 ZPO (Reg.-Nr. 1.).

(2) Im Falle der Errichtung eines Haftungsfonds, aus dem die Forderung des Gläubigers zu erfüllen ist, sind die Bestimmungen des § 18 Abs. 2 anzuwenden.

§ 36
Berücksichtigung eingetragener Rechte
(1) Im Register eingetragene und angemeldete Rechte am Schiff, die dem Recht eines vollstreckenden Gläubigers im Rang vorgehen, bleiben bestehen, soweit nachstehend nichts anderes bestimmt ist.
(2) Rechte, denen eine Geldforderung zugrunde liegt, bleiben nur in Höhe der noch bestehenden Forderung bestehen.

Anmerkung: Zu eingetragenen Rechten vgl. §§ 13, 18 SchRegVO.

(3) Rechte und ihnen zugrunde liegende Forderungen einschließlich rückständiger Zinsen sind von den Berechtigten innerhalb eines Monats nach Zustellung der Bekanntmachung des Verkaufstermins beim Gericht anzumelden. Eine nicht angemeldete Forderung gilt als erfüllt.

§ 37
Bestimmung des Verkaufstermins
(1) Nach Rechtskraft des Anordnungsbeschlusses ist unverzüglich der Termin zu bestimmen, in dem das Schiff verkauft werden soll. Die Bekanntmachung des Verkaufstermins ist dem Gläubiger, dem Schuldner, dem Schiffsführer oder der betreffenden Werft und den Berechtigten aus im Register eingetragenen oder sonst bekannten Rechten sowie dem bestellten Verwalter (Beteiligte) zuzustellen. Der Verkaufstermin ist öffentlich bekanntzumachen.

Anmerkung: Wegen der öffentlichen Bekanntmachung vgl. § 41 ZPO (Reg.-Nr. 1.).

(2) Die Bekanntmachung des Verkaufstermins ist dem Register, in dem das Schiff eingetragen ist, mit dem Ersuchen um Veröffentlichung zu übersenden.

§ 38
Bekanntmachung des Verkaufstermins
Die Bekanntmachung des Verkaufstermins muß enthalten:
1. die Bezeichnung des zu verkaufenden Schiffes, des Liegeplatzes und des im Register eingetragenen Eigentümers;
2. Ort, Tag und Uhrzeit der Verkaufsverhandlung;
3. die Aufforderung an Kaufinteressenten, ihr Kaufangebot in der Verkaufsverhandlung abzugeben;
4. die Aufforderung an diejenigen, für die Rechte im Register eingetragen sind, ihre Rechte und, soweit diesen eine Forderung zugrunde liegt, die Höhe der Forderung bis zu 2 Wochen vor dem Verkaufstermin beim Gericht anzumelden und nachzuweisen, andernfalls die Rechte oder Forderungen als nicht mehr bestehend behandelt werden;
5. die Aufforderung an die Inhaber von Schiffsgläubigerrechten sowie an diejenigen, die einen vollstreckbaren Anspruch gegen den Schuldner haben und eine Zahlung aus dem Verkaufserlös beanspruchen, ihren Anspruch bis zu 2 Wochen vor dem Verkaufstermin beim Gericht anzumelden und nachzuweisen, andernfalls sie bei der Verteilung des Erlöses nicht berücksichtigt werden und das Schiffsgläubigerrecht erlischt.

§ 39
Feststellung des Mindestbetrages
(1) Auf Grund der Ameldung der Berechtigten hat der Sekretär vor dem Verkaufstermin für das zu verkaufende Schiff den Betrag festzustellen, unter dem das Schiff nicht verkauft werden darf (Mindestbetrag).
(2) Der Mindestbetrag ist so zu bemessen, daß er die Deckung folgender angemeldeter Forderungen ermöglicht:
1. die durch Schiffsgläubigerrechte gemäß § 120 Abs. 1 SHSG gesicherten Forderungen;
2. Zinsen für im Register eingetragene und bestehenbleibende Geldforderungen für höchstens 12 Monate vor Anordnung des gerichtlichen Verkaufs;
3. der Anteilseigentümer auf Auszahlung eines ihrem Eigentumsanteil entsprechenden Teils vom

Verkaufserlös, sofern sie nicht Schuldner des Anspruchs sind, der vollstreckt wird.

(3) Dem nach Abs. 2 ermittelten Betrag sind die Gerichtskosten und der Gesamtwert der nach § 36 bestehenbleibenden Rechte hinzuzurechnen.

Verkaufsverhandlung

§ 40

(1) Die Verkaufsverhandlung ist öffentlich. Die Bestimmungen des § 68 Absätze 1 bis 3 und des § 69 der Zivilprozeßordnung sind entsprechend anzuwenden.

(2) In der Verkaufsverhandlung ist bekanntzugeben:
1. das zu verkaufende Schiff und der Grund des gerichtlichen Verkaufs;
2. die angemeldeten Rechte und Forderungen;
3. der Mindestbetrag und seine Zusammensetzung;
4. die nach dem Verkauf am Schiff bestehenbleibenden Rechte;
5. daß Kaufangebote, die unter dem Mindestbetrag liegen, nicht berücksichtigt werden;
6. daß Kaufangebote bis zum Schluß der Verkaufsverhandlung wieder zurückgenommen werden können;
7. daß innerhalb einer Woche nach Zustellung des Verkaufsbeschlusses der in Geld zu entrichtende Teil des Kaufpreises an das Gericht zu zahlen ist

und zur Abgabe von Kaufangeboten aufzufordern.

§ 41

(1) Werden in der Verkaufsverhandlung keine Kaufangebote abgegeben, ist der Schluß der Verkaufsverhandlung festzustellen und die Vollstreckung vorläufig einzustellen oder ein neuer Verkaufstermin zu bestimmen.

(2) Ein neuer Verkaufstermin soll nur bestimmt werden, wenn das der Gläubiger beantragt und sich für den Fall des erfolglosen Verlaufs dieses Termins zur Übernahme der dadurch entstehenden Kosten verpflichtet. Das gilt auch für die Fortsetzung einer vorläufig eingestellten Vollstreckung. Andernfalls ist die Pfändung des Schiffes nach Ablauf von 3 Monaten aufzuheben.

Anmerkung: Wegen der Kostenübernahme vgl. auch § 53 Abs. 3 dieser VO.

§ 42
Verkaufsbeschluß

(1) Im Verkaufsbeschluß ist derjenige als Erwerber festzustellen, der den höchsten Kaufpreis geboten hat.

(2) Der Verkaufsbeschluß hat zu enthalten:
1. die Bezeichnung des Schiffes und den Namen des im Register eingetragenen Eigentümers;
2. den Namen und die Anschrift des Erwerbers;
3. den Preis, zu dem der Verkauf erfolgt;
4. die Feststellung der am Schiff nach dem Verkauf bestehenbleibenden Rechte;
5. die Feststellung, daß Schiffsgläubigerrechte und die Rechte, die nicht gemäß Ziff. 4 bestehenbleiben, erlöschen;
6. die Aufforderung an den Erwerber, den Teil des Kaufpreises, der den Wert der bestehenbleibenden Rechte übersteigt, innerhalb einer Woche nach Zustellung des Verkaufsbeschlusses an das Gericht zu zahlen;
7. die Rechtsmittelbelehrung.

(3) Bleiben eingetragene Rechte nach dem Verkauf am Schiff bestehen, ist im Verkaufsbeschluß festzustellen, daß der Erwerber zur Ablösung dieser Rechte durch Auszahlung der zugrunde liegenden Geldforderungen berechtigt ist, falls er den hierzu erforderlichen Geldbetrag mit dem Kaufpreis an das Gericht zahlt. Dieser Geldbetrag ist im Verteilungstermin an den betreffenden Gläubiger auszuzahlen.

(4) Der Verkaufsbeschluß ist dem Erwerber und den Beteiligten zuzustellen.

Anmerkung: Zu Beteiligten vgl. § 37 Abs. 1 dieser VO.

§ 43
Nichtzahlung des Kaufpreises

Wird der Kaufpreis vom Erwerber nicht innerhalb einer Woche nach Zustellung des Verkaufsbeschlusses bezahlt, ist der Verkaufsbeschluß für gegenstandslos zu erklären. Dieser Beschluß ist den Beteiligten und dem Erwerber zuzustellen; er kann nur vom Erwerber mit der Beschwerde angefochten werden. Im übrigen ist die Bestimmung des § 41 Abs. 2 anzuwenden.

Anmerkung: Zur Beschwerde vgl. § 135 Abs. 1 ZPO (Reg.-Nr. 1.).

§ 44
Rechtskraft des Verkaufsbeschlusses

(1) Der Verkaufsbeschluß wird rechtskräftig, wenn keine Beschwerde eingelegt und keine Entscheidung gemäß § 43 getroffen wurde. Der Eintritt der Rechtskraft des Verkaufsbeschlusses ist auf dem Beschluß zu bescheinigen.

(2) Durch den rechtskräftigen Verkaufsbeschluß treten rückwirkend zum Tage seiner Verkündung folgende Wirkungen ein:
1. der Erwerber wird Eigentümer des Schiffes;
2. die im Verkaufsbeschluß als nicht bestehenbleibend ausgewiesenen Rechte (§ 42 Abs. 2 Ziff. 5) erlöschen;
3. der Erwerber wird Schuldner der im Register eingetragenen Geldforderungen, soweit sie nicht abgelöst werden; der bisherige Schuldner wird von seinen Zahlungsverpflichtungen befreit;
4. Pfandbriefe über durch Eintragung im Register gesicherte Geldforderungen werden kraftlos; sie sind dem Gericht einzureichen.

Anmerkung: Zur Rechtskraft vgl. § 83 Abs. 1, § 84 ZPO (Reg.-Nr. 1.).

§ 45
Bestimmung des Verteilungstermins
(1) Nach Rechtskraft des Verkaufsbeschlusses ist ein Termin zur Verteilung des Verkaufserlöses (Verteilungstermin) zu bestimmen.
(2) Der Verteilungstermin ist den Beteiligten, dem Erwerber und denjenigen mitzuteilen, die eine Forderung angemeldet haben. Die Mitteilung ist zuzustellen; ihr ist eine Ausfertigung des vom Sekretär vorbereiteten Verteilungsplanes beizufügen, aus dem ersichtlich sein muß:
1. der gezahlte Kaufpreis;
2. die Gerichtskosten der Vollstreckung;
3. die angemeldeten Forderungen in der Reihenfolge des § 46 und die Angabe, ob und in welcher Höhe auf sie eine Zahlung vorgesehen ist;
4. der Hinweis, daß die Verteilung nach diesem Plan erfolgen wird, wenn nicht im Verteilungstermin der vorgesehenen Verteilung widersprochen wird.

§ 46
Verteilung des Verkaufserlöses
(1) Aus dem Verkaufserlös und aus dem Erlös einer Verwaltung sind nach Abzug der Kosten für die Vollstreckung Zahlungen auf die angemeldeten Forderungen in folgender Reihenfolge zu leisten:
1. die im § 39 Abs. 2 genannten Forderungen, und zwar in der dort bezeichneten Reihenfolge;
2. Forderungen aus im Register eingetragenen Rechten, die durch den Verkauf erloschen sind, nach der Rangfolge ihrer Eintragung;
3. Forderungen, die durch Schiffsgläubigerrechte gemäß § 120 SHSG gesichert sind, in der Rangfolge des § 121 SHSG;
4. sonstige vollstreckbare Ansprüche in der Rangfolge des § 125 Abs. 1 Satz 1 der Zivilprozeßordnung und innerhalb eines Ranges nach dem Verhältnis der Ansprüche.

(2) Ein verbleibender Betrag ist an den Schuldner auszuzahlen.

§ 47
Verteilungstermin
(1) Im Verteilungstermin ist über den Verteilungsplan öffentlich zu verhandeln. Die Bestimmungen des § 68 Absätze 1 bis 3 und § 69 der Zivilprozeßordnung sind entsprechend anzuwenden.
(2) Werden gegen den Verteilungsplan Einwendungen erhoben, sind sie zu protokollieren und als Beschwerde zu behandeln. Die Erlösverteilung ist bis zur Entscheidung über die Beschwerde auszusetzen.

Anmerkung: Zur Beschwerde vgl. § 135 Abs. 1, § 158 ZPO (Reg.-Nr. 1.); § 159 Abs. 1 ZPO findet keine Anwendung.

(3) Werden gegen den Verteilungsplan keine Einwendungen erhoben oder wird über im Verteilungstermin erhobene Einwendungen eine Einigung erzielt, veranlaßt der Sekretär die Auszahlung des Verkaufserlöses an die Berechtigten.

Anmerkung: An dieser Einigung müssen alle mitwirken, die von der Abänderung des Verteilungsplanes betroffen werden; die Bestimmungen der §§ 46, 47 ZPO (Reg.-Nr. 1.) finden keine Anwendung.

§ 48
Entscheidung über Einwendungen gegen den Verteilungsplan
(1) Das Bezirksgericht kann auf Grund der Beschwerde den Verteilungsplan ändern oder die Beschwerde abweisen.
(2) Nach der Entscheidung durch das Bezirksgericht hat der Sekretär die Verteilung des Verkauferlöses vorzunehmen. Die Bestimmung eines neuen Verteilungstermins ist in diesem Fall nicht erforderlich.

§ 49
Berichtigung des Registers
(1) Nach Verteilung des Erlöses hat der Sekretär dem Erwerber eine mit der Bescheinigung der Rechtskraft versehene Ausfertigung des Verkaufsbeschlusses zu erteilen. Auf dieser Ausfertigung ist weiterhin zu bescheinigen, daß der Kaufpreis gezahlt und an die Berechtigten verteilt wurde. Hat der Erwerber im Verkaufsbeschluß als bestehenbleibend festgestellte Rechte durch Zahlung abgelöst, ist in der Bescheinigung festzustellen, daß diese Rechte erloschen sind.
(2) Die mit der Bescheinigung gemäß Abs. 1 versehene Ausfertigung des Verkaufsbeschlusses berechtigt den Erwerber, beim zuständigen Register die Eintragung der Eigentumsänderung, die Löschung des Pfändungsvermerks und der durch den Verkauf erloschenen Rechte zu beantragen.
(3) Wurde die Vollstreckung vor dem Verkauf endgültig eingestellt, hat das Gericht das zuständige Register um die Löschung des Pfändungsvermerks zu ersuchen.

Anmerkung: Zur endgültigen Einstellung vgl. § 134 Abs. 1 ZPO (Reg.-Nr. 1.).

Gerichtlicher Verkauf zur Aufhebung gemeinschaftlichen Eigentums

§ 50
(1) Gemeinschaftliches Eigentum an einem Schiff (Gesamteigentum oder Miteigentum) kann durch gerichtlichen Verkauf aufgehoben werden. Die Aufhebung des gemeinschaftlichen Eigentums der Ehegatten erfolgt nach den Bestimmungen des Familiengesetzbuches der Deutschen Demokratischen Republik vom 20. Dezember 1965 (GBl. I 1966 Nr. 1 S. 1). Die Aufhebung einer Erbengemeinschaft ist nach den Be-

stimmungen dieser Verordnung zulässig, wenn der ungeteilte Nachlaß nur noch aus dem Schiff besteht.

Anmerkung: Vgl. Anmerkung zu § 25 Abs. 1 GrundstVollstrVO (Reg.-Nr. 2.).

(2) Die Anordnung des gerichtlichen Verkaufs kann von jedem Miteigentümer sowie vom Nachlaßverwalter beantragt werden. Der Antragsteller hat die Stellungnahme der übrigen Miteigentümer zur Aufhebung der Eigentumsgemeinschaft mitzuteilen sowie glaubhaft zu machen, daß eine Einigung der Miteigentümer über die Aufhebung der Eigentumsgemeinschaft erfolglos versucht wurde.

Anmerkung: Zur Glaubhaftmachung vgl. § 53 Abs. 2 ZPO (Reg.-Nr. 1.).

(3) Im Anordnungsbeschluß sind der Antragsteller und die weiteren Miteigentümer (Antragsgegner) sowie der Grund des gerichtlichen Verkaufs zu bezeichnen.

§ 51

(1) Die im § 36 genannten Rechte bleiben am Schiff bestehen, soweit sie den Anteil des Antragstellers belasten oder mitbelasten und einem dieser Rechte im Rang vorgehen oder gleichstehen. Ist danach die Belastung eines Anteils höher als die Belastung eines anderen Anteils, ist der Mindestbetrag um den zur Ausgleichung unter den Miteigentümern erforderlichen Geldbetrag zu erhöhen.

(2) Der nach der Verteilung des Verkaufserlöses verbleibende Teil des Kaufpreises ist den Miteigentümern

- einer Gesamteigentumsgemeinschaft ungeteilt zuzuteilen und für diese gegebenenfalls zu hinterlegen,
- einer Miteigentumsgemeinschaft nach der Höhe ihrer Miteigentumsanteile auszuzahlen oder, falls einer solchen Auszahlung widersprochen wird, für die Miteigentümer ungeteilt zu hinterlegen.

Anmerkung: Zur Hinterlegung vgl. § 428 Abs. 2 ZGB, §§ 39–41 NG.

(3) Im übrigen sind die Bestimmungen dieser Verordnung entsprechend anzuwenden.

Gerichtskosten

§ 52

(1) Für den gerichtlichen Verkauf eines Schiffes wird die im § 166 Abs. 5 der Zivilprozeßordnung bestimmte Gebühr auf der Grundlage des Verkaufspreises erhoben. Eine in gleicher Sache entstandene Vollstreckungsgebühr ist anzurechnen. Die Gerichtskosten sind dem Verkaufserlös zu entnehmen.

Anmerkung: Zu den Gerichtskosten gehört auch die Verwertungsgebühr gem. § 32 der 3. DB zur ZPO (Reg.-Nr. 1.3.).

(2) Gerichtliche Auslagen sind auch die durch Anordnung der Verwaltung des Schiffes entstandenen Kosten, insbesondere die dem Verwalter gezahlte Vergütung.

Anmerkung: Vgl. § 164 Abs. 2 ZPO (Reg.-Nr. 1.), § 33 Abs. 3 dieser VO.

§ 53

(1) Wird die Vollstreckung vor dem gerichtlichen Verkauf endgültig eingestellt oder die Pfändung des Schiffes aufgehoben, wird die Gerichtsgebühr nach dem Wert des Anspruchs des Gläubigers erhoben.

Anmerkung: Vgl. § 35 Abs. 1, § 41 Abs. 2 Satz 3, § 43 Satz 3 dieser VO, § 134 Abs. 1 ZPO (Reg.-Nr. 1.).

(2) Wird ein gemäß § 50 auf Antrag angeordneter Verkauf vor dem gerichtlichen Verkauf endgültig eingestellt, wird die Gerichtsgebühr nach einem Wert von 2000 M erhoben. Die Gerichtskosten sind vom Antragsteller zu zahlen.

(3) Die durch die Bestimmung eines neuen Verkaufstermins entstehenden Auslagen sind im Falle des gerichtlichen Verkaufs als Teil der Gerichtskosten zu erheben. Andernfalls hat diese Auslagen derjenige zu zahlen, der sich zur Übernahme dieser Kosten verpflichtet hat.

Anmerkung: Wegen der Bestimmung eines neuen Verkaufstermins vgl. § 41, § 43 Satz 3 dieser VO.

(4) Eine besondere Kostenentscheidung ist nicht erforderlich.

Drittes Kapitel
Aufgebot von Schiffsgläubigern und Hypothekengläubigern

§ 54

(1) Für das Aufgebot von Schiffsgläubigerrechten gemäß § 122 Abs. 2 SHSG, die vor dem Erwerb des Schiffes entstanden sind, ist das Kreisgericht zuständig, in dessen Bereich das Register geführt wird, in das das belastete Schiff eingetragen ist. Ist das belastete Schiff nicht eingetragen, ist das Kreisgericht zuständig, in dessen Bereich der Heimatort (Heimathafen) des Schiffes liegt.

(2) Der Antrag kann nur von dem Erwerber des Schiffes gestellt werden. Er muß sein Antragsrecht nachweisen.

(3) Für das Verfahren gelten die Bestimmungen der §§ 145 und 146 der Zivilprozeßordnung.

§ 55
(1) Ein unbekannter Gläubiger einer Schiffshypothek oder Schiffsbauhypothek gemäß § 12 oder § 20 der Schiffsregisterverordnung vom 27. Mai 1976 (GBl. I Nr. 21 S. 285) kann mit seinem Recht im Wege des Aufgebotsverfahrens ausgeschlossen werden, wenn seit der letzten sich auf die Hypothek beziehenden Eintragung in das Register 10 Jahre vergangen sind und während dieser Zeit die Forderung weder schriftlich anerkannt worden ist noch Teil- oder Zinszahlungen darauf geleistet worden sind. Mit dem Ausschluß erlischt die Hypothek.
(2) Die Bestimmungen des Abs. 1 gelten nicht bei Hypotheken des sozialistischen Eigentums.
(3) Für das Aufgebot von Schiffshypothekengläubigern und Schiffsbauhypothekengläubigern ist das Kreisgericht zuständig, in dessen Bereich das Register geführt wird, in das das belastete Schiff eingetragen ist.
(4) Der Antrag kann nur vom Eigentümer des Schiffes gestellt werden.
(5) Für das Verfahren gelten die Bestimmungen der §§ 145 und 146 der Zivilprozeßordnung.

Viertes Kapitel
Schlußbestimmungen

§ 56
Besondere Zuständigkeitsregelungen
(1) Für eine Klage wegen eines Anspruchs auf Ersatz von Schäden oder Kosten aus einem Zusammenstoß von Schiffen oder aus einem Fernschaden (§ 108 SHSG) ist das Kreisgericht zuständig,
1. in dessen Bereich der Verklagte seinen Wohnsitz, Aufenthalt oder Sitz hat;
2. in dessen Bereich der Zusammenstoß erfolgte, wenn sich der Zusammenstoß innerhalb von Territorialgewässern, inneren Seegewässern oder von Binnengewässern ereignet hat;
3. das eine einstweilige Anordnung zur Sicherung eines Anspruchs (Arrest) aus dem Schiffszusammenstoß erlassen oder gemäß § 4 abgewiesen hat.

(2) Eine Klage wegen anderer Ansprüche, die im Zusammenhang mit der Seeschiffahrt oder gemäß § 138 Abs. 2 SHSG mit der Binnenschiffahrt stehen, kann auch bei dem Kreisgericht eingereicht werden, das eine einstweilige Anordnung zur Sicherung der Forderung erlassen oder gemäß § 4 abgewiesen hat.
(3) Eine Klage gemäß Abs. 1 ist abzuweisen, wenn der Kläger bei einem anderen Gericht eine Klage wegen der gleichen Forderung eingereicht und nicht auf seine Rechte daraus verzichtet hat.

§ 57
Anwendung von Verfahrensvorschriften
(1) Die Bestimmungen der Zivilprozeßordnung sind anzuwenden, soweit in dieser Verordnung nichts anderes bestimmt ist.
(2) Werden die im § 56 bezeichneten Ansprüche in einem gerichtlichen Verfahren geltend gemacht, ist die Bestimmung des § 169 Abs. 2 der Zivilprozeßordnung nicht anzuwenden.

§ 58
Durchführungsbestimmungen
Durchführungsbestimmungen erläßt der Minister für Verkehrswesen im Einvernehmen mit dem Minister der Justiz.

§ 59
Inkrafttreten
Diese Verordnung tritt am 1. August 1976 in Kraft.

6.
Verordnung über die Vollstreckung wegen Geldforderungen der Staatsorgane und staatlichen Einrichtungen

vom 6. Dezember 1968 (GBl. II 1969 Nr. 6 S. 61)

I.
Grundsätze

§ 1
Geltungsbereich
(1) Diese Verordnung gilt für die Vollstreckung wegen Geldforderungen nach § 4, die den Staatsorganen und staatlichen Einrichtungen gegenüber Bürgern, Betrieben der privaten Wirtschaft und juristischen Personen außerhalb des Bereiches der sozialistischen Wirtschaft zustehen.
(2) Die Bestimmungen über die Vollstreckung wegen Geldforderungen aus Entscheidungen bzw. Festsetzungen der Gerichte und Staatliche Notariate werden nicht berührt.

§ 2
Verantwortung für den Einzug der Geldforderungen

(1) Die Leiter der zentralen Staatsorgane, die örtlichen Räte und die Leiter der staatlichen Einrichtungen sind für den vollständigen und termingerechten Einzug aller dem Staatshaushalt zustehenden Geldforderungen in ihrem Bereich verantwortlich. Sie haben die vollständige Erfassung und Geltendmachung der Geldforderungen zu gewährleisten sowie alle geeigneten Maßnahmen zum termingerechten Einzug der Geldforderungen zu veranlassen.

(2) Die Leiter der zentralen Staatsorgane, die örtlichen Räte sowie die Leiter der juristisch selbständigen staatlichen Einrichtungen legen fest, welche Mitarbeiter befugt sind,

- Geldforderungen der Staatsorgane und staatlichen Einrichtungen zu stunden bzw. eine ratenweise Tilgung zu bewilligen
- nach erfolgter Mahnung des Schuldners die Vollstreckung gemäß dieser Verordnung zu beantragen.

§ 3
Vollstreckungsberechtigte Organe

(1) Die Räte der Kreise sind zur Vollstreckung wegen Geldforderungen der Staatsorgane und staatlichen Einrichtungen berechtigt. Die Räte der Kreise können durch Beschluß den Räten der kreisangehörigen Städte und Gemeinden bzw. den Räten der Stadtbezirke auf deren Antrag das Recht zur Vollstreckung im vollen oder begrenzten Umfange übertragen.

(2) Die Zollverwaltung der Deutschen Demokratischen Republik, die Deutsche Post und die Staatliche Versicherung der Deutschen Demokratischen Republik sind wegen der in ihrem Bereich einzuziehenden Geldforderungen zur Vollstreckung in Bargeld und Geldforderungen des Schuldners berechtigt.

(3) Das Ministerium des Innern ist wegen der in seinem Bereich einzuziehenden Geldforderungen zur Vollstreckung in Geldforderungen des Schuldners berechtigt.

(4) Der Minister der Finanzen kann anderen zentralen Staatsorganen und staatlichen Einrichtungen das Recht zur Vollstreckung wegen Geldforderungen durch Anordnung übertragen.

(5) Die Vollstreckung wird durch die Vollstreckungsstellen der vollstreckungsberechtigten Organe durchgeführt.

(6) Die Vollstreckung aus Entscheidungen des Staatlichen Vertragsgericht erfolgt auf der Grundlage der hierfür geltenden speziellen Rechtsvorschriften.

Anmerkung: Vgl. §§ 45ff. der VO vom 18. 4. 1963 über die Aufgaben und die Arbeitsweise des Staatlichen Vertragsgerichts i. d. Neufassung vom 12. 3. 1970 (GBl. II Nr. 29 S. 209).

§ 4
Vollstreckbare Geldforderungen

(1) Vollstreckbare Geldforderungen sind:

1. Steuern, Abgaben, Bodennutzungsgebühren, Zölle und andere gesetzlich festgelegte Abführungen an den Staatshaushalt
2. staatliche Verwaltungsgebühren, Gebühren für die Benutzung von Anlagen, für die Anerkennung, die Gestattung sowie für sonstige Leistungen der Staatsorgane und staatlichen Einrichtungen
3. Beiträge zur Sozialpflichtversicherung und zu anderen Pflichtversicherungen, einschließlich der Unfallumlage
4. Ordnungsstrafen, Ordnungsgelder, Geldbußen, Zwangsgelder, einschließlich der Ordnungsstrafen und Zwangsgelder, die durch das Staatliche Vertragsgericht ausgesprochen werden
5. Kosten und Auslagen, die den Staatsorganen und staatlichen Einrichtungen zu erstatten sind, einschließlich der Kosten und Auslagen des Staatlichen Vertragsgerichts
6. Mehrerlöse aus Preisüberschreitungen, einschließlich der Mehrerlöse nach *§ 170 Abs. 3 StGB*

   Anmerkung: Jetzt § 170 Abs. 4 StGB.

7. Kurtaxen
8. Forderungen auf Rückzahlung von Preisausgleichsbeträgen, Preisstützungsbeträgen und anderen Geldleistungen aus dem Staatshaushalt, die unberechtigt in Anspruch genommen wurden oder deren Rückzahlung gesetzlich festgelegt ist
9. Gebühren der Deutschen Post
10. Forderungen auf Geldzahlung anstelle einzuziehender Gegenstände (Wertersatz) sowie Forderungen der Staatsorgane, die aus der Ersatzvornahme von Leistungen entstanden sind, zu denen Bürger bzw. juristische Personen verpflichtet waren
11. weitere Geldforderungen der Staatsorgane und staatlichen Einrichtungen, wenn in allgemeinverbindlichen Rechtsvorschriften der Deutschen Demokratischen Republik deren Vollstreckung nach dieser Verordnung ausdrücklich festgelegt ist
12. Zinsen und Zuschläge, Mahn- und Vollstreckungsgebühren zu den in den Ziffern 1 bis 11 festgelegten Forderungen.

(2) Der Minister der Finanzen kann weitere Geldforderungen als vollstreckbar nach dieser Verordnung erklären.

§ 5
Ziel und Umfang der Vollstreckung

(1) Die Vollstreckung dient der Erfüllung der Geldforderungen der Staatsorgane und staatlichen Einrichtungen.

(2) Bei der Durchführung der Vollstreckung sind Nachteile für den Schuldner zu vermeiden, die in keinem angemessenen Verhältnis zu dem zu erzielenden Ergebnis stehen.

(3) Die Vollstreckung darf nur insoweit erfolgen, als dies zur Deckung der Geldforderung und der Kosten des Verfahrens erforderlich ist.
(4) Die Vollstreckung hat zu unterbleiben, wenn aus der Verwertung der pfändbaren Gegenstände ein wesentlicher Überschuß über die Kosten nicht zu erwarten ist.

§ 6
Vollstreckungshilfe

(1) Die Vollstreckungsstelle der Räte der Kreise sowie der zur Vollstreckung berechtigten Räte der Städte und Stadtbezirke führen auf Antrag die Vollstreckung wegen Geldforderungen der Staatsorgane und staatlichen Einrichtungen durch, die keine oder nur begrenzte Befugnisse zur Vollstreckung haben.
(2) Die Vollstreckungsstellen sind verpflichtet, sich auf Ersuchen gegenseitig Vollstreckungshilfe zu leisten, insbesondere, wenn damit der Verwaltungsaufwand reduziert oder das Verfahren vereinfacht wird.

II.
Vollstreckungsverfahren

§ 7
Voraussetzungen

(1) Die Voraussetzungen für die Durchführung eines Vollstreckungsverfahrens sind:
1. Fälligkeit der Forderung
2. Aufforderung zur Zahlung, wenn der Schuldner nicht gesetzlich zur selbständigen Berechnung, Erklärung und Entrichtung des geschuldeten Betrages verpflichtet ist
3. Mahnung mit abermaliger Fristsetzung und dem Hinweis darauf, daß vollstreckt wird, wenn keine Zahlung erfolgt.

(2) Zahlungsaufforderung und Mahnung können auch öffentlich erfolgen, wenn es sich um periodisch zu leistende Zahlungen handelt, deren Fälligkeitstermine durch Rechtsvorschriften oder besondere Bekanntmachungen bekanntgegeben worden sind. In diesen Fällen darf die Vollstreckung nicht vor Ablauf einer Woche nach der öffentlichen Mahnung erfolgen.

§ 8
Vollstreckungsantrag

(1) Der Antrag auf Vollstreckung ist schriftlich bei der zuständigen Vollstreckungsstelle zu stellen. Antragsberechtigt sind Staatsorgane und staatliche Einrichtungen, denen vollstreckbare Geldforderungen nach § 4 zustehen, sowie Wirtschaftsorgane, die gesetzlich mit der Durchführung staatlicher Aufgaben beauftragt sind, aus denen sich Geldforderungen nach § 4 ergeben (Gläubiger).
(2) Der Vollstreckungsantrag muß enthalten:
1. die Anschrift und das Bankkonto des Gläubigers
2. den Namen und die Anschrift des Schuldners
3. den Grund und die Höhe der zu vollstreckenden Geldforderung. Verspätungszuschläge, Verzugszuschläge, Stundungszinsen bzw. Mahngebühren sind gesondert anzugeben
4. die Rechtsgrundlage für die zu vollstreckende Geldforderung
5. die Bestätigung, daß die Voraussetzungen nach § 7 Abs. 1 vorliegen
6. Unterschrift und Dienststempel des Gläubigers.

(3) Der Vollstreckungsantrag soll weitere Hinweise enthalten, die einer schnellen Durchführung des Vollstreckungsverfahrens dienen. Die Vollstreckungsstelle kann im Einzelfall spezielle Angaben verlangen.
(4) Die Einleitung des Vollstreckungsverfahrens innerhalb des eigenen Bereiches wird durch die vollstreckungsberechtigten Organe in eigener Zuständigkeit geregelt.
(5) Der Vollstreckungsantrag ist durch die Vollstreckungsstelle binnen einer Woche zurückzugeben, wenn die Voraussetzungen nach § 7 Abs. 1 oder die Angaben nach Abs. 2 nicht vorliegen oder der Antrag sonstige wesentliche Mängel enthält.

§ 9
Vollstreckungsauftrag

(1) Die Vollstreckung erfolgt auf der Grundlage eines Vollstreckungsauftrages, der durch den Leiter der Vollstreckungsstelle erteilt wird.
(2) Der Vollstreckungsauftrag enthält die Weisung und die Ermächtigung an den Vollzieher, wegen der Geldforderungen zu vollstrecken. Der Vollstreckungsauftrag ist dem Schuldner vorzuzeigen.

§ 10
Vollstreckung

(1) Die Vollstreckung erfolgt durch
1. Pfändung von Geldforderungen des Schuldners
2. Pfändung von Bargeld
3. Pfändung und Verwertung von beweglichen Sachen
4. Eintragung einer Sicherungshypothek
5. *Zwangsverwaltung oder Zwangsversteigerung von Grundstücken und Gebäuden.*

Anmerkung: Zu Ziff. 4 vgl. §§ 452ff. ZGB; Ziff. 5 ist wie folgt zu lesen:
„5. Vollstreckung in Grundstücke sowie in Gebäude, die Gegenstand eines selbständigen Eigentumsrechts sind und für die die Vorschriften über Grundstücke entsprechende Anwendung finden.“ – Vgl. §§ 126, 207 ZPO (Reg.-Nr. 1.).
Das Verfahren ist in der GrundstVollstrVO (Reg.-Nr. 2.) geregelt.

(2) In begründeten Fällen kann von der im Abs. 1 festgelegten Reihenfolge abgewichen werden.
(3) Der Schuldner ist verpflichtet, über seine Ein-

kommens- und Vermögensverhältnisse im Vollstreckungsverfahren nach Aufforderung wahrheitsgemäß Auskunft zu erteilen.
(4) Der Vollzieher ist berechtigt, die betrieblichen Räumlichkeiten, die Wohnung und die Behältnisse des Schuldners zu durchsuchen und verschlossene Türen und Behältnisse öffnen zu lassen, wenn das Ziel der Vollstreckung anders nicht erreicht werden kann. Im übrigen sind die hierfür geltenden Bestimmungen der Zivilprozeßordnung anzuwenden.

Anmerkung: Anzuwenden sind die §§ 118ff. ZPO (Reg.-Nr. 1.) sowie die §§ 1ff. der 3. DB zur ZPO (Reg.-Nr. 1.3.).

§ 11
Pfändung von Geldforderungen des Schuldners

(1) Die Pfändung einer Geldforderung des Schuldners erfolgt durch Pfändungsverfügung, die als *Pfändungs- und Überweisungsbeschluß* gilt.

Anmerkung: „Pfändungs- und Überweisungsbeschluß" ist durch „Pfändungsanordnung" zu ersetzen, vgl. §§ 99, 207 ZPO (Reg.-Nr. 1.).

(2) In der Pfändungsverfügung ist dem Drittschuldner zu verbieten, an den Schuldner zu leisten. Dem Drittschuldner ist die Pflicht aufzuerlegen, den Betrag, sobald er fällig ist, an das vollstreckungsberechtigte Organ zu zahlen.
(3) Die Pfändung einer Geldforderung ist bewirkt, wenn die Pfändungsverfügung dem Drittschuldner zugestellt ist. Der Schuldner ist über die Pfändung seiner Geldforderung zu unterrichten. Ihm ist zu verbieten, über die Geldforderung zu verfügen.

§ 12
Pfändung von Bargeld

Bargeld pfändet der Vollzieher, indem er es *in Besitz nimmt*. Dem Schuldner ist eine Quittung über den gepfändeten Betrag auszustellen.

Anmerkung: „In Besitz nimmt" ist zu ersetzen durch „in Verwahrung nimmt" – vgl. § 119 Abs. 3, § 207 ZPO (Reg.-Nr. 1.).

§ 13
Pfändung und Verwertung beweglicher Sachen

(1) Bewegliche Sachen pfändet der Vollzieher, indem er sie *in Besitz nimmt* oder als gepfändet kennzeichnet.

Anmerkung: Vgl. Anmerkung zu § 12 dieser VO.

(2) Die Pfändung begründet ein Pfandrecht an den gepfändeten Sachen.
(3) Der Schuldner darf über gepfändete Sachen nicht verfügen.
(4) Über die Verwertung der gepfändeten Sachen entscheidet der Leiter der Vollstreckungsstelle. Die Verwertung darf erst nach Ablauf einer Woche seit dem Tage der Pfändung erfolgen, sofern sich der Schuldner nicht mit einem früheren Zeitpunkt einverstanden erklärt hat oder der Verderb bzw. eine wesentliche Minderung des Wertes der gepfändeten Sachen droht. Die Verwertung ist dem Schuldner anzukündigen.
(5) Die Verwertung gepfändeter Sachen erfolgt durch die Vollstreckungsstelle unter Anwendung der Bestimmungen der Zivilprozeßordnung.

Anmerkung: Zur Verwertung vgl. §§ 122–125 ZPO (Reg.-Nr. 1.) und §§ 12–19 der 3. DB zur ZPO (Reg.-Nr. 1.3.).

§ 14
Vollstreckungsmaßnahmen in Grundstücke und Gebäude

(1) Die Vollstreckungsstellen können die Eintragung von Sicherungshypotheken als selbständige Vollstreckungsmaßnahme bei der zuständigen Außenstelle des Liegenschaftsdienstes des Rates des Bezirkes beantragen.
(2) Soweit zur Durchsetzung von Geldforderungen der Staatsorgane und staatlichen Einrichtungen die *Zwangsverwaltung oder Zwangsversteigerung von Grundstücken und Gebäuden oder die Vollstreckung in grundstücksgleiche Rechte* erforderlich ist, haben die Vollstreckungsstellen nach vorheriger Abstimmung mit dem die Vollstreckung beantragenden Staatsorgan bzw. der staatlichen Einrichtung ein entsprechendes Ersuchen an das zuständige Kreisgericht zu stellen. Sie können im gerichtlichen Vollstreckungsverfahren die Rechte und Pflichten des Gläubigers wahrnehmen.

Anmerkung: Anstelle des kursiv gedruckten Textes ist zu lesen: „Vollstreckung in Grundstücke sowie in Gebäude, die Gegenstand eines selbständigen Eigentumsrechts sind und für die die Vorschriften über Grundstücke entsprechende Anwendung finden," – vgl. §§ 126, 207 ZPO (Reg.-Nr. 1.). Das Verfahren ist in der GrundstVollstrVO (Reg.-Nr. 2.) geregelt.

§ 15
Protokoll

(1) Der Vollzieher hat über die Pfändung beweglicher Sachen ein Protokoll aufzunehmen.
(2) Das Protokoll muß enthalten:
1. Ort und Zeit der Vollstreckungshandlung
2. Bezeichnung der gepfändeten Sachen und deren Wert
3. die Namen der Personen, mit denen verhandelt wurde, sowie deren Unterschrift
4. die Unterschrift des Vollziehers.

(3) Wird geltend gemacht, daß an gepfändeten Geldforderungen oder Sachen Rechte Dritter bestehen, oder wird die Unterschrift verweigert, so ist dies im Protokoll zu vermerken.
(4) Dem Schuldner ist eine Abschrift des Protokolls auszuhändigen.

§ 16
Rückgabe des Vollstreckungsantrages bei erfolgloser Vollstreckung
Wird durch die Vollstreckung kein Erfolg oder nur ein Teilerfolg erreicht, so ist der Vollstreckungsantrag dem Antragsteller mit einem entsprechenden Vermerk zurückzugeben.

§ 17
Beschwerde des Schuldners oder des Drittschuldners
(1) Gegen die in einem Vollstreckungsverfahren getroffenen Entscheidungen oder durchgeführten Maßnahmen kann der Schuldner oder Drittschuldner innerhalb einer Woche bei der Vollstreckungsstelle Beschwerde schriftlich einlegen oder zu Protokoll geben.
(2) Über die Beschwerde entscheidet bei den örtlichen Räten das zuständige Ratsmitglied und bei den anderen vollstreckungsberechtigten Organen der dem Leiter der Vollstreckungsstelle übergeordnete Leiter innerhalb einer Woche nach Eingang der Beschwerde. Die Entscheidung ist endgültig.
(3) Bis zur Entscheidung über die Beschwerde sind gepfändete Sachen nicht zu verwerten.

§ 18
Beschwerde eines Dritten
(1) Ein Dritter kann bei der Vollstreckungsstelle innerhalb von 2 Wochen Beschwerde schriftlich einlegen oder zu Protokoll geben, wenn er an gepfändeten Geldforderungen oder Sachen ein Recht hat, welches der Pfändung entgegensteht oder die vorzugsweise Befriedigung aus dem Erlös begründet.
(2) Über die Beschwerde entscheiden die gemäß § 17 Abs. 2 zuständigen Ratsmitglieder bzw. Leiter innerhalb einer Woche nach Eingang der Beschwerde. Wird der Beschwerde nicht abgeholfen, so ist der Beschwerdeführer darauf hinzuweisen, daß er seine Rechte innerhalb einer Woche beim zuständigen Kreisgericht durch *Klage* geltend machen kann.
(3) Der Dritte kann seine Rechte, ohne daß er Beschwerde gemäß Abs. 1 einlegt, bei dem zuständigen Kreisgericht durch *Klage* geltend machen. Das Kreisgericht hat die Vollstreckungsstelle davon zu benachrichtigen.

Anmerkung: „Klage“ ist durch „Antrag gem. § 133 Abs. 1 Ziff. 2 ZPO“ zu ersetzen – vgl. § 207 ZPO (Reg.-Nr. 1.).

(4) Bis zur Entscheidung über die Beschwerde oder bis zum Abschluß des gerichtlichen Verfahrens nach Abs. 3 ruht das Vollstreckungsverfahren.

III.
Die Sicherung von Ansprüchen

§ 19
Sicherungsantrag
Ist die Erfüllung von Geldforderungen gemäß § 4 Abs. 1 im Einzelfalle gefährdet, so kann der Gläubiger die Sicherung bei dem vollstreckungsberechtigten Organ beantragen. Eine Gefährdung liegt insbesondere vor, wenn gegen den Schuldner ein Ermittlungsverfahren gemäß § 98 StPO eingeleitet wurde oder wenn der Schuldner Handlungen begeht oder vorbereitet, die geeignet sind, die Verwirklichung der Geldforderung zu vereiteln oder wesentlich zu erschweren. Wegen geringfügiger Beträge kann die Sicherung nicht beantragt werden.

§ 20
Arrest in das Vermögen des Schuldners
(1) Die Sicherung erfolgt durch Arrest über das Vermögen oder Teile des Vermögens des Schuldners. Der Arrest wird durch Pfändung in das bewegliche Vermögen und bei Grundstücken, Gebäuden sowie grundstücksgleichen Rechten durch Eintragung in das Grundbuch vollzogen.
(2) Der Arrest wird durch Arrestverfügung festgelegt. Die Arrestverfügung ist dem Schuldner bekanntzugeben.
(3) Für Beschwerden gegen Arrestverfügungen und damit verbundene Maßnahmen gelten die §§ 17 und 18 entsprechend.

§ 21
Hinterlegung
In der Arrestverfügung ist ein Geldbetrag zu bestimmen, durch dessen Hinterlegung bei der Vollstreckungsstelle der Schuldner die Aufhebung des Arrestes bewirken kann.

IV.
Kosten und Gebühren

§ 22
(1) Die Kosten und Gebühren des Vollstreckungsverfahrens hat der Schuldner zu tragen. Sie sind zusammen mit der Geldforderung des Gläubigers zu vollstrecken.
(2) Die Kosten und Gebühren werden aus den Beträgen, die durch die Vollstreckung erlangt worden sind, zuerst gedeckt.
(3) Für die Festsetzung der Gebühren sowie für Rechtsmittel gelten die Bestimmungen der Verord-

nung vom 28. Oktober 1955 über die staatlichen Verwaltungsgebühren (GBl. I Nr. 96 S. 787).

Anmerkung: Die genannte VO gilt i. d. F. der 2. VO vom 28. 11. 1967 (GBl. II Nr. 119 S. 837).

V.
Übergangs- und Schlußbestimmungen

§ 23
Vollstreckungs- oder Arrestverfahren die beim Inkrafttreten dieser Verordnung noch nicht abgeschlossen sind, werden nach den bisher geltenden Bestimmungen zu Ende geführt.

§ 24
(1) Soweit diese Verordnung keine speziellen Regelungen enthält, sind bei der Durchführung von Vollstreckungs- und Arrestverfahren die Bestimmungen der Zivilprozeßordnung entsprechend anzuwenden.

Anmerkung: Auf die Vollstreckung sind die §§ 85 ff. ZPO (Reg.-Nr. 1.), die 2. DB zur ZPO (Reg.-Nr. 1.2.) und die §§ 1–19 der 3. DB zur ZPO (Reg.-Nr. 1.3.) und auf das Arrestverfahren (jetzt: einstweilige Anordnung gem. § 16 Abs. 1 Ziff. 1 ZPO) die §§ 16–18 ZPO (Reg.-Nr. 1.) entsprechend anzuwenden.

(2) Für die Vollstreckung in das Arbeitseinkommen des Schuldners sowie in das gemeinschaftliche Vermögen von Ehegatten und für die Abgrenzung der Vermögensteile, die der Pfändung nicht unterliegen, gelten die materiell- und verfahrensrechtlichen Bestimmungen des Zivilrechts, des Arbeitsrechts und des Familienrechts entsprechend.

§ 25
Durchführungsbestimmungen erläßt der Minister der Finanzen.

§ 26
(1) Diese Verordnung tritt am 1. Januar 1969 in Kraft.
(2) Gleichzeitig treten außer Kraft:
1. die §§ 325 bis 381 der Abgabenordnung vom 22. Mai 1931
2. die Beitreibungsordnung vom 23. Juni 1923
3. alle landesrechtlichen Bestimmungen über die Vollstreckung oder den Arrest wegen Geldforderungen der Staatsorgane und staatlichen Einrichtungen.

(3) *gegenstandslos*

7.
Gesetz über die Einweisung in stationäre Einrichtungen für psychisch Kranke

vom 11. Juni 1968 (GBl. I Nr. 13 S. 273)

Der Mensch steht im Mittelpunkt aller Bemühungen der sozialistischen Gesellschaft und ihres Staates. Die Gewährleistung des Rechts auf Schutz der Gesundheit ist ein humanistisches Anliegen der sozialistischen Gesellschaft.
Der besonderen Fürsorge des sozialistischen Staates bedürfen Bürger mit psychischen Erkrankungen. Zum Schutze ihres Lebens, ihrer Gesundheit und ihrer Persönlichkeit sowie zur Vorbeugung gegen Gefahren für das gesellschaftliche Zusammenleben der Bürger ist eine diesen Erfordernissen entsprechende Betreuung psychisch kranker Bürger in den Krankenhäusern und Pflegeeinrichtungen zu gewährleisten. Das Ziel aller Maßnahmen besteht darin, eine weitgehende Rehabilitation dieser Bürger und ihr Leben in der Gemeinschaft zu erreichen.

I.
Allgemeine Bestimmungen

§ 1
Anwendungsbereich
Dieses Gesetz findet Anwendung auf psychisch Kranke, Kranke mit begründetem Verdacht auf eine psychische Erkrankung und Personen mit schwerer Fehlentwicklung der Persönlichkeit von Krankheitswert (im folgenden als Kranke bezeichnet).

§ 2
Stationäre Einrichtungen für psychisch Kranke
(1) Kranke werden in ein Krankenhaus für psychisch Kranke ärztlich eingewiesen, soweit eine un-

mittelbar ärztlich geleitete klinische Betreuung oder eine Beobachtung zur Bestimmung der Diagnose notwendig ist.
(2) Kranke, die ständig pflege- oder sonst betreuungsbedürftig sind, werden zur stationären Betreuung in eine Pflege- oder sonstige Betreuungseinrichtung (im folgenden als Pflegeeinrichtung bezeichnet) ärztlich eingewiesen. Gleichzeitig wird die ärztliche Überwachung und Fürsorge gewährleistet.
(3) Die stationäre Betreuung wird durch staatliche und durch vom Bezirksarzt zugelassene nichtstaatliche Krankenhäuser und Pflegeeinrichtungen oder Pflegestellen außerhalb solcher Einrichtungen gewährleistet.

II. Voraussetzungen und Verfahrensweise für die ärztliche Einweisung und für die befristete ärztliche Einweisung durch Anordnung

§ 3 Ärztliche Einweisung

(1) Die Aufnahme in ein Krankenhaus oder in eine Pflegeeinrichtung (im folgenden als Einrichtung bezeichnet) erfolgt auf der Grundlage einer ärztlichen Einweisungsdiagnose, in der die Notwendigkeit der Einweisung in ein Krankenhaus oder in eine Pflegeeinrichtung begründet ist.
(2) Voraussetzung für die Aufnahme ist das Einverständnis des Kranken. Das Einverständnis des gesetzlichen Vertreters ist erforderlich, wenn der Kranke minderjährig oder ein gesetzlicher Vertreter (Vormund, Pfleger) bestellt ist.
(3) Die Aufnahme in eine Pflegeeinrichtung erfolgt mit Zustimmung des für den ständigen Wohnsitz oder Aufenthalt des Kranken zuständigen Kreisarztes.
(4) Heilpraktiker sind nicht zur Einweisung berechtigt. Sie haben bei Erscheinungen, die auf Krankheit im Sinne des § 1 hinweisen, die weitere Untersuchung oder Behandlung der Kranken sofort einzustellen und die ärztliche Betreuung zu veranlassen.

§ 4 Entlassung

(1) Die Entlassung aus einer Einrichtung hat zu erfolgen, wenn eine stationäre Betreuung im Krankenhaus oder in der Pflegeeinrichtung nicht mehr notwendig oder eine klinische Beobachtung zur Bestimmung der Diagnose abgeschlossen ist oder der Kranke oder der gesetzliche Vertreter die Entlassung verlangen.
(2) Kann zum Schutze von Leben oder Gesundheit des Kranken oder zur Abwehr einer ernsten Gefahr für andere Personen oder für das Zusammenleben der Bürger dem Verlangen auf Entlassung nicht stattgegeben werden, ist für den weiteren Verbleib in der Einrichtung die Anordnung gemäß § 6 erforderlich.

§ 5 Pflegestellen außerhalb der Einrichtungen

(1) Eine Betreuung in einer Pflegestelle außerhalb der Einrichtung durch Pflegeverantwortliche kann auf Grund einer Pflegevereinbarung zwischen dem Pflegeverantwortlichen und dem Leiter der Einrichtung übernommen und durchgeführt werden.
(2) Die Betreuung erfolgt unter Aufsicht und gemäß den ärztlichen und pflegerischen Anweisungen der zuständigen Einrichtung.
(3) Sind die Voraussetzungen einer Rehabilitation oder dem Pflegeziel dienenden Betreuung in der Pflegestelle nicht mehr gegeben, hat der Leiter der zuständigen Einrichtung die Pflegevereinbarung aufzuheben. Der Verantwortliche der Pflegestelle hat, wenn die Betreuung nicht mehr gewährleistet ist, der Einrichtung, die ihm die Pflege übertragen hat, sofort Mitteilung zu machen.

§ 6 Befristete ärztliche Einweisung durch Anordnung

(1) Erfordern es der Schutz von Leben oder Gesundheit des Kranken oder die Abwehr einer ernsten Gefahr für andere Personen oder für das Zusammenleben der Bürger, kann der Kreisarzt, in dessen Bereich sich der Kranke befindet, die Einweisung in ein Krankenhaus oder in eine Pflegeeinrichtung bis zu 6 Wochen anordnen, wenn der Kranke oder der gesetzliche Vertreter der Einweisung nicht zustimmte. Befindet sich der Kranke bereits in der Einrichtung, kann auch der ärztliche Leiter des Krankenhauses oder der für die psychiatrische Betreuung verantwortliche Arzt der Pflegeeinrichtung eine solche Anordnung mit Zustimmung des Kreisarztes, in dessen Wirkungsbereich die Einrichtung liegt, treffen, wenn der Kranke oder der gesetzliche Vertreter einem weiteren Verbleib in der Einrichtung nicht zustimmte.
(2) Dulden der Schutz von Leben oder Gesundheit des Kranken oder die Abwehr einer ernsthaften Gefahr für andere Personen oder für das Zusammenleben der Bürger keinen Aufschub, kann jeder Arzt auf Grund seiner Feststellung eine vorläufige befristete Einweisung anordnen. Diese Anordnung ist dem örtlich zuständen Kreisarzt sofort schriftlich zur Kenntnis zu geben. Sie ist von diesem innerhalb einer Frist von 3 Tagen durch Anordnung zu bestätigen oder aufzuheben.
(3) Der Kreisarzt oder in seinem Auftrag der Leitende Arzt für Psychiatrie des Kreises kann zur Feststellung der Voraussetzungen für die Einweisung von den ärztlichen Behandlungsstellen oder behandelnden Ärzten Untersuchungs- und Behandlungsunterlagen anfordern.
(4) Wird der Aufforderung durch einen Arzt zu einer Untersuchung, die der Prüfung der Voraussetzungen für eine ärztliche Einweisung durch Anordnung dient, nicht Folge geleistet, kann der Kreisarzt, in

dessen Bereich sich der Kranke befindet, eine Untersuchung in einem Krankenhaus anordnen. Von dieser Anordnung zur stationären Untersuchung ist der Staatsanwalt unverzüglich durch den Kreisarzt schriftlich zu unterrichten.

(5) Die Dauer des Aufenthaltes im Krankenhaus zum Zwecke der Untersuchung darf höchstens 6 Wochen betragen. Sie ist bei einer Anordnung der Einweisung in die zeitliche Befristung gemäß Abs. 1 einzubeziehen.

(6) Der Kreisarzt hat seine Anordnung den nächsten Angehörigen, dem zuständigen Staatsanwalt, dem Leiter der Einrichtung, in welche der Betroffene eingewiesen wird, sowie dem für den ständigen Wohnsitz oder Aufenthalt zuständigen Rat der Stadt oder Gemeinde unverzüglich schriftlich zur Kenntnis zu geben.

§ 7
Fachärztliche Nachprüfung bei Einweisung durch Anordnung

(1) In der Einrichtung ist eine fachärztliche Nachprüfung der Einweisungsdiagnose und der Notwendigkeit der Betreuung in der Einrichtung vorzunehmen und in den Betreuungsunterlagen zu protokollieren.

(2) Von dem Ergebnis der Nachprüfung sind der zuständige Staatsanwalt und der Kreisarzt sofort schriftlich in Kenntnis zu setzen.

§ 8
Aufhebung der Anordnung

(1) Sind die Voraussetzungen für die Anordnung der Einweisung nicht mehr gegeben (§ 6 Absätze 1 und 2), hat der Leiter des Krankenhauses oder der für die psychiatrische Betreuung verantwortliche Arzt der Pflegeeinrichtung mit der schriftlichen Zustimmung des örtlich zuständigen Kreisarztes die Anordnung sofort aufzuheben. Die Aufhebung hat die Entlassung dann nicht zur Folge, wenn der Kranke mit seiner Zustimmung oder der des gesetzlichen Vertreters weiter in der Einrichtung verbleibt.

(2) Der Kranke oder der gesetzliche Vertreter sowie jeder Angehörige, der die persönliche Fürsorge für den Eingewiesenen übernehmen will, können beim Leiter der Einrichtung die Aufhebung der Anordnung beantragen. Über den Antrag entscheidet der Leiter des Krankenhauses oder der für die psychiatrische Betreuung verantwortliche Arzt der Pflegeeinrichtung. Die Entscheidung bedarf der schriftlichen Zustimmung des örtlich zuständigen Kreisarztes.

§ 9
Besondere Bestimmungen für die ärztliche Anordnung und Entscheidung

(1) Die Anordnung gemäß § 6 Absätze 1, 2 und 4 und die Entscheidung gemäß § 8 haben schriftlich zu erfolgen und sind zu begründen. Aus der Begründung müssen die Voraussetzungen für die ärztliche Anordnung der Einweisung oder für die Aufhebung ersichtlich sein.

(2) Die Anordnung der Einweisung ist mit Rechtsmittelbelehrung zu versehen. Das gleiche gilt, wenn der Antrag, die Anordnung der Einweisung aufzuheben, abgelehnt wird.

(3) Die Anordnung ist dem Kranken oder dem gesetzlichen Vertreter und die Entscheidung über den Antrag auf Aufhebung der Anordnung dem Antragsteller zu übersenden.

(4) Ist ein sofortiger schriftlicher Erlaß einer Anordnung nicht möglich, kann zunächst mündliche Bekanntmachung erfolgen.

§ 10
Beschwerde

(1) Gegen die ärztliche Anordnung der Einweisung oder gegen die Ablehnung des Antrages auf Aufhebung der Anordnung steht dem Kranken oder dem gesetzlichen Vertreter das Recht der Beschwerde zu. Das Recht der Beschwerde hat auch der Angehörige, dessen Antrag auf Aufhebung der Anordnung abgelehnt wurde. Die Beschwerde ist innerhalb einer Woche beim Kreisarzt, der die Anordnung getroffen hat oder mit dessen Zustimmung die Anordnung oder Entscheidung getroffen wurde, einzureichen.

(2) Wird der Beschwerde durch den Kreisarzt nicht stattgegeben, ist diese an den Bezirksarzt weiterzuleiten. Der Bezirksarzt entscheidet nach Anhören des Leitenden Arztes für Psychiatrie endgültig, soweit nicht bereits Antrag auf gerichtliche Entscheidung gemäß § 11 Abs. 2 gestellt worden ist. Über die Beschwerde ist innerhalb einer Frist von 2 Wochen zu entscheiden.

(3) Die Beschwerdeentscheidung hat schriftlich zu erfolgen und ist zu begründen.

(4) Die Beschwerde hat keine aufschiebende Wirkung.

III.
Einweisung durch gerichtlichen Beschluß

Vorbemerkung: Zur Durchführung des Verfahrens vgl. auch den nachstehend auszugsw. wiedergegebenen Beschluß des Präsidiums des OG vom 24. 7. 1968 zum EinwG (NJ 1968 H. 16 S. 504) i. d. F. des Beschlusses vom 10. 12. 1975 (NJ 1976 H. 1 S. 29):

„I. Erstinstanzliches Verfahren gemäß § 12

1. Bei der Prüfung der Voraussetzungen für die Einweisung gemäß § 11 Abs. 1 hat das Gericht eigenverantwortlich die notwendige Sachaufklärung durchzuführen (§ 12 Abs. 3). Die Bestimmungen der ZPO finden entsprechende Anwendung. Der Antrag auf Einweisung, die diesem beigefügte gutachterliche Beurteilung und die Ergebnisse der

Beweisaufnahme unterliegen im Rahmen der eigenen Verantwortung der Würdigung durch das Gericht.
In der Verhandlung ist in der Regel der Gutachter ergänzend zu hören. In Frage kommen ferner u. a. die Einholung weiterer Sachverständigengutachten, die Beiziehung von Ermittlungsakten und anderen schriftlichen Unterlagen sowie die Vernehmung von Zeugen entsprechend den Erfordernissen der jeweils zu prüfenden Vorraussetzungen.

2. Da die Verhandlung vor dem Gericht gemäß § 12 Abs. 1 nicht öffentlich ist, bedarf die Teilnahme von Personen, die daran ein berechtigtes Interesse haben, z. B. die nächsten Angehörigen des Kranken, der gerichtlichen Zustimmung.

II. Rechtsmittel gemäß § 15

1. Das Rechtsmittel ist schriftlich einzulegen oder zu Protokoll der *Geschäftsstelle* (Rechtsantragsstelle) des Kreisgerichts zu erklären.
2. Über das Rechtsmittel hat gemäß § 15 Abs. 2 das Bezirksgericht zu entscheiden. Das Kreisgericht ist zu einer Abänderung seiner Entscheidung nicht befugt.
3. Das Rechtsmittel kann auf neue Tatsachen und Beweise gestützt werden und führt zur sachlichen und rechtlichen Nachprüfung durch das Bezirksgericht. Sind weitere Beweise zu erheben, ist eine Zurückverweisung an das Kreisgericht zulässig.

III. Verfahrenskosten

1. Gemäß § 16 werden für das gerichtliche Verfahren keine Kosten erhoben. Das bedeutet, daß dem Kranken, gegen den das Verfahren durchgeführt wird, auch keine Auslagen für Beweiserhebung und sonstige gerichtliche Tätigkeit aufzuerlegen sind. Die Auslagen trägt der Staatshaushalt. Das gilt auch für die Gebühren eines gemäß § 12 Abs. 5 beigeordneten Rechtsanwalts.
2. Außergerichtliche Kosten, die durch Aufwendungen für eine zweckentsprechende Verfahrensdurchführung entstehen, einschließlich Rechtsanwaltskosten, werden nur im Falle der Zurückweisung des Antrages auf Einweisung bzw. Aufhebung der Einweisung aus dem Staatshaushalt erstattet.

IV. Einweisung im Zusammenhang mit einem gerichtlichen Strafverfahren

...

5. Hat das Gericht gemäß § 27, § *33 Abs. 3 Ziff. 4*, *§ 45 Abs. 3 Ziff. 5* StGB die Verpflichtung zu einer fachärztlichen Behandlung ausgesprochen und ergibt sich danach die Notwendigkeit für nach § 11 einzuleitende Maßnahmen, so entscheidet darüber die Zivilkammer des zuständigen Kreisgerichts.
Kommt ein auf Bewährung Verurteilter *böswillig* der ihm auferlegten Verpflichtung, sich einer fachärztlichen Behandlung zu unterziehen (§ *33 Abs. 3 Ziff. 4* StGB) nicht nach, so kann das Gericht gemäß § 344 StPO den Vollzug der angedrohten Freiheitsstrafe anordnen. Macht sich daneben eine gerichtliche Einweisung des Verurteilten erforderlich, entscheidet darüber auf Antrag die Zivilkammer des zuständigen Kreisgerichts gemäß §§ 11 ff.
In gleicher Weise ist zu verfahren, wenn der Verurteilte die ihm bei Strafaussetzung auf Bewährung auferlegte Pflicht zur fachärztlichen Behandlung *böswillig* verletzt (§ *45 Abs. 3 Ziff. 5* StGB, § *350 Abs. 2* StPO).
Die Zivilkammer des Kreisgerichts ist auch zuständig für die Entscheidung über einen Antrag auf Einweisung eines Kranken, nachdem ein gegen diesen eingeleitetes Ermittlungs- oder gerichtliches Verfahren gemäß § 141 Abs. 1 Ziff. 3, § 148 Abs. 1 Ziff. 2, § 152 Ziff. 1 und 5, § 189 Abs. 2 Ziff. 3, § 249 Ziff. 1 StPO eingestellt wurde.

Anmerkung: § 33 Abs. 3 Ziff. 4 StGB ist durch § 33 Abs. 4 Ziff. 6 StGB, § 45 Abs. 3 Ziff. 5 StGB ist durch § 45 Abs. 3 Ziff. 7 StGB und § 350 Abs. 2 StPO ist durch § 350 a Abs. 2 StPO zu ersetzen.

...

9. Für die Durchführung des Verfahrens zur Aufhebung der Einweisung ist die Zuständigkeit der Zivilkammer nach § 14 Abs. 4 gegeben, auch wenn die Einweisung durch die Strafkammer oder den Strafsenat erfolgt ist.

V. Zeitliche Geltung

Auf Kranke, die vor dem 1. Juli 1968 auf Grund anderer gesetzlicher Bestimmungen eingewiesen wurden und sich in einer Einrichtung gemäß § 3 Abs. 1 befinden, findet das Verfahren nach §§ 11 und 12 keine Anwendung; jedoch ist auch bei diesen Kranken, wenn die gesetzlichen Voraussetzungen vorliegen, ein Aufhebungsverfahren nach § 14 durchzuführen (§ 20).“

§ 11
Einweisung

(1) Ist zum Schutze von Leben oder Gesundheit des Kranken oder zur Abwehr einer ernsten Gefahr für andere Personen oder für das Zusammenleben der Bürger ein längerer Verbleib in der Einrichtung als 6 Wochen notwendig und liegt hierzu keine Zustimmung des Kranken oder des gesetzlichen Vertreters vor, ist über die unbefristete Einweisung in einem gerichtlichen Verfahren zu entscheiden.

(2) Der Antrag ist vom Staatsanwalt, vom Kreisarzt, vom Leiter des Krankenhauses oder von dem für die psychiatrische Betreuung verantwortlichen Arzt der

Pflegeeinrichtung bei dem für den Ort der Einrichtung zuständigen Kreisgericht zu stellen.

Anmerkung: Zum Antrag vgl. § 8 Abs. 2 ZPO (Reg.-Nr. 1.).

(3) In dem Antrag sind die Gründe für die Notwendigkeit des längeren Verbleibs in der Einrichtung darzulegen. Dem Antrag ist eine gutachtliche Beurteilung des psychiatrischen Sachverständigen beizufügen.
(4) Die Anordnung gemäß § 6 dauert bis zur rechtskräftigen Entscheidung des Gerichts an. Das gerichtliche Verfahren ist vordringlich durchzuführen.

Anmerkung: Wegen der dringlichen Verfahrensdurchführung vgl. § 37 Abs. 3 Satz 2 ZPO (Reg.-Nr. 1.).

§ 12
Verfahren
(1) Das Kreisgericht (Zivilkammer) entscheidet nach mündlicher Verhandlung. Die Verhandlung ist nicht öffentlich.
(2) Der Antrag ist dem Kranken oder dem gesetzlichen Vertreter mindestens eine Woche vor der Verhandlung zuzustellen. Zur Verhandlung ist der Antragsteller zu laden. Dem Staatsanwalt ist der Verhandlungstermin auch dann mitzuteilen, wenn er nicht den Antrag gestellt hat.
(3) Das Gericht hat in der Verhandlung die Voraussetzungen der Einweisung zu prüfen (§ 11 Abs. 1). Der Kranke ist in der Verhandlung unter Hinzuziehung eines Psychiaters zu vernehmen. Von der Anwesenheit oder der Vernehmung ist Abstand zu nehmen, wenn sie nicht ohne Nachteil für den Gesundheitszustand des Kranken durchführbar ist, der Gesundheitszustand des Kranken die Vernehmung unmöglich macht oder wenn ihr andere erhebliche Schwierigkeiten entgegenstehen. Die Gründe für den Verzicht auf die Vernehmung sind im Protokoll über die Verhandlung zu vermerken.
(4) Die Entscheidung über den Antrag erfolgt durch begründeten Beschluß.

Anmerkung: Zum Beschluß vgl. § 84 Satz 1 ZPO (Reg.-Nr. 1.).

(5) Der Kranke oder der gesetzliche Vertreter kann die Hilfe eines Rechtsanwalts in Anspruch nehmen. Wird kein Rechtsanwalt in Anspruch genommen, hat das Gericht, wenn es die Sache erfordert, einen Rechtsanwalt beizuordnen. Sofern der Kranke keinen gesetzlichen Vertreter hat, ist ihm für das gerichtliche Verfahren ein Pfleger zu bestellen.

Anmerkung: Zur Pflegerbestellung vgl. § 105 Abs. 2 und 3 FGB.

(6) Der Beschluß ist dem Staatsanwalt, dem Kreisarzt und dem Leiter der Einrichtung sowie dem Betroffenen und dem gesetzlichen Verteter zuzustellen.

Anmerkung: Zur Zustellung vgl. §§ 38 – 40 ZPO (Reg.-Nr. 1.).

§ 13
Überprüfung der Fortdauer der Einweisung
(1) Der Leiter des Krankenhauses und der für die psychiatrische Betreuung verantwortliche Arzt der Pflegeeinrichtung hat wiederholt, jeweils mindestens alle 6 Monate, beginnend vom Zeitpunkt der Rechtskraft der gerichtlichen Entscheidung, die Notwendigkeit des Verbleibs in der Einrichtung zu überprüfen und in den Betreuungsunterlagen zu protokollieren.
(2) Der Leiter des Krankenhauses oder der für die psychiatrische Betreuung verantwortliche Arzt der Pflegeeinrichtung ist berechtigt, den Kranken im Rahmen der Behandlung zeitweilig von dem stationären Aufenthalt in der Einrichtung zu entbinden. Er hat das Gericht, das die Einweisung beschlossen hat, von seiner ärztlichen Entscheidung zu informieren.

§ 14
Antrag auf Aufhebung der Einweisung
(1) Nach der rechtskräftigen gerichtlichen Anordnung der Einweisung sind der Leiter des Krankenhauses und bei Pflegeeinrichtungen der für die psychiatrische Betreuung verantwortliche Arzt und der Kreisarzt, in dessen Bereich die Einrichtung liegt, verpflichtet, Antrag auf Aufhebung der gerichtlichen Anordnung zu stellen, sobald die Voraussetzungen für diese weggefallen sind.
(2) Der Staatsanwalt ist berechtigt, Antrag auf Aufhebung zu stellen.
(3) Der Kranke, der gesetzliche Vertreter oder der Angehörige, der die persönliche Pflege des Kranken übernehmen will, sind berechtigt, Antrag auf Aufhebung zu stellen.
(4) Der Antrag ist bei dem für den Ort der Einrichtung zuständigen Kreisgericht zu stellen und zu begründen. Für das Verfahren über den Antrag auf Aufhebung gelten die Bestimmungen des § 12 entsprechend. Bei wiederholter Antragstellung ist die Ablehnung des erneuten Antrags ohne mündliche Verhandlung zulässig, wenn keine neuen Gründe vorgebracht wurden.
(5) Das Gericht hat nach Eintritt der Rechtskraft seine Entscheidung dem Leiter der Einrichtung zuzustellen. Hat das Gericht die Aufhebung der Einweisung beschlossen, ist vom Leiter der Einrichtung die sofortige Entlassung des Betroffenen zu veranlassen. Der Leiter der Einrichtung hat den für den ständigen Wohnsitz oder Aufenthalt des Betroffenen zuständigen Rat der Stadt oder Gemeinde von der Entlassung schriftlich in Kenntnis zu setzen.

(6) Die Aufhebung hat die Entlassung dann nicht zur Folge, wenn nach Zustellung der rechtskräftigen Entscheidung der Kranke mit seiner Zustimmung oder der des gesetzlichen Vertreters weiter in der Einrichtung verbleibt. Der Kreisarzt, der Staatsanwalt und das Gericht sind hiervon sofort schriftlich in Kenntnis zu setzen.

§ 15
Rechtsmittel

(1) Gegen gerichtliche Entscheidungen nach diesem Gesetz stehen dem Staatsanwalt der Protest und dem Antragsteller die Beschwerde zu. Gegen den Beschluß auf Einweisung steht auch dem Kranken und dem gesetzlichen Vertreter die Beschwerde zu. Protest und Beschwerde sind innerhalb einer Frist von 2 Wochen nach Zustellung des Beschlusses bei dem Gericht einzulegen, das ihn erlassen hat.

(2) Über das Rechtsmittel entscheidet das Bezirksgericht nach mündlicher nicht öffentlicher Verhandlung durch Beschluß.

Anmerkung: Vgl. Abschnitt II. der Vorbemerkung vor § 11 EinwG.

§ 16
Verfahrenskosten

Für das gerichtliche Verfahren werden keine Kosten erhoben.

Anmerkung: Vgl. Abschnitt III. der Vorbemerkung vor § 11 EinwG.

IV.
Ordnungsstrafmaßnahmen und Schlußbestimmungen

§ 17
Ordnungsstrafbestimmungen

(1) Mit einem Verweis oder einer Ordnungsstrafe von 10 bis zu 300 M kann bestraft werden, wer vorsätzlich als Leiter einer nichtstaatlichen Einrichtung Kranke aufnimmt oder als Pflegeverantwortlicher in Einzelpflege nimmt, ohne im Besitz der Zulassung gemäß § 2 Abs. 3 zu sein.

(2) Die Durchführung des Ordnungsstrafverfahrens obliegt dem für das Gesundheitswesen verantwortlichen Mitglied des Rates des Bezirkes.

(3) Für die Durchführung des Ordnungsstrafverfahrens und des Ausspruches von Ordnungsstrafmaßnahmen gilt das Gesetz vom 12. Januar 1968 zur Bekämpfung von Ordnungswidrigkeiten – OWG – (GBl. I Nr. 3 S. 101).

§ 18
Durchsetzung der Anordnung, polizeiliche Hilfe und Unterstützung

(1) Soweit die getroffenen Anordnungen nicht befolgt werden, können diese mit den erforderlichen Maßnahmen unter Berücksichtigung des Krankheitszustandes durchgesetzt werden.

(2) Die Organe der Deutschen Volkspolizei leisten bei der Durchführung dieser Maßnahmen Hilfe und Unterstützung, wenn den Umständen nach zu erkennen ist, daß die mit der Durchführung der Maßnahmen Beauftragten mit Gewalt bedroht oder tätlich angegriffen werden können oder die Maßnahmen in anderer Weise vereitelt werden.

§ 19
Durchführungsbestimmungen

Durchführungsbestimmungen erläßt der Minister für Gesundheitswesen im Einvernehmen mit dem Minister der Justiz.

§ 20
Inkrafttreten

Dieses Gesetz tritt am 1. Juli 1968 in Kraft.

8.
Anordnung über die Erhebung, Stundung und den Erlaß von Kosten der Bezirksgerichte, Kreisgerichte und Staatlichen Notariate – Justizkostenordnung –

vom 10. Dezember 1975 (GBl. I 1976 Nr. 1 S. 11)
i. d. F. der Rechtsanwaltsgebührenordnung (RAGO) vom 1. Februar 1982 (GBl. I Nr. 9 S. 183)

Vorbemerkung: Vgl. hierzu auch die zur Durchführung der JKO erlassene RV 25/75 vom 10. 12. 1975 – Kostenverfügung – (DuI – B 2 – 25/75) i. d. F. der RV 4/79 vom 5. 6. 1979 (DuI – B 2 – 4/79) und der Änderung vom 22. 10. 1980 (DuI – B 2 – 25/75).

Im Einvernehmen mit dem Minister der Finanzen wird folgendes angeordnet:

Erster Abschnitt
Kostenerhebung

§ 1
Verantwortung für die Kostenerhebung

(1) Die Gebühren und Auslagen der Bezirksgerichte, Kreisgerichte und Staatlichen Notariate (nachfolgend Kosten genannt) werden auf der Grundlage der kostenrechtlichen Bestimmungen erhoben. In Strafverfahren werden keine Gebühren, sondern nur die im § 362 Abs. 3 der Strafprozeßordnung der Deutschen Demokratischen Republik – StPO – vom 12. Januar 1968 in der Neufassung vom 19. Dezember 1974 (GBl. I 1975 Nr. 4 S. 62) genannten Auslagen des Staatshaushalts erhoben.

Anmerkung: Kostenrechtliche Bestimmungen sind die §§ 164 ff., § 204 ZPO (Reg.-Nr. 1.), §§ 27, 28, § 29 Abs. 4 GrundstVollstrVO (Reg.-Nr. 2.), § 16, § 17 Abs. 2 GesVollstrVO (Reg.-Nr. 3.), § 29 SchiedsgVO (Reg.-Nr. 4.), §§ 28, 52, 53, § 57 Abs. 2 SchVO (Reg.-Nr. 5.), § 16 EinwG (Reg.-Nr. 7.), § 31 Abs. 3, §§ 32, 33 der 3. DB zur ZPO (Reg.-Nr. 1.3.), §§ 1 ff. NKO sowie § 17 dieser AO.

Die Erhebung gerichtlicher Auslagen ist geregelt in § 362 Abs. 2 und 3 StPO, § 164 Abs. 2 ZPO (Reg.-Nr. 1.) und § 9 NKO i. V. m. Ziff. 1.1. der Kostenverfügung einschl. der Anlage:

„Zu den Auslagen ... gehören:

1. Entschädigungen, die im gerichtlichen und notariellen Verfahren an Zeugen, Vertreter der Kollektive, Sachverständige und Jugendbeistände erstattet werden, sowie der Teil des Lohnes oder Gehaltes der Zeugen, Vertreter der Kollektive und Sachverständigen, der dem Auslagenpflichtigen auf der Grundlage einer Lohnbescheinigung oder entsprechender Angaben oder Belege gemäß § 6 Absätze 2 und 3 sowie § 9 Absätze 5 und 6 der Anordnung über die Entschädigung für Schöffen und Beteiligte am Gerichtsverfahren sowie für Mitglieder der Schiedskommissionen vom 6. 5. 1980 in Ansatz zu bringen ist,
2. Postgebühren, die durch Ladung von Angeklagten, Zeugen, Sachverständigen und Vertretern der Kollektive und für die Übersendung der auf Antrag erteilten Ausfertigungen und Abschriften von Entscheidungen oder Protokollen entstanden sind,
3. Telegramm- und Fernsprechgebühren, die auf Veranlassung der Prozeßparteien, des Antragstellers oder des Angeklagten entstanden sind,
4. Kosten für Veröffentlichungen (§ 41 Abs. 1, § 137 Abs. 1, § 138 Abs. 2, § 145 Abs. 1 ZPO, § 10 GrundstVollstrVO, § 6 Abs. 1 GesVollstrVO, § 8 Abs. 1, § 37 Abs. 1 SchVO, § 185, § 265 Abs. 2, § 268 StPO, § 50 StGB, § 11, § 29 Abs. 2 und § 31 NG),
5. Kosten des einer Prozeßpartei beigeordneten Rechtsanwalts, eines Prozeßbeauftragten und des bestellten Verteidigers,
6. die dem Gericht durch eine Beweissicherung (§ 19 ZPO), eine Ortsbesichtigung (§ 33 Abs. 3, § 54 Abs. 4 ZPO) oder dem Staatlichen Notariat durch eine Tätigkeit außerhalb der Dienststelle entstandenen Kosten für die Bereitstellung von Räumen und die Reisekosten der Mitarbeiter,
7. Kosten für den Transport und für die Unterbringung gepfändeter oder geräumter Sachen sowie für die Öffnung von Räumen und Behältnissen,
8. ...
9. Kosten der zur Vorbereitung eines psychiatrischen Gutachtens angeordneten Unterbringung einer Prozeßpartei (§ 61 Abs. 3 ZPO), eines Beschuldigten oder eines Angeklagten (§ 43 StPO) in einem psychiatrischen Krankenhaus, längstens für die Dauer von 6 Wochen,
10. ...
11. ...
12. Kosten einer vom Gericht angeordneten Verwaltung eines Grundstückes oder eines Schiffes einschließlich der an den Verwalter gezahlten Vergütung (§ 3 Abs. 3, § 27 Abs. 3 GrundstVollstrVO, § 33 Abs. 3, § 52 Abs. 2 SchVO),
13. Vergütung eines Verfahrensbeauftragten (§ 8 Abs. 2 Ziff. 3, § 14 Abs. 3, § 28 Abs. 1 SchVO)."

(2) Rechtskräftig auferlegte Ordnungsstrafen gemäß den §§ 68 und 95 der Zivilprozeßordnung vom 19. Juni 1975 (GBl. I Nr. 29 S. 533) – nachfolgend ZPO genannt – sowie § 86 StPO und Regreßansprüche gemäß § 372a StPO sind wie Kosten zu erheben.
(3) Für die richtige, vollständige und rechtzeitige Erhebung der Kosten ist der Sekretär des erstinstanzlichen Gerichts, in notariellen Verfahren der bearbeitende Staatliche Notar (Kostenberechner) verantwortlich.

Anmerkung: Vgl. hierzu Ziff. 1.2. und Ziff. 3.1. der Kostenverfügung:
„1.2. Der Kostenberechner hat spätestens zwei Wochen nach Rechtskraft der Entscheidung oder nach Beendigung des Verfahrens die Kostenrechnung aufzustellen, gezahlte Vorschüsse zu verrechnen und den Zahlungspflichtigen festzustellen. Er veranlaßt die Sollstellung des errechneten Kostenbetrages bei der zuständigen Zentralbuchhaltung. Eine Sollstellung ist nur bis zum Ablauf des Jahres zulässig, das auf das Jahr der Beendigung des Verfahrens folgt."
„3.1. Die Sollstellung und die Vollstreckung der Kosten obliegen der zuständigen Zentralbuchhaltung. Bei der Zentralbuchhaltung sind Kostenrechnungen zum Soll zu stellen, wenn der Kostenbetrag 3,– M übersteigt."

§ 2
Zahlungspflichtiger
(1) Der Zahlungspflichtige ergibt sich aus der rechtskräftigen Entscheidung des Gerichts oder des Staatlichen Notariats. Liegt eine Entscheidung über die Pflicht zur Zahlung der Verfahrenskosten nicht vor, ist Zahlungspflichtiger, wer zur Kostenvorauszahlung verpflichtet ist (Antragsteller) oder wer sich zur Zahlung verpflichtet hat.
(2) In Notariatsverfahren ist auch derjenige zur Zahlung der Kosten verpflichtet, in dessen Interesse das Staatliche Notariat tätig ist.
(3) Sind mehrere als Gesamtschuldner zahlungspflichtig, bestimmt der Kostenberechner, von wem die Kosten zu erheben sind. Sie können von allen zu gleichen Anteilen erhoben werden. Sind mehrere zahlungspflichtig, ohne Gesamtschuldner zu sein, und enthält die Kostenentscheidung keine Bestimmung über die Höhe der zu zahlenden Anteile, dann legt sie der Kostenberechner fest. Auslagen, die nur hinsichtlich eines Zahlungspflichtigen entstanden sind, sind nur von ihm zu erheben.

Anmerkung: Zu Gesamtschuldner vgl. § 434 ZGB.

(4) Im Rahmen der Vorauszahlungspflicht gezahlte Vorschüsse werden bei der Aufstellung der Kostenrechnung auf die Verfahrenskosten verrechnet. Es wird nur der Betrag zurückgezahlt, der den errechneten Kostenbetrag übersteigt.

Anmerkung: Zur Kostenvorauszahlungspflicht vgl. § 169 Abs. 1 und 2 ZPO (Reg.-Nr. 1.) i. V. m. § 57 Abs. 2 SchVO (Reg.-Nr. 5.) und § 33 Abs. 2 der 3. DB zur ZPO (Reg.-Nr. 1.3.).

§ 3
Berichtigung der Kostenrechnung
(1) Bei nachträglicher Änderung des Gebührenwertes oder bei fehlerhafter Berechnung ist die Kostenrechnung zu berichtigen. Eine Nacherhebung ist nur bis zum Ablauf des Jahres zulässig, das auf das Jahr der Beendigung des Verfahrens folgt.

Anmerkung: Vgl. § 171 Abs. 1 Satz 2 ZPO (Reg.-Nr. 1.), § 13 Abs. 2 und 3 NKO.

(2) Kosten, die bei richtiger Behandlung der Sache nicht entstanden wären, oder Auslagen, die durch eine vom Gericht oder vom Staatlichen Notariat veranlaßte Terminverlegung entstanden sind, werden nicht erhoben.

Anmerkung: Vgl. hierzu Ziff. 1.3. und Ziff. 1.4. der Kostenverfügung:
„1.3. Die Entscheidung darüber, daß Kosten gemäß § 3 Abs. 2 JKO nicht zu erheben sind, trifft der Vorsitzende des Gerichts, der Sekretär, soweit er für das Verfahren verantwortlich ist, oder der bearbeitende Notar."
„1.4. Sind Kosten zum Soll gestellt, für die § 3 Abs. 2 JKO gilt, veranlaßt der Kostenberechner die Ausbuchung des entsprechenden Betrages; wurden bereits Zahlungen geleistet, veranlaßt er die Rückzahlung."

§ 4
Einwendungen gegen die Kostenrechnung
Gegen die Kostenrechnung kann der Zahlungspflichtige Einwendungen erheben. Der Kostenberechner kann die Kostenrechnung ändern, wenn er die Einwendungen in vollem Umfang für begründet hält, andernfalls entscheidet der Leiter des Referats Haushalt und Verwaltung beim Bezirksgericht über die Einwendungen endgültig.

Anmerkung: Vgl. hierzu Ziff. 1.6. der Kostenverfügung:
„1.6. Die Entscheidung über Einwendungen gegen die Kostenrechnung ist vom Finanzrevisor vorzubereiten. Ihm ist die Akte vom Kostenberechner vorzulegen."

§ 5
Wegfall der Befreiung von der Vorauszahlungspflicht
Von einer Prozeßpartei, die von der Vorauszahlungspflicht befreit war (§ 170 ZPO), sind Kosten erst dann zu erheben, wenn ihre wirtschaftlichen Verhältnisse

eine Zahlung zulassen. Von der Erhebung kann der Kostenberechner absehen, wenn offenkundig ist, daß eine Besserung der wirtschaftlichen Verhältnisse für dauernd oder für einen längeren Zeitraum nicht zu erwarten ist.

§ 6
Auslagen für Schreibarbeiten

(1) Für auf Antrag erteilte Ausfertigungen oder Abschriften aus Akten (z. B. Abschriften von Entscheidungen oder von Protokollen) sind für jede angefangene Seite 50 Pf, für Fotokopien je Seite 1 M zu erheben.

(2) Schreibauslagen nach Abs. 1 werden auch von dem erhoben, der einen Schriftsatz einreicht und die zur Zustellung an andere Beteiligte erforderlichen Abschriften nicht beifügt.

Anmerkung: Zu Schreibauslagen vgl. § 177 Abs. 2 ZPO (Reg.-Nr. 1.), § 9 Abs. 2 NKO.

Zweiter Abschnitt
Kostenerstattung

§ 7
Kostenerstattung an Rechtsanwälte

(1) Einem Rechtsanwalt, der gemäß § 170 Abs. 1 der Zivilprozeßordnung einer Prozeßpartei als Prozeßbevollmächtigter beigeordnet wurde, gemäß § 36 Abs. 1 der Zivilprozeßordnung als Prozeßbeauftragter bestellt wurde oder gemäß § 63 Absätze 1 und 2 der Strafprozeßordnung zum Verteidiger eines Angeklagten bestellt wurde, stehen Gebühren und Auslagen für seine Tätigkeit nach der Gebührenordnung für Rechtsanwälte zu.

Anmerkung: Diese Vorschrift trifft auch auf den nach § 12 Abs. 5 Satz 2 EinwG (Reg.-Nr. 7.) beigeordneten Rechtsanwalt zu. Die Rechtsanwaltsgebührenordnung (RAGO) ist unter Reg.-Nr. 9. abgedruckt.

(2) Die Zahlung der Gebühren und die Erstattung der Auslagen aus dem Staatshaushalt erfolgen auf Antrag des Rechtsanwalts.

Anmerkung: Vgl. § 18 Abs. 4 und § 19 RAGO (Reg.-Nr. 9.).

(3) In Strafsachen entscheidet über den Antrag der Vorsitzende des Gerichts erster Instanz durch Beschluß. Gegen den Beschluß ist die Beschwerde zulässig (§§ 305 ff. StPO).

(4) In Zivil-, Familien-, Arbeits- und allen sonstigen Rechtsangelegenheiten entscheidet über den Antrag der Kostenberechner. Erhebt der Rechtsanwalt Einwände gegen die Höhe des festgesetzten Betrages, findet § 4 Satz 2 entsprechende Anwendung.

Dritter Abschnitt
Verantwortung der Zentralbuchhaltung

§ 8
Zahlungsaufforderung

(1) Dem Zahlungspflichtigen ist die Kostenrechnung durch die für die Einziehung der Kosten zuständige Zentralbuchhaltung mit der Aufforderung zur Zahlung binnen 2 Wochen zu übersenden. Bleibt die Zahlungsaufforderung erfolglos, ist der Zahlungspflichtige zu mahnen. Die Mahnung erfolgt kostenfrei.

(2) Die Kostenrechnung ist Vollstreckungstitel im Sinne des § 88 Abs. 1 ZPO. Einer Zustellung der Kostenrechnung bedarf es nicht.

Anmerkung: Vgl. § 88 Abs. 2 ZPO (Reg.-Nr. 1.).

§ 9
Vollstreckung

(1) Erfüllt der Zahlungspflichtige innerhalb von 2 Wochen nach der Mahnung seine Verpflichtungen nicht oder nur ungenügend, ordnet der Leiter der Zentralbuchhaltung die notwendigen Vollstreckungsmaßnahmen an.

Anmerkung: Vgl. hierzu Ziff. 3.2. und Ziff. 3.3. der Kostenverfügung:

„3.2. Der Leiter der Zentralbuchhaltung kann, wenn der Zahlungspflichtige der Zahlungsaufforderung nicht oder nur ungenügend nachkommt, den Leiter des Betriebes, bei dem der Zahlungspflichtige beschäftigt ist, um Einwirkung auf den Zahlungspflichtigen ersuchen (§ 6 Abs. 2 und § 85 Abs. 2 ZPO gelten entsprechend)."

„3.3. Die Einholung von Auskünften bei Geld- und Kreditinstituten über Konten des Zahlungspflichtigen gemäß § 95 Abs. 4 ZPO beantragt der Leiter der Zentralbuchhaltung bei dem für die Vollstreckung zuständigen Richter des Kreisgerichts, in dessen Kreis die Auskünfte einzuholen sind."

(2) Die Pfändung von Arbeitseinkünften und von anderen Forderungen erfolgt duch die Zentralbuchhaltung; insoweit gelten die Bestimmungen des § 95 Absätze 1, 3 und 4 und der §§ 96 bis 117 ZPO mit der Maßgabe, daß an die Stelle des Sekretärs der Leiter der Zentralbuchhaltung tritt und daß dieser seine Entscheidung durch Verfügung trifft.

Anmerkung: Vgl. hierzu Ziff. 3.4. der Kostenverfügung:

„3.4. Die Festlegung der Höhe des Betrages aus den Arbeitseinkünften des Zahlungspflichtigen, der der Pfändung unterliegt, wird entsprechend § 106 ZPO durch den Leiter der Zentralbuchhaltung getroffen, die die Pfändungsanordnung erlassen hat.

Abweichende Festlegung der Pfändbarkeit von Arbeitseinkünften zugunsten des Zahlungspflichtigen gemäß § 107 Abs. 1 ZPO trifft der Leiter der Zentralbuchhaltung, die die Pfändungsanordnung erlassen hat, durch Verfügung. § 107 Abs. 2 ZPO ist bei der Vollstreckung von Kostenrechnungen der Zentralbuchhaltung nicht anzuwenden."

(3) Soll in Sachen vollstreckt werden, ist der Sekretär des zuständigen Kreisgerichts um die Durchführung zu ersuchen.

Anmerkung: Vgl. hierzu Ziff. 3.5. der Kostenverfügung:

„3.5. Um die Vollstreckung in Sachen und Grundstücke ist gemäß § 9 Abs. 3 JKO der Sekretär des zuständigen Kreisgerichts zu ersuchen.
Dazu ist vom Leiter der Zentralbuchhaltung ein Vollstreckungsauftrag zu erteilen. Die Zentralbuchhaltung bleibt auch in diesen Fällen für die Vollstreckung verantwortlich."

Der Sekretär des Kreisgerichts leistet der Zentralbuchhaltung Vollstreckungshilfe gem. § 57 Abs. 1 und 2 GVG, § 93 Abs. 2 ZPO (Reg.-Nr. 1.); wegen der Zuständigkeit für die Vollstreckung in Sachen vgl. § 93 Abs. 1 Satz 2 ZPO, für die Vollstreckung in Grundstücke vgl. § 1 Abs. 2 Satz 3 GrundstVollstrVO (Reg.-Nr. 2.).

(4) Die Kosten der Vollstreckung trägt der Zahlungspflichtige. Für die Vollstreckung wird eine halbe Gerichtsgebühr vom Zahlungspflichtigen erhoben.

Anmerkung: Vgl. § 165 Abs. 1 und 2, § 166 Abs. 5 ZPO (Reg.-Nr. 1.) und Ziff. 3.6. der Kostenverfügung:

„3.6. Die von der Zentralbuchhaltung gemäß § 9 Abs. 4 JKO zu erhebenden Kosten der Vollstreckung sind zusammen mit dem Kostenbetrag geltend zu machen."

Vgl. auch § 29 der 3. DB zur ZPO (Reg.-Nr. 1.3.).

§ 10
Einwendungen gegen Vollstreckungsmaßnahmen

Gegen Vollstreckungsmaßnahmen können der Zahlungspflichtige oder jeder unmittelbar Betroffene Einwendungen erheben. Der Leiter der Zentralbuchhaltung kann angeordnete Vollstreckungsmaßnahmen ändern, wenn er die Einwendungen in vollem Umfang für begründet hält, andernfalls entscheidet der für die Zentralbuchhaltung zuständige Direktor des Gerichts endgültig.

§ 11
Verjährung

(1) Gemäß § 8 Abs. 1 geltend gemachte Kosten verjähren in 5 Jahren; die Verjährungsfrist beginnt mit dem Tage der Übersendung der Kostenrechnung. Im übrigen gelten die Bestimmungen der §§ 476 bis 480 des Zivilgesetzbuches der Deutschen Demokratischen Republik vom 19. Juni 1975 (GBl. I Nr. 27 S. 465) entsprechend.

(2) Ein Anspruch auf Rückzahlung zuviel erhobener Kosten verjährt in 4 Jahren. Die Verjährungsfrist beginnt mit dem ersten Tage des auf die Beendigung des Verfahrens folgenden Monats.

Vierter Abschnitt
Kostenmarken

§ 12
Verkauf von Kostenmarken

(1) Vorauszahlungen für Kosten können mit Kostenmarken erfolgen. Kostenmarken werden in Wertsorten von 5, 10, 20 und 50 Pf sowie 1, 2, 3, 5, 10, 20, 50 und 100 M herausgegeben und durch Kostenmarkenverkaufsstellen der Gerichte und Staatlichen Notariate verkauft.

(2) Die Übergabe von Kostenmarken ist dem Überbringer auf Verlangen zu bestätigen.

(3) Kostenmarken sind kassenmäßig wie Gebührenmarken der staatlichen Organe und Einrichtungen zu behandeln. Über Bestand und Ausgabe ist ein schriftlicher Nachweis zu führen.

Anmerkung: Vgl. hierzu die nachstehenden Ziff. der Kostenverfügung:

„5.1. Der Leiter der Dienststelle bestimmt den für den Verkauf von Kostenmarken verantwortlichen Mitarbeiter. Andere Mitarbeiter sind nicht berechtigt, Kostenmarken zu verkaufen oder Bargeld dafür anzunehmen.

5.2. Die Bestätigung nach § 12 Abs. 2 JKO erteilt der Mitarbeiter, der die Kostenmarken entgegennimmt.

5.3. Auf die Kostenmarkenverkaufsstellen ist durch entsprechende Aushänge hinzuweisen; ebenso auf die Verpflichtung zur Erteilung der Empfangsbestätigung nach § 12 Abs. 2 JKO."

„5.6. Unversehrte Kostenmarken, die sich zur Wiederausgabe eignen, können gegen andere Kostenmarken umgetauscht oder gegen Erstattung des Geldbetrages zurückgenommen werden.

5.7. Beschädigte Kostenmarken können nur vom Referat Haushalt und Verwaltung des Bezirksgerichts zurückgenommen werden."

Fünfter Abschnitt
Stundung und Erlaß

§ 13
Stundung

(1) Kosten können auf Antrag des Zahlungspflichtigen bis zur Dauer von 6 Monaten, in Ausnahmefällen

bis zur Dauer von 2 Jahren gestundet werden, wenn Teilzahlungen nicht zumutbar sind und die Vollstrekkung der Kosten für den Zahlungspflichtigen eine ungerechtfertigte Härte bedeuten oder ihm nicht ausgleichbare Nachteile zufügen würde.
(2) Über Anträge auf Stundung von Kosten bis zu 500 M entscheidet der Leiter der für die Einziehung zuständigen Zentralbuchhaltung, von Kosten bis zu 1000 M der für die Zentralbuchhaltung zuständige Direktor des Gerichts, von Kosten über 1000 M der Direktor des Bezirksgerichts.

§ 14
Erlaß
(1) Kosten können auf Antrag des Zahlungspflichtigen ganz oder teilweise erlassen werden, wenn die Voraussetzungen des § 13 Abs. 1 vorliegen und eine Änderung der wirtschaftlichen Verhältnisse des Zahlungspflichtigen nicht zu erwarten ist.
(2) Über Anträge auf Erlaß von Kosten bis zu 1000 M entscheidet der Direktor des Bezirksgerichts, von Kosten über 1000 M der Minister der Justiz.

§ 15
Antragstellung
(1) Der Antrag auf Stundung und Erlaß von Kosten ist bei der Zentralbuchhaltung einzureichen, die die Zahlungsaufforderung übersandt hat.
(2) Der Zahlungspflichtige soll im Antrag seine wirtschaftlichen und persönlichen Verhältnisse und seine sonstigen Zahlungsverpflichtungen, insbesondere gegenüber Unterhaltsberechtigten, darlegen. Die Angaben sind glaubhaft zu machen.
(3) Soweit der Leiter der Zentralbuchhaltung nicht selbst für die Entscheidung zuständig ist, übersendet er den Antrag mit den für die Entscheidung erforderlichen Unterlagen und seiner Stellungnahme an den für die Entscheidung zuständigen Leiter.

§ 16
Ausbuchung der Kosten
(1) Erlassene Kosten sind auszubuchen.
(2) Kosten können auch ausgebucht werden, wenn feststeht, daß sie durch Tod, unbekannten Aufenthalt oder wegen offensichtlich dauernder Zahlungsunfähigkeit des Zahlungspflichtigen nicht eingezogen werden können.

Sechster Abschnitt
Kosten in Justizverwaltungsangelegenheiten und Schlußbestimmungen

§ 17
Kosten in Justizverwaltungsangelegenheiten
(1) Für das Verfahren zur Anerkennung von Entscheidungen anderer Staaten in Ehesachen wird eine Gebühr von 50 M bis 500 M erhoben.

Anmerkung: Zur Anerkennung von ausländischen Entscheidungen in Ehesachen vgl. § 194 ZPO (Reg.-Nr. 1.).

(2) Für die Beglaubigung von Unterschriften auf Urkunden, die für den Rechtsverkehr mit anderen Staaten bestimmt sind, wird eine Gebühr von 5 M bis 50 M erhoben.
Die Gebühr entsteht nur einmal.

Anmerkung: Zur Legalisation von Urkunden vgl. § 192 ZPO (Reg.-Nr. 1.).

(3) Der Minister der Justiz setzt die Gebühr gemäß den Absätzen 1 und 2 fest. Er kann von der Erhebung einer Gebühr absehen.
(4) Auf Auslagen findet § 6 Anwendung.

§ 18
Inkrafttreten
(1) Diese Anordnung tritt am 1. Januar 1976 in Kraft.
(2) Gleichzeitig treten die Anordnung vom 25. März 1954 über Stundung und Erlaß von Kosten im Bereich der Justiz (GBl. Nr. 32 S. 315) in der Fassung der Änderungsanordnung vom 12. März 1957 (GBl. I Nr. 25 S. 211) und alle vor diesem Zeitpunkt erlassenen Rechtsvorschriften zur Regelung der Kostenerhebung und Kosteneinziehung im Bereich der Justiz sowie zur Kostenerstattung an Rechtsanwälte außer Kraft.

9.
Anordnung über die Gebühren für die Tätigkeit der Rechtsanwälte – Rechtsanwaltsgebührenordnung (RAGO) –

vom 1. Februar 1982 (GBl. I Nr. 9 S. 183)

I
Allgemeine Bestimmungen

§ 1
Geltungsbereich

Diese Anordnung regelt die Vergütung für die Tätigkeit der in der Deutschen Demokratischen Republik zugelassenen Rechtsanwälte.

§ 2
Vergütung des Rechtsanwalts

(1) Dem Rechtsanwalt stehen als Vergütung für seine Tätigkeit die in dieser Ordnung festgelegten Gebühren zu. Entstandene Auslagen sind ihm zu erstatten.

(2) Die Bemessung der Gebührenhöhe innerhalb festgelegter Mindest- und Höchstbeträge hat nach dem durch Umfang und Schwierigkeit der Sache bedingten Arbeitsaufwand sowie nach den Einkommens- und Vermögensverhältnissen des Auftraggebers zu erfolgen.

(3) Soweit für bestimmte Tätigkeiten keine Mindest- und Höchstbeträge festgelegt sind, wird die Höhe der Gebühren durch die Gebührentabelle (Anlage) bestimmt.

Anmerkung: Vgl. Anhang II: „Gebührentabelle zur Rechtsanwaltsgebührenordnung (zu § 2 Abs. 3 RAGO)."

(4) Mündliche Rechtsauskünfte an Bürger sind unentgeltlich.

§ 3
Befugnisse des Kollegiums der Rechtsanwälte

(1) Dem Vorstand des Kollegiums der Rechtsanwälte obliegt die Anleitung und Kontrolle der Mitglieder bei der Anwendung dieser Ordnung. Stellt der Vorstand eine fehlerhafte Gebührenberechnung fest, hat er deren Berichtigung zu veranlassen, soweit sich daraus ergebende Ansprüche auf Rückzahlung oder Nachforderung noch nicht verjährt sind.

(2) Der Vorstand kann im Einzelfall veranlassen, daß auf die Berechnung bzw. Geltendmachung von Gebühren ganz oder teilweise verzichtet wird.

(3) Für die Gebühr bei Unterbevollmächtigung zwischen Mitgliedern eines Kollegiums kann die Mitgliederversammlung eine von § 4 Abs. 1 abweichende Verteilung festlegen.

§ 4
Gebühren bei der Mitwirkung mehrerer Rechtsanwälte

(1) Der prozeßbevollmächtigte Rechtsanwalt hat mit dem Rechtsanwalt, dem er Untervollmacht erteilt hat, die Gebühren zu teilen.

(2) Dem Rechtsanwalt, der mit dem prozeßbevollmächtigten Rechtsanwalt den Schriftverkehr führt, steht eine halbe Bearbeitungsgebühr zusätzlich zu. Wird der Schriftverkehr mit einem prozeßbevollmächtigten Rechtsanwalt geführt, der seinen Sitz im Ausland hat, steht dem Rechtsanwalt eine Bearbeitungsgebühr in voller Höhe zu, soweit nicht in einer Gebührenvereinbarung eine andere Regelung getroffen worden ist.

(3) Wurde die Ausführung eines Auftrages mehreren Rechtsanwälten übertragen, stehen jedem Rechtsanwalt die Gebühren nach dieser Ordnung und seine Auslagen zu, soweit nicht die Absätze 1 und 2 Anwendung finden.

II.
Gebühren in Zivilrechts-, Familienrechts-, Arbeitsrechts- und sonstigen Rechtsangelegenheiten

§ 5
Gebühren

(1) In Zivil-, Familien- und Arbeitsrechtssachen sowie in den in § 1 Abs. 1 der Zivilprozeßordnung genannten anderen Rechtsangelegenheiten werden die Gebühren nach dem Wert berechnet, der entsprechend dem erteilten Auftrag Gegenstand der anwaltlichen Tätigkeit ist. Für die Wertberechnung gelten die Bestimmungen der Zivilprozeßordnung, in Verfahren des Staatlichen Notariats die Bestimmungen der Notariatskostenordnung. Die vom Gericht, Staatlichen Notariat oder von einem anderen staatlichen Organ vorgenommene Wertfestsetzung ist für die Berechnung der Gebühr maßgebend.

Anmerkung: Zur Wertberechnung vgl. § 172 ZPO (Reg.-Nr. 1.) einschl. der Anmerkung dazu sowie §§ 10–12 NKO.

(2) In sonstigen nicht durch Abs. 1 und die §§ 11 bis 13 erfaßten Rechtsangelegenheiten werden die Gebühren ebenfalls nach dem Wert des Gegenstandes be-

rechnet. Bildet kein bestimmbarer Betrag den Gegenstand der anwaltlichen Tätigkeit, beträgt die Gebühr 20 M bis 200 M.
(3) Wird der Rechtsanwalt für mehrere Auftraggeber in der gleichen Angelegenheit tätig, so stehen ihm die dafür festgelegten Gebühren nur einmal zu. Die Auftraggeber sind als Gesamtschuldner zur Zahlung der Gebühren und Auslagen verpflichtet. Die Erstattung der Auslagen, die nur für einen Auftraggeber entstanden sind, kann nur von diesem Auftraggeber gefordert werden.
(4) Dem Rechtsanwalt steht je eine volle Gebühr zu
1. für die Bearbeitung der Angelegenheit (Bearbeitungsgebühr),
2. für die Vertretung in der gerichtlichen mündlichen Verhandlung (Verhandlungsgebühr).

§ 6
Bearbeitungsgebühr
(1) Die Bearbeitungsgebühr entsteht mit der Übernahme des Auftrages zur Vertretung. Mit ihr werden die Entgegennahme von Informationen und die Beratung mit dem Auftraggeber oder anderen Beteiligten sowie der nach Auftragserteilung erforderliche Schriftverkehr, insbesondere die Einreichung einer Klage, eines Antrages auf Erlaß einer gerichtlichen Zahlungsaufforderung oder anderer Anträge bei Gericht, die Vorbereitung einer Verhandlung und in Notariatsangelegenheiten auch die Vertretung in einem Verfahren vor dem Staatlichen Notariat, abgegolten.
(2) Die Bearbeitungsgebühr erhöht sich um die Hälfte, wenn der Rechtsanwalt an Bemühungen der Beteiligten zur Beilegung des Konflikts mitgewirkt hat und eine Einigung erreicht wurde. Die Erhöhung tritt nicht ein, wenn eine Verhandlungsgebühr nach § 7 entstanden ist.
(3) Die Bearbeitungsgebühr entsteht auch für die Anfertigung eines Rechtsgutachtens.
(4) Der nicht mit der Vertretung beauftragte Rechtsanwalt erhält die Bearbeitungsgebühr zur Hälfte für die Beratung sowie für die Anfertigung einer Kassationsanregung oder für die Anfertigung von Entwürfen für Anträge und Schreiben.
(5) Beschränkt sich die Tätigkeit des Rechtsanwalts auf die Ausarbeitung des Entwurfs einer zu beurkundenden Erklärung, steht ihm die Bearbeitungsgebühr nur bis zur Höhe der Gebühren des Staatlichen Notariats für die Beurkundung zu.
(6) Die Bearbeitungsgebühr entsteht in jeder Instanz nur einmal, soweit nachfolgend keine andere Regelung festgelegt ist.

§ 7
Verhandlungsgebühr
(1) Mit der Verhandlungsgebühr ist die Vertretung in der gerichtlichen mündlichen Verhandlung einschließlich der Teilnahme an der Beweisaufnahme innerhalb oder außerhalb einer mündlichen Verhandlung abgegolten. Die Verhandlungsgebühr entsteht mit Beginn der Erörterung der Sach- und Rechtslage durch das Gericht.

Anmerkung: Zur mündlichen Verhandlung und zur Beweisaufnahme vgl. § 45 Abs. 1, § 54, § 19 Abs. 3 ZPO (Reg.-Nr. 1.).

(2) Die Verhandlungsgebühr entsteht in jeder Instanz nur einmal.

§ 8
Gebühren für die einstweilige Anordnung
(1) In Verfahren zur Entscheidung über den Antrag auf Erlaß einer einstweiligen Anordnung stehen dem Rechtsanwalt die Bearbeitungsgebühr sowie die Verhandlungsgebühr nur zur Hälfte zu.

Anmerkung: Zur einstweiligen Anordnung vgl. §§ 16–18 ZPO (Reg.-Nr. 1.).

(2) Die Gebühren entstehen nicht, wenn der Antrag auf Erlaß einer einstweiligen Anordnung innerhalb eines laufenden gerichtlichen Verfahrens gestellt wurde.
(3) Wird nach der Beantragung einer einstweiligen Anordnung wegen der darin geltend gemachten Ansprüche eine Klage eingereicht, so sind die für die einstweilige Anordnung entstandenen Gebühren auf die des nachfolgenden Klageverfahrens anzurechnen.

§ 9
Gebühren in Rechtsmittel-, Kassations- und Wiederaufnahmeverfahren
(1) Die Bearbeitungs- sowie die Verhandlungsgebühr entstehen im Rechtsmittelverfahren sowie im Kassations- und Wiederaufnahmeverfahren gesondert. Eine nach § 6 Abs. 4 entstandene Bearbeitungsgebühr für die Anfertigung einer Kassationsanregung ist anzurechnen.

Anmerkung: Zu den hier genannten Nachprüfungsverfahren vgl. §§ 147ff., 158–163 ZPO (Reg.-Nr. 1.).

(2) Im Falle der Zurückverweisung der Sache entsteht nur die Verhandlungsgebühr erneut.

§ 10
Gebühren für die Vollstreckung
(1) Im Vollstreckungsverfahren entsteht für die Vertretung des Gläubigers, des Schuldners, eines durch die Vollstreckung betroffenen oder eines zur Anmeldung von Rechten aufgeforderten Dritten die Bearbeitungsgebühr zur Hälfte. Durch diese Gebühr wird die gesamte Tätigkeit während der Dauer der Vollstreckung abgegolten, soweit nicht nach Abs. 2 oder nach Abs. 4 ein weiterer Gebührenanspruch besteht.

Anmerkung: Zur Vollstreckung vgl. §§ 85 ff. ZPO (Reg.-Nr. 1.) und die unter den Reg.-Nrn. 1.2., 1.3., 2., 3., 5. und 6. aufgeführten Rechtsvorschriften.

(2) Im Verfahren zum gerichtlichen Verkauf eines Grundstücks oder Gebäudes, eines Schiffes oder Schiffsbauwerkes entsteht für die Vertretung eines Beteiligten im Verkaufs- oder im Verteilungstermin die Verhandlungsgebühr zur Hälfte. Sie entsteht im Verfahren jedoch nur einmal.

Anmerkung: Zum Verkaufstermin vgl. §§ 12–14 GrundstVollstrVO (Reg.-Nr. 2.) und §§ 40, 41 SchVO (Reg.-Nr. 5.); zum Verteilungstermin vgl. § 21 GrundstVollstrVO (Reg.-Nr. 2.) und § 47 SchVO (Reg.-Nr. 5.).

(3) Die in den Absätzen 1 und 2 bezeichneten Gebühren entstehen auch für die Vertretung eines Beteiligten im gerichtlichen Verfahren zur Beschränkung der Haftung eines Reeders und im gerichtlichen Verfahren zur Verteilung einer Entschädigung für ein in Volkseigentum übergegangenes Grundstück.

Anmerkung: Zum Haftungsbeschränkungsverfahren vgl. §§ 128 SchVO (Reg.-Nr. 5.); zum gerichtlichen Verteilungsverfahren vgl. Anmerkung zu § 27 Abs. 2 GrundstVollstrVO (Reg.-Nr. 2.).

(4) Für die Vertretung im Verfahren zur Entscheidung

1. über den Widerspruch eines Ehegatten gegen die Vollstreckung in das gemeinschaftliche Eigentum und Vermögen (§ 16 Abs. 2 Familiengesetzbuch, § 132 Abs. 2 Zivilprozeßordnung),
2. über Anträge auf Erklärung der Unzulässigkeit der Vollstreckung (§ 133 Zivilprozeßordnung),
3. über Beschwerden gegen in der Vollstreckung erlassene Beschlüsse (§ 135 Abs. 1 Zivilprozeßordnung)

stehen dem Rechtsanwalt die Bearbeitungsgebühr sowie die Verhandlungsgebühr in voller Höhe gesondert zu. Eine Gebühr nach Abs. 1 ist auf die in diesen Verfahren entstehende Bearbeitungsgebühr anzurechnen.

III.
Gebühren in Strafsachen

§ 11
Gebühren des Verteidigers

(1) In Strafsachen beträgt die Gebühr für die Verteidigung eines Angeklagten

1. in Verfahren vor dem Kreisgericht 100 M bis 600 M und, wenn die Hauptverhandlung mehrere Tage dauert, für den zweiten und jeden weiteren Verhandlungstag je 50 M bis 300 M;
2. in Verfahren vor dem Bezirksgericht 100 M bis 700 M und, wenn die Hauptverhandlung mehrere Tage dauert, für den zweiten und jeden weiteren Verhandlungstag je 50 M bis 350 M;
3. in Verfahren vor dem Obersten Gericht 200 M bis 900 M und, wenn die Hauptverhandlung mehrere Tage dauert, für den zweiten und jeden weiteren Verhandlungstag je 100 M bis 400 M.

(2) War der Rechtsanwalt nur im Ermittlungsverfahren oder im gerichtlichen Verfahren nur außerhalb der Hauptverhandlung, im Verfahren über den Einspruch gegen die Entscheidung eines gesellschaftlichen Gerichts oder im Strafbefehlsverfahren tätig, so steht ihm eine Gebühr von 50 M bis 400 M zu.

(3) Verteidigt der bereits im Strafbefehlsverfahren tätig gewesene Rechtsanwalt den Beschuldigten nach Einlegung des Einspruchs gegen den Strafbefehl auch in der Hauptverhandlung, so stehen ihm die entsprechenden Gebühren des Abs. 1 zu. Nach Abs. 2 entstandene Gebühren sind anzurechnen.

(4) Die vorstehenden Gebühren stehen dem Rechtsanwalt für jede Instanz gesondert zu. Bei der Verteidigung mehrerer Angeklagter stehen ihm hinsichtlich jedes Angeklagten die Gebühren nach dieser Ordnung und seine Auslagen zu.

(5) In Strafsachen, die wegen ihres Umfanges und ihrer Schwierigkeit einen außergewöhnlichen Arbeitsaufwand erfordern, kann dem Rechtsanwalt auf seinen Antrag eine die Höchstsätze der Absätze 1 und 2 übersteigende Gebühr bewilligt werden. In Verfahren vor dem Kreisgericht oder dem Bezirksgericht trifft diese Entscheidung der Minister der Justiz, in Verfahren vor dem Obersten Gericht der Präsident des Obersten Gerichts.

§ 12
Besondere Gebühren

(1) Für die Einreichung einer Kassationsanregung oder eines Gesuchs um Wiederaufnahme des Verfahrens beträgt die Gebühr 50 M bis 200 M. Diese Gebühr ist auf die Gebühr anzurechnen, die der Rechtsanwalt für die Tätigkeit im Kassationsverfahren oder im wieder aufgenommenen Verfahren gemäß § 11 erhält.

(2) Für die Einreichung eines Gnadengesuchs, einer Anregung zur Strafaussetzung auf Bewährung sowie anderer Anträge und Anregungen im Rahmen der Verwirklichung von Maßnahmen der strafrechtlichen Verantwortlichkeit oder eines Antrages auf Entschädigung für Untersuchungshaft und Strafen mit Freiheitsentzug beträgt die Gebühr 20 M bis 200 M.

(3) Beschränkt sich die Tätigkeit eines nicht mit der Verteidigung beauftragten Rechtsanwalts auf die Anfertigung von Anträgen und Gesuchen, beträgt die Gebühr 20 M bis 100 M.

§ 13
Gebühren bei Schadenersatzansprüchen

(1) Die Tätigkeit des Verteidigers zur Wahrnehmung der Rechte und Interessen des Beschuldigten oder des Angeklagten hinsichtlich eines im Strafverfahren geltend gemachten Schadenersatzanspruchs ist bei der Bemessung der Gebühr für seine Tätigkeit als Verteidiger angemessen zu berücksichtigen. Eine weitere Gebühr steht dem Rechtsanwalt für seine Tätigkeit nicht zu.

(2) Wird der Rechtsanwalt nach Verweisung der Sache zur weiteren Verhandlung über den Schadenersatzanspruch (§ 242 Abs. 5 oder § 271 Absätze 4 und 5 StPO) als Prozeßbevollmächtigter des Beschuldigten oder des Angeklagten wegen desselben Anspruchs tätig, erhält er dafür die Verhandlungsgebühr.

(3) Für die Vertretung des Geschädigten im Strafverfahren stehen dem Rechtsanwalt die Gebühren nach den §§ 5 bis 7 zu. Im Falle der Verweisung der Sache zur weiteren Verhandlung über den Schadenersatzanspruch (§ 242 Abs. 5 oder § 271 Absätze 4 und 5 StPO) stehen dem bereits im Strafverfahren als Prozeßbevollmächtigter des Geschädigten tätig gewesenen Rechtsanwalt wegen desselben Anspruchs diese Gebühren nicht erneut zu.

(4) Betrifft ein Rechtsmittelverfahren nur den Schadenersatzanspruch, entstehen für die Vertretung des Angeklagten oder des Geschädigten die Gebühren des § 9.

IV.
Gebührenvereinbarungen

§ 14

(1) Rechtsanwalt und Auftraggeber können eine von den Vorschriften dieser Ordnung abweichende Gebührenhöhe oder einen bestimmten Betrag zur Abgeltung der Gebührenansprüche vereinbaren. Die Vereinbarung muß den nach Umfang und Schwierigkeit der Sache erforderlichen Arbeitsaufwand angemessen berücksichtigen.

(2) Das Kollegium der Rechtsanwälte und der Auftraggeber können vereinbaren, daß für die ständige Bearbeitung von Rechtsangelegenheiten und die ständige juristische Beratung und Vertretung eine der Höhe und dem Zeitraum nach bestimmte Vergütung zu zahlen ist. Bei der Festlegung der Vergütung ist der durch die Betreuung bedingte Arbeitsaufwand maßgebend. Mit dieser Vergütung wird auch die Vertretung im Verfahren vor Gericht oder anderen staatlichen Organen abgegolten, sofern in der Vereinbarung nichts anderes bestimmt ist.

(3) Gebührenvereinbarungen sind schriftlich zu treffen. Auf die erforderliche Schriftform kann sich nicht berufen, wer eine mündliche Vereinbarung vorbehaltlos erfüllt hat.

§ 15

(1) Bei der Wahrnehmung von Rechtsangelegenheiten im Ausland oder von Rechten und Interessen ausländischer Auftraggeber in der Deutschen Demokratischen Republik sind bei der Bemessung der Gebühren außer dem durch Umfang und Schwierigkeit der Sache bedingten Arbeits- und Zeitaufwand auch die erforderlichen Spezial- und Sprachkenntnisse sowie die Bedeutung und Dringlichkeit der Sache in der Gebührenvereinbarung zu berücksichtigen. Zulässig ist auch die Vereinbarung einer Gebühr in Höhe eines bestimmten Prozentsatzes vom erreichten Ergebnis.

(2) Die Zahlung der Gebühren und die Erstattung der Auslagen können in ausländischer Währung vereinbart werden, wenn die nach den Gesetzen der Deutschen Demokratischen Republik erforderliche devisenrechtliche Genehmigung vorliegt.

V.
Berechnung und Geltendmachung

§ 16
Fälligkeit, Vorschuß

(1) Die Gebühren und Auslagen des Rechtsanwalts werden nach Beendigung seiner Tätigkeit zur Erfüllung des Auftrages fällig. Ist ein gerichtliches Verfahren anhängig, tritt die Fälligkeit auch ein, wenn über die Pflicht zur Kostentragung entschieden wurde oder das Verfahren in der jeweiligen Instanz beendet ist.

(2) Nach Fälligkeit hat der Rechtsanwalt dem Auftraggeber eine Rechnung über die Gebührenansprüche und die zu erstattenden Auslagen zu erteilen. Sie muß die Bezeichnung der Gebühr und die entsprechende Bestimmung der Gebührenordnung sowie die Unterschrift des Rechtsanwalts enthalten.

(3) Für die Ausführung eines Auftrages kann der Rechtsanwalt in Strafsachen einen angemessenen Kostenvorschuß, in sonstigen Rechtsangelegenheiten einen Kostenvorschuß bis zur Höhe der Bearbeitungsgebühr fordern. Für die zweite Instanz im gerichtlichen Verfahren kann der Rechtsanwalt erneut einen Kostenvorschuß verlangen.

§ 17
Auslagen

(1) Die bei der Ausführung des Auftrages entstandenen Postgebühren des Rechtsanwalts sind ihm zu erstatten. Zur Abgeltung dieser Auslagen kann ein Pauschalbetrag in Höhe von 3 % der Gebühren, höchstens jedoch 20 M vereinbart werden.

(2) Für die Herstellung von Abschriften oder Fotokopien sowie für die Erledigung sonstiger Schreibarbeiten, die nicht unmittelbar mit der Erfüllung des Auftrages verbunden sind, kann der Rechtsanwalt Auslagen für Schreibarbeiten entsprechend den Vorschriften der Justizkostenordnung berechnen.

(3) Reisekosten, die in Erfüllung des Auftrages entstehen, sind dem Rechtsanwalt zu erstatten. Die Berechnung richtet sich nach den Rechtsvorschriften über die Reisekostenvergütung. Dient eine Reise der Erledigung mehrerer Aufträge, sind die Reisekosten den Auftraggebern anteilig zu berechnen.
(4) Die vom Rechtsanwalt zu zahlende Umsatzsteuer gehört zu den Auslagen.

§ 18
Geltendmachung

(1) In Zivil-, Familien- und Arbeitsrechtssachen sowie in den im § 1 Abs. 1 der Zivilprozeßordnung genannten anderen Rechtsangelegenheiten werden die Gebühren und Auslagen des Rechtsanwalts gegenüber dem Auftraggeber auf Antrag des Rechtsanwalts durch den Sekretär des Gerichts erster Instanz festgesetzt. Das gilt auch für die Gebühren und Auslagen des Rechtsanwalts, der den Geschädigten im Strafverfahren vertreten hat. Auf das Verfahren findet § 180 Abs. 2 der Zivilprozeßordnung Anwendung. Beruht der Anspruch auf einer Gebührenvereinbarung, ist dem Kostenfestsetzungsantrag eine Abschrift dieser Vereinbarung beizufügen.
(2) In Strafsachen werden die Gebühren und Auslagen des Rechtsanwalts auf Antrag des Rechtsanwalts oder des Auftraggebers durch Beschluß festgesetzt. Dies gilt auch, wenn der Rechtsanwalt als Verteidiger bestellt worden ist. Für die Entscheidung ist der Vorsitzende des Gerichts erster Instanz zuständig. Absatz 1 Sätze 3 und 4 gelten entsprechend. Gegen den Kostenfestsetzungsbeschluß ist die Beschwerde zulässig (§§ 305ff. StPO).
(3) Der Rechtsanwalt ist zur Beantragung der Kostenfestsetzung verpflichtet, wenn der Auftraggeber die ihm erteilte Rechnung beanstandet und der Rechtsanwalt die Beanstandung nicht anerkennt.
(4) Die Erstattung der zwischen dem Auftraggeber und dem Rechtsanwalt vereinbarten Gebühren kann von dem zur Kostentragung verpflichteten Prozeßgegner oder Staatshaushalt nur insoweit verlangt werden, als sie die gemäß den §§ 5 bis 13 zulässigen Höchstgebühren nicht übersteigen.
(5) Gebühren und Auslagen, die außerhalb eines gerichtlichen Verfahrens entstanden sind, können durch Antrag auf Erlaß einer gerichtlichen Zahlungsaufforderung oder durch Einreichung einer Klage geltend gemacht werden. Ansprüche wegen im gerichtlichen Verfahren entstandener Gebühren und Auslagen können im Klagewege geltend gemacht werden, wenn eine Kostenfestsetzung nicht möglich ist. Ist eine durch Mindest- und Höchstbeträge bestimmte Gebühr Gegenstand einer Klage, hat das Gericht auch über die Angemessenheit der Gebühr zu entscheiden.

§ 19
Erstattung aus dem Staatshaushalt

Ist der Rechtsanwalt vom Gericht als Verteidiger oder Prozeßbeauftragter bestellt oder als Prozeßbevollmächtigter beigeordnet worden, werden ihm die nach dieser Ordnung zustehenden Gebühren und Auslagen auf Antrag aus dem Staatshaushalt gezahlt.

Anmerkung: Vgl. hierzu auch § 7 JKO (Reg.-Nr. 8.).

VI.
Übergangs- und Schlußbestimmungen

§ 20
Übergangsbestimmung

Gebühren und Auslagen werden nach den bisher geltenden Gebührenvorschriften erhoben, wenn sie bereits vor Inkrafttreten dieser Ordnung fällig geworden sind.

§ 21
Änderung der Justizkostenordnung

§ 7 der Justizkostenordnung vom 10. Dezember 1975 (GBl. I 1976 Nr. 1 S. 11) erhält folgende Fassung:

„§ 7
(1) Einem Rechtsanwalt, der gemäß § 170 Abs. 1 der Zivilprozeßordnung einer Prozeßpartei als Prozeßbevollmächtigter beigeordnet wurde, gemäß § 36 Abs. 1 der Zivilprozeßordnung als Prozeßbeauftragter bestellt wurde oder gemäß § 63 Absätze 1 und 2 der Strafprozeßordnung zum Verteidiger eines Angeklagten bestellt wurde, stehen Gebühren und Auslagen für seine Tätigkeit nach der Gebührenordnung für Rechtsanwälte zu.
(2) Die Zahlung der Gebühren und die Erstattung der Auslagen aus dem Staatshaushalt erfolgen auf Antrag des Rechtanwalts.
(3) In Strafsachen entscheidet über den Antrag der Vorsitzende des Gerichts erster Instanz durch Beschluß. Gegen den Beschluß ist die Beschwerde zulässig (§§ 305 ff. StPO).
(4) In Zivil-, Familien-, Arbeits- und allen sonstigen Rechtsangelegenheiten entscheidet über den Antrag der Kostenberechner. Erhebt der Rechtsanwalt Einwände gegen die Höhe des festgesetzten Betrages, findet § 4 Satz 2 ensprechende Anwendung."

Anmerkung: Die JKO ist unter Reg.-Nr. 8. abgedruckt.

§ 22
Inkrafttreten

(1) Diese Anordnunng tritt am 1. Juli 1982 in Kraft.
(2) Gleichzeitig treten die Gebührenordnung für Rechtsanwälte vom 5. Juli 1927 (RGBl. I S. 162) und alle dazu erlassenen Änderungen und Ergänzungen sowie alle zur Regelung der Gebühren der Rechtsanwälte von den früheren Ländern erlassenen Rechtsvorschriften außer Kraft.

10.
Anordnung über die Entschädigung für Schöffen und Beteiligte am Gerichtsverfahren sowie für Mitglieder der Schiedskommissionen

I.
Ausgleich und Entschädigung für Schöffen

§ 1

(1) Schöffen, die Mitglieder sozialistischer Produkstehen, erhalten gemäß § 182 des Arbeitsgesetzbuches der Deutschen Demokratischen Republik vom 16. Juni 1977 (GBl. I Nr. 18 S. 185) für die Dauer der Freistellung zur Ausübung der Schöffentätigkeit vom Betrieb einen Ausgleich in Höhes ihres Durchschnittslohnes.

(2) Ist der tätsächliche Verdienstausfall höher, wird den Schöffen vom Betrieb als Ausgleich der Betrag gezahlt, den sie als Verdienst erzielt hätten. Bei diesem Verdienst sind auch diejenigen Einkommensteile zu berücksichtigen, die nicht in die Berechnung des Durchschnittslohnes einbezogen werden.

§ 2

(1) Schöffen, die Mitglieder sozialistischer Produktionsgenossenschaften sind, erhalten für die Dauer der Freistellung zur Ausübung der Schöffentätigkeit von ihrer Produktionsgenossenschaft einen Ausgleich in Höhe ihrer bisherigen Durchschnittsvergütung. Genossenschaftsbauern, die im Rahmen der Kooperation in anderen Betrieben tätig sind, erhalten den Ausgleich von dem Betrieb, der ihnen die Vergütung zahlt.

(2) Die Berechnung des Ausgleichs für Schöffen, die Mitglieder von landwirtschaftlichen Produktionsgenossenschaften, gärtnerischen Produktionsgenossenschaften oder Produktionsgenossenschaften auf dem Gebiet der Binnen-, See- und Küstenfischerei sind, erfolgt auf der Grundlage der festgelegten täglichen Arbeitszeit, multipliziert mit den entsprechenden Vergütungssätzen in Arbeitseinheiten bzw. bei Geldvergütung in Mark je Stunde.

(3) Die Berechnung des Ausgleichs für Schöffen, die Mitglieder von Produktionsgenossenschaften des Handwerks sowie anderer sozialistischer Produktionsgenossenschaften sind, erfolgt gemäß § 1.

(4) Im Ausnahmefall können auf Antrag der Produktionsgenossenschaft bzw. der kooperativen Einrichtung der Land- oder Forstwirtschaft die für den Ausgleich aufgewandten Mittel vom Gericht ganz oder teilweise aus dem Staatshaushalt erstattet werden.

§ 3

(1) Schöffen, die selbständige Handwerker, Kommissionshändler, Gewerbetreibende oder sonstige selbständig bzw. freiberuflich Tätige sind, erhalten für die Zeit der Ausübung der Schöffentätigkeit für den Ausfall an Nettoeinkommen vom Gericht eine Entschädigung aus dem Staatshaushalt.

(2) Die Berechnung der Entschädigung erfolgt auf der Grundlage des Nettoeinkommens des letzten Kalenderjahres. Dazu ist der letzte Steuerbescheid vorzulegen. Die Entschädigung kann bis zu 10 M je Stunde, im Höchstfall 80 M täglich betragen. Kann ein Nachweis nicht geführt werden, so hat das Gericht die Entschädigung unter Berücksichtigung aller hierfür erheblichen Umstände festzusetzen. In diesem Fall darf die Entschädigung höchstens 40 M für jeden Tag betragen.

§ 4

Nichtberufstätige Schöffen erhalten für ihre persönlichen zusätzlichen Aufwendungen vom Gericht eine Entschädigung von 7 M für jeden Tag der Ausübung des Schöffenamtes aus dem Staatshaushalt; darüber hinausgehende Aufwendungen, insbesondere für eine notwendige Vertretung im Haushalt, können in angemessenem Umfang erstattet werden.

§ 5

(1) Die Ausübung des Schöffenamtes, für die ein Ausgleich oder eine Entschädigung gezahlt wird, umfaßt auch die Teilnahme an Schöffenschulungen, Schöffenkonferenzen und sonstigen Veranstaltungen für Schöffen.

(2) Beträgt die Zeit für die Ausübung des Schöffenamtes einschließlich An- und Abreise an einem Tag nicht mehr als 4 Stunden, so ist ein halber Tagessatz zu zahlen.

II.
Entschädigung für Zeugen

§ 6

(1) Werktätige, die in einem Arbeitsrechtsverhältnis stehen und vor Gericht als Zeuge geladen werden, erhalten für die Zeit ihrer Freistellung eine Entschädigung in Höhe des Nettodurchschnittslohnes vom Gericht aus dem Staatshaushalt. Die Berechnung des

Nettodurchschnittslohnes erfolgt nach der Verordnung vom 21. Dezember 1961 über die Berechnung des Durchschnittsverdienstes und über die Lohnzahlung (GBl. II Nr. 83 S. 551) in der Fassung der Zweiten Verordnung vom 27. Juli 1967 (GBl. II Nr. 73 S. 511). Jede angefangene halbe Stunde wird voll gerechnet. Wird durch den Betrieb für die Zeit der Freistellung ein Ausgleich in Höhe des Durchschnittslohnes gewährt, besteht kein Anspruch auf Entschädigung durch das Gericht.

Anmerkung: Die genannte VO ist in ihrer gültigen Fassung auszugw. unter Reg.-Nr. 1.4. abgedruckt.

(2) Unabhängig davon, ob der Zeuge eine Entschädigung vom Gericht erhält oder nicht, ist der auf die Zeit der Wahrnehmung des Termins entfallende Teil der Lohn- oder Gehaltsforderung vom Gericht dem Kostenschuldner als Auslage des Staatshaushalts in Ansatz zu bringen. Das gilt nicht, wenn Kostenschuldner und Lohnschuldner identisch sind. Die als Auslagen vereinnahmten Beträge verbleiben dem Staatshaushalt auch dann, wenn durch das Gericht keine Entschädigung gezahlt wurden.
(3) Die Berechnung der Entschädigung nach Abs. 1 und der anteiligen Lohn- oder Gehaltsforderung nach Abs. 2 erfolgt auf der Grundlage einer beim Gericht vorzulegenden Verdienstbescheinigung.

§ 7
(1) Mitglieder sozialistischer Produktionsgenossenschaften, die vor Gericht als Zeuge geladen werden, erhalten für die versäumte Arbeitszeit vom Gericht eine Entschädigung aus dem Staatshaushalt. Die Berechnung der Entschädigung erfolgt

- für Mitglieder von landwirtschaftlichen Produktionsgenossenschaften, gärtnerischen Produktionsgenossenschaften oder Produktionsgenossenschaften auf dem Gebiet der Binnen-, See- und Küstenfischerei gemäß § 2 Abs. 2,
- für Mitglieder von Produktionsgenossenschaften des Handwerks sowie anderer sozialistischer Produktionsgenossenschaften auf der Grundlage der durchschnittlichen Arbeitsvergütung des letzten Kalenderjahres.

Die Höhe des Einkommens bzw. der Vergütung ist von der Genossenschaft zu bescheinigen.
(2) Selbständige Handwerker, Kommissionshändler, Gewerbetreibende oder sonstige selbständig bzw. freiberuflich Tätige, die vor Gericht als Zeuge geladen werden, erhalten für die versäumte Arbeitszeit eine Entschädigung von 4 M für jede Stunde.
(3) Für einen Verhandlungstag darf höchstens eine Entschädigung für 8 Stunden Arbeitszeit gezahlt werden. Jede angefangene halbe Stunde wird voll gerechnet.

§ 8
Aufwendungen der nichtberufstätigen Zeugen, insbesondere für eine notwendige Vertretung im Haushalt, können in angemessenem Umfang erstattet werden.

III.
Entschädigung
für die Erstattung von Gutachten
und für Dolmetscher und Übersetzer

§ 9
(1) Staatlichen und wirtschaftsleitenden Organen, volkseigenen Kombinaten und Betrieben sowie wissenschaftlichen Einrichtungen (nachstehend Betriebe genannt), die auf Ersuchen des Gerichts Gutachten erstatten, werden auf Antrag die dadurch entstehenden Kosten vom Gericht vergütet.
(2) Werden in Ausnahmefällen andere Sachverständige vom Gericht mit der Erstattung eines Gutachtens beauftragt, so erhalten sie eine Entschädigung nach den für den entsprechenden Fachbereich geltenden Gebühren- oder Honorarordnungen. Sachverständige, für deren Fachbereich keine besonderen Gebühren- oder Honorarordnungen gelten, erhalten eine Entschädigung in Höhe von 5 bis 15 M für jede Stunde ihrer Tätigkeit. Die Einstufung des Schwierigkeitsgrades des Gutachtens bestimmt der Vorsitzende der Kammer bzw. des Senats nach den in der Anlage festgelegten Kriterien.

Anmerkung: Vgl. AO über ärztliche Begutachtungen (Reg.-Nr. 11.).

(3) Entspricht das erstattete Gutachten nicht der erforderlichen Qualität, so kann eine Minderung der Entschädigung um höchstens 25 % des festgelegten Entschädigungssatzes vorgenommen werden. Der Vorsitzende der Kammer bzw. des Senats entscheidet, ob eine Minderung vorzunehmen ist und in welcher Höhe sie zu erfolgen hat.
(4) Die Entschädigung wird vom Gericht aus dem Staatshaushalt gezahlt. Jede angefangene halbe Stunde wird voll gerechnet. Außer den für die Erstattung des Gutachtens aufgewendeten Lohnkosten oder Honoraren werden nur die für eine notwendige Untersuchung verbrauchten Stoffe und Werkzeuge vergütet.
(5) Unabhängig davon, ob die gutachterliche Tätigkeit vom Gericht entschädigt wird oder nicht, sind die dadurch entstandenen Kosten dem Kostenschuldner als Auslagen des Staatshaushalts in Ansatz zu bringen. Die als Auslagen vereinnahmten Beträge verbleiben dem Staatshaushalt auch dann, wenn durch das Gericht keine Entschädigung gezahlt wurde.
(6) Die Betriebe und die in Ausnahmefällen beauftragten anderen Sachverständigen sind verpflichtet, die für die Berechnung erforderlichen Angaben zu machen und auf Anforderung zu belegen.

§ 10
Dolmetscher und Übersetzer erhalten für Übersetzungs- und Dolmetscherleistungen eine Vergütung nach der Honorarordnung für Dolmetscher und Übersetzer.

Anmerkung: Vgl. die Honorarordnung vom 19. 12. 1979 für Dolmetscher und Übersetzer (GBl. Sdr. Nr. 1031; Ber. GBl. I 1980 Nr. 21 S. 214).

IV.
Entschädigung für Vertreter der Kollektive, gesellschaftliche Ankläger, gesellschaftliche Verteidiger, Jugendbeistände und Mitglieder der Schiedskommissionen

§ 11
(1) Die Entschädigung sowie die Berechnung und Berücksichtigung der anteiligen Lohn- oder Gehaltsforderung für die Zeit der unmittelbaren Mitwirkung der Vertreter der Kollektive am Gerichtsverfahren erfolgen entsprechend den §§ 6 bis 8.
(2) Die Entschädigung für die Zeit der unmittelbaren Mitwirkung der gesellschaftlichen Ankläger und gesellschaftlichen Verteidiger sowie der Jugendbeistände am Gerichtsverfahren erfolgt entsprechend den §§ 1 bis 5.
(3) Die Entschädigung der Mitglieder der Schiedskommissionen für die Zeit der Teilnahme an Schulungen und anderen Veranstaltungen zur Anleitung durch die Gerichte erfolgt entsprechend den für die Teilnahme der Schöffen an den Schöffenschulungen geltenden Bestimmungen.

V.
Steuerliche Behandlung

§ 12
(1) Entschädigungen an selbständige Handwerker, Kommissionshändler, Gewerbetreibende oder sonstige selbständig bzw. freiberuflich Tätige für die Tätigkeit als Schöffe, Vertreter des Kollektivs, gesellschaftlicher Ankläger, gesellschaftlicher Verteidiger, Jugendbeistand, Zeuge, Sachverständiger oder Mitglied der Schiedskommission gelten als Einkünfte aus der jeweiligen Erwerbstätigkeit. Bei Handwerkern, die eine Pauschalsteuer entrichten, wird die Entschädigung nicht zusätzlich besteuert.
(2) Vergütungen, die an freiberufliche Dolmetscher und Übersetzer gezahlt werden, sind den Einkünften aus dieser Tätigkeit anzurechnen. Das Gericht hat als Entgeltschuldner den Steuerabzug vorzunehmen.
(3) Entschädigungen an nichtberufstätige Bürger sind steuerfrei. Sozialversicherungsbeiträge werden nicht berechnet.

VI.
Reisekosten

§ 13
(1) Schöffen, Vertreter der Kollektive, gesellschaftliche Ankläger, gesellschaftliche Verteidiger, Jugendbeistände, Zeugen, Sachverständige, Dolmetscher und Übersetzer sowie Mitglieder der Schiedskommissionen erhalten vom Gericht Reisekosten nach den Rechtsvorschriften.

Anmerkung: Vgl. AO Nr. 1 vom 20. 3. 1956 über Reisekostenvergütung, Trennungsentschädigung und Umzugskostenvergütung (GBl. I Nr. 35 S. 299) i. d. F. der AO Nr. 4 vom 30. 6. 1960 (GBl. I. Nr. 39 S. 410) und der AO Nr. 5 vom 21. 7. 1962 (GBl. II Nr. 58 S. 503) sowie der weiteren dazu erlassenen AO.

(2) Die Schöffen erhalten Reisekosten in gleicher Höhe wie die Richter.

§ 14
Fahrkosten werden auch für die Reisen gewährt, die der Schöffe während der Sitzungsperiode nach dem Wohnort hin und zurück unternimmt. Sie dürfen jedoch die Höhe der Entschädigung nicht übersteigen, die der Schöffe erhalten hätte, wenn er am Sitzungsort geblieben wäre.

§ 15
Die Reisekosten der Zeugen, der Vertreter der Kollektive und der Sachverständigen hat das Gericht dem Kostenschuldner als Auslagen in Ansatz zu bringen.

§ 16
Bedarf ein Zeuge wegen jugendlichen Alters oder wegen körperlichen Gebrechens einen Begleiter, so sind die nach dieser Anordnung zu zahlenden Entschädigungen auch an den Begleiter zu zahlen. Das gleiche gilt für die Fälle, in denen ein Sachverständiger wegen körperlichen Gebrechens eines Begleiters bedarf. Die an diese Personen zu zahlenden Entschädigungen sind dem Kostenschuldner als Auslagen in Ansatz zu bringen.

VII.
Festsetzung der Entschädigung

§ 17
Die Entschädigung wird von dem Kostenbearbeiter des Gerichts festgesetzt. Der Ansatz kann von ihm berichtigt werden. Die Entscheidung über die Festsetzung der Entschädigung ist mit einer Rechtsmittelbelehrung zu versehen.

§ 18
Die Entschädigung durch das Gericht für Vertreter der Kollektive, gesellschaftliche Ankläger, gesellschaftliche Verteidiger, Jugendbeistände, Zeugen, Sachverständige, Dolmetscher und Übersetzer wird nur auf Verlangen gewährt. Der Anspruch erlischt, wenn er nicht binnen 1 Monats nach Beendigung der jeweiligen Tätigkeit beim zuständigen Gericht geltend gemacht wird. Die Entschädigungsberechtigten sind über ihre Ansprüche zu belehren.

VIII.
Beschwerde

§ 19
(1) Die Entschädigungsberechtigten können gegen die Festsetzung der Entschädigung und gegen die Feststellung, daß ihr Anspruch erloschen ist, innerhalb von 2 Wochen nach deren Bekanntwerden beim Kostenbearbeiter des Gerichts Beschwerde einlegen. Über die Beschwerde ist innerhalb 1 Woche zu entscheiden. Wird der Beschwerde nicht abgeholfen, ist sie innerhalb dieser Frist dem Leiter für Haushaltswirtschaft des Bezirksgerichts vorzulegen, der innerhalb von 2 Wochen endgültig darüber entscheidet.
(2) Richtet sich die Beschwerde gegen die Einstufung des Schwierigkeitsgrades des Gutachtens (§ 9 Abs. 2) oder die Minderung der Entschädigung (§ 9 Abs. 3), so hat der Kostenbearbeiter die Entscheidung des Vorsitzenden der Kammer bzw. des Senats über die Beschwerde herbeizuführen. Wird der Beschwerde nicht abgeholfen, ist sie dem Direktor des Bezirksgerichts vorzulegen, der endgültig darüber entscheidet. Es gelten die im Abs. 1 festgelegten Fristen.
(3) Über die Beschwerde gegen die Entscheidung des Kostenbearbeiters des Obersten Gerichts entscheidet der Leiter für Haushaltswirtschaft des Obersten Gerichts endgültig. Über die Beschwerde gegen die Einstufung des Schwierigkeitsgrades des Gutachtens (§ 9 Abs. 2) oder die Minderung der Entschädigung (§ 9 Abs. 3) ist die Entscheidung des Vorsitzenden des Senats des Obersten Gerichts herbeizuführen. Wird der Beschwerde nicht abgeholfen, so entscheidet der Vorsitzende des betreffenden Kollegiums des Obersten Gerichts endgültig. Es gelten die im Abs. 1 festgelegten Fristen.
(4) Die Beschwerde hat keine aufschiebende Wirkung. Kann in Ausnahmefällen eine Entscheidung innerhalb der Frist nicht getroffen werden, sind die Gründe aktenkundig zu machen. Dem Einreicher der Beschwerde ist ein begründeter Zwischenbescheid zu geben.

IX.
Schlußbestimmungen

§ 20
(1) Diese Anordnung tritt mit ihrer Veröffentlichung in Kraft.
(2) Gleichzeitig tritt die Anordnung vom 8. Oktober 1971 über die Entschädigung für Schöffen und Beteiligte am Gerichtsverfahren sowie für Mitglieder der Schiedskommissionen (GBl. II Nr. 75 S. 637) außer Kraft.

Anlage
zu vorstehender Anordnung

Für die Entschädigung nach § 9 Abs. 2 der Anordnung sind folgende Kriterien maßgebend:

Schwierigkeitsgrad

I – Der zu beurteilende Sachverhalt ist durch eine besondere Kompliziertheit hinsichtlich des zu begutachtenden Stoffes charakterisiert und erfordert die Berücksichtigung wissenschaftlicher Erkenntnisse sowie einen hohen Arbeitsaufwand
bis 9 M.

II – Der zu beurteilende Sachverhalt ist so gelagert, daß hinsichtlich des zu begutachtenden Stoffes erworbene spezifische Sachkenntnisse ausreichen
bis 6 M.

III – Der zu beurteilende Sachverhalt ist hinsichtlich des zu begutachtenden Stoffes unkompliziert und setzt zur Begutachtung erworbene berufliche Kenntnisse und praktische Erfahrungen voraus
bis 3 M.

Zuschläge für die Qualifikation des Gutachters
- Hochschulqualifikation bis 3 M
- Fachschulqualifikation bis 2 M
- keine Hochschul- bzw. Fachschulqualifikation bis 1 M

Zuschläge für die Berufspraxis des Gutachters
- Berufspraxis über 10 Jahre bis 3 M
- Berufspraxis von 5 bis 10 Jahren bis 2 M
- Berufspraxis bis 5 Jahre bis 1 M

11.
Anordnung über ärztliche Begutachtungen

vom 18. Dezember 1973 (GBl. I 1974 Nr. 3 S. 30)
– Auszug –

Vorbemerkung: Zur Beweiserhebung durch Sachverständigengutachten vgl. § 52 Abs. 1, § 53 Abs. 1 Ziff. 3, §§ 54, 59–61, § 68 Abs. 2 und 5, § 33 Abs. 2 Ziff. 5 und Abs. 3 ZPO (Reg.-Nr. 1.)

...

Geltungsbereich

§ 2

(1) Begutachtungen im Sinne dieser Anordnung sind ärztliche Beurteilungen des körperlichen und geistigen Zustandes sowie des Verhaltens von Personen. Auch psychologische, biologische, biochemische und andere Begutachtungen zählen dazu. Erstattet werden diese Begutachtungen auf Anforderung in ambuluanten und stationären Gesundheitseinrichtungen, desgleichen in den Bereichen Medizin der Universitäten und in den Medizinischen Akademien sowie in medizinisch-wissenschaftlichen Instituten (im folgenden als Einrichtungen bezeichnet).

(2) Diese Anordnung betrifft Begutachtungen für
- Renten- und andere Leistungen der Sozialversicherung,
- Leistungen der Staatlichen Versicherung,
- Leistungen des Sozialwesens,
- Gerichte, Staatsanwaltschaft und Untersuchungsorgane (im folgenden als Justiz- und Sicherheitsorgane bezeichnet)

und andere Begutachtungen, die gemäß Abs. 1 angefordert werden.

(3) Diese Anordnung findet auf alle Einrichtungen gemäß Abs. 1 Anwendung, unabhängig von deren Unterstellung und Einordnung in einen bestimmten Zuständigkeitsbereich.

(4) Von dieser Anordnung werden nicht betroffen:
- diagnostische Beurteilungen als Maßnahmen der gesundheitlichen Betreuung,
- Beurteilungen über berufliche Eignung und Tauglichkeit im Zusammenhang mit Einstellungs- und Reihenuntersuchungen sowie prophylaktischen Untersuchungen,
- Begutachtungen im Bereich der Hygiene, Pharmazie und Medizintechnik,
- die ärztliche Leichenschau einschließlich der Sektionen,
- die Mitwirkung von Einrichtungen der Gerichtsmedizin und Kriminalistik im Strafverfahren.

§ 3

(1) Für Begutachtungen über Berufskrankheiten finden die für Berufskrankheiten geltenden Rechtsvorschriften in Verbindung mit §§ 1, 2, 8 bis 10 dieser Anordnung Anwendung.

(2) Die Leiter der Medizinischen Dienste des Gesundheitswesens Wismut und des Verkehrswesens erlassen im Einvernehmen mit dem Minister für Gesundheitswesen für die in ihren Zuständigkeitsbereichen durchzuführenden Begutachtungen entsprechende Bestimmungen auf der Grundlage dieser Anordnung.

(3) Für die Beiziehung von Gutachten durch Justiz- und Sicherheitsorgane finden die Rechtsvorschriften über die Tätigkeit der Justiz- und Sicherheitsorgane und die §§ 7 bis 11 dieser Anordnung Anwendung.

(4) Medizinische Begutachtungen von Angehörigen der bewaffneten Organe erfolgen auf der Grundlage der von den zuständigen Ministern getroffenen Festlegungen.

Staatliche Leitung

§ 4

(1) Das Ministerium für Gesundheitswesen ist verantwortlich für die wissenschaftliche Erarbeitung, die einheitliche Anwendung und die Kontrolle der inhaltlichen und organisatorischen Grundsätze ärztlicher Begutachtungen.

(2) Mit der Durchführung der unter Abs. 1 genannten Aufgaben ist die Zentralstelle für Ärztliches Begutachtungswesen (im folgenden als Zentralstelle bezeichnet) als nachgeordnete Einrichtung des Ministeriums für Gesundheitswesen beauftragt. Sie arbeitet eng mit der Sozialversicherung der Arbeiter und Angestellten, der Staatlichen Versicherung und anderen staatlichen Organen und Einrichtungen zusammen.

(3) In den Bezirken und Kreisen sind die Bezirks- bzw. Kreisstellen für Ärztliches Begutachtungswesen (im folgenden als Bezirks- und Kreisstellen bezeichnet) für die Organisation, Anleitung und Kontrolle der Erarbeitung qualifizierter ärztlicher Gutachten verantwortlich. Sie sind dem Bezirksarzt bzw. Kreisarzt als nachgeordnete Einrichtungen unterstellt. Zu ihren Leitern sind von den Bezirks- bzw. Kreisärzten in der Gutachter- und Leitungstätigkeit erfahrene Fachärzte einzusetzen, die die Dienstbezeichnung Bezirks- bzw. Kreisgutachter führen.

(4) Die Bezirks- und Kreisstellen sind räumlich –

entsprechend den örtlichen Gegebenheiten – in geeigneten Gesundheitseinrichtungen unterzubringen und verwaltungsmäßig diesen Einrichtungen anzuschließen.

...

§ 7
Verfahrensweise bei Anforderungen von Begutachtungen

(1) Aufträge zur Begutachtung sind unter Beifügung der für die Begutachtung notwendigen Unterlagen vom Auftraggeber an den Kreisgutachter zu richten. Er übermittelt die Aufträge an den Leiter der für die Erarbeitung der Gutachten vorgesehenen Einrichtung.
(2) Der Kreisgutachter überprüft die ihm zu übermittelnden Gutachten auf Vollständigkeit sowie wissenschaftliche Schlüssigkeit ihrer Aussage und leitet sie mit seinem Zustimmungsvermerk an den Auftraggeber.
(3) Sind in einer Einrichtung nach dem Ergebnis der ersten Untersuchungen die fachlichen Voraussetzungen zur Übernahme eines Auftrages zur Begutachtung nicht gegeben, trifft der Kreisgutachter unverzüglich weitere Entscheidungen. Bei Auftragserteilung durch Justiz- und Sicherheitsorgane setzt der Leiter der Einrichtung diese direkt in Kenntnis und informiert mit Durchschrift den Bezirks- bzw. Kreisgutachter zur unverzüglichen weiteren Entscheidung über die Bearbeitung des Auftrages zur Begutachtung.
(4) Können im Einzelfall Gutachten nicht in einer Einrichtung des eigenen Kreises erarbeitet werden, ist der Auftrag an den zuständigen Bezirksgutachter zur weiteren Veranlassung zu leiten. Kann ein Auftrag im eigenen Bezirk nicht ausgeführt werden, so ist er an den Bezirksgutachter, in dessen territorialem Bereich die zur Bearbeitung in Aussicht genommene Einrichtung liegt, weiterzuleiten. Der Rücklauf des Gutachtens erfolgt auf gleichem Wege. Die Verpflichtung zur abschließenden Prüfung gemäß Abs. 2 bleibt davon unberührt.
(5) Zur Erarbeitung wissenschaftlicher Grundsätze oder zur Sicherung einheitlicher Bewertungen können ausgewählte Begutachtungen durch die Zentralstelle von den Bezirksstellen übernommen werden. Der jeweilige Auftraggeber ist von der Übernahme zu informieren.
(6) Aufträge zur Begutachtung von Institutionen mit dem Sitz außerhalb der Deutschen Demokratischen Republik sind über die Zentralstelle zu leiten. Die Übermittlung der für diese Institutionen gefertigten Gutachten erfolgt nach den geltenden Rechtsvorschriften durch die Zentralstelle.

Erstattung von Begutachtungen durch die Einrichtungen

§ 8

(1) Ärztliche Begutachtungen im Sinne dieser Anordnung gehören zum Leistungsprofil der Einrichtungen gemäß § 2 Abs. 1. Die Ärzte und andere in der medizinischen Betreuung tätige Fachkräfte der Einrichtungen sind im Rahmen ihres Arbeitsvertrages und entsprechend ihrer Qualifikation zur Erarbeitung von Gutachten verpflichtet.
(2) In den Einrichtungen ist die gutachterlichte Tätigkeit so zu organisieren, daß die Erarbeitung von Gutachten qualitäts- und termingerecht vorgenommen wird. Erstgutachten sind in der Regel innerhalb von 6 Wochen fertigzustellen. Kann die 6-Wochenfrist nicht eingehalten werden, ist der Kreis- bzw. Bezirksgutachter umgehend zu verständigen. Er trifft Entscheidungen über notwendige weitere Maßnahmen.
(3) Gutachten für Justiz- und Sicherheitsorgane sind entsprechend dem Grundsatz der Beschleunigung im Strafverfahren vorrangig innerhalb von 6 Wochen fertigzustellen. Kann diese Frist nicht eingehalten werden, setzt der Leiter der Einrichtung das beauftragende Justiz- und Sicherheitsorgan in Kenntnis und informiert mit Durchschrift den Bezirks- bzw. Kreisgutachter zur unverzüglichen weiteren Entscheidung über die Bearbeitung des Auftrages zur Begutachtung.
(4) Zur Erarbeitung von Gutachten sind die erforderlichen medizinischen und sonstigen Dokumentationen auf Anforderung des beauftragten Gutachters, des Kreis- bzw. Bezirksgutachters oder des Direktors der Zentralstelle durch die betreffenden Einrichtungen zur Einsichtnahme zu übersenden. Diese Unterlagen dürfen nur für Zwecke der Begutachtung verwendet werden.
(5) Gutachten und Gutachtenergebnisse dürfen nur dann an andere Personen oder Stellen zur Kenntnis gegeben werden, soweit dies Rechtsvorschriften oder sonstige Regelungen zulassen. Den behandelnden Ärzten können für die weitere medizinische Betreuung erforderliche Ergebnisse aus den Gutachten übermittelt werden.
(6) Der Leiter der Einrichtung bzw. von ihm beauftragte Leiter von Fachabteilungen geben zum Auftrag zur Begutachtung erforderliche Hinweise.
(7) Werden in die Begutachtungen Fachkräfte einbezogen, die nicht in der beauftragten Einrichtung beschäftigt sind, ist vorher die Zustimmung des Leiters der anderen Einrichtung einzuholen.
(8) Ein von einem Justiz- und Sicherheitsorgan beauftragter Gutachter erhält das Recht, andere Fachkräfte nach Absprache mit deren Leiter einzubeziehen, auch wenn er selbst Mitarbeiter einer Einrichtung ist, die gemäß § 2 Abs. 4 von dieser Anordnung nicht betroffen ist.

(9) Der Leiter der Einrichtung bzw. von ihm beauftragte Leiter von Fachabteilungen der Einrichtung haben die Gutachten, die sie nicht selbst erarbeitet haben, gegenzuzeichnen.
(10) Sind Begutachtungen an die Einrichtungen zu vergüten, gelten die Bestimmungen der Anlage – Vergütungen von Begutachtungen.
...

§ 11
Beiziehung von Gutachten durch Justiz- und Sicherheitsorgane
(1) Die Bezirks- und Kreisärzte fertigen zusammen mit den Bezirks- und Kreisgutachtern und mit den Ärztlichen Direktoren der Einrichtungen eine Übersicht der Einrichtungen und Gutachter ihres Territoriums für die zuständigen Justiz- und Sicherheitsorgane an. Die Zentralstelle erhält eine Durchschrift dieser Übersichten.
(2) Die Justiz- und Sicherheitsorgane fordern unter Berücksichtigung der Übersichten gemäß Abs. 1 Gutachten von Einrichtungen oder Gutachtern an und informieren den zuständigen Bezirks- bzw. Kreisgutachter mittels Durchschrift, ausgenommen in Fällen gemäß Abs. 4. Die Übermittlung der Gutachten durch die Einrichtung oder den Gutachter erfolgt unmittelbar an das beauftragende Justiz- und Sicherheitsorgan.
(3) Der Direktor der Zentralstelle sowie die Bezirks- und Kreisgutachter unterstützen die Justiz- und Sicherheitsorgane dadurch, daß sie
- Begutachtungsprobleme auf Anforderung erläutern oder weitere Einrichtungen für die Bearbeitung von Spezialfragen benennen,
- auf die sach- und termingerechte Erarbeitung von Gutachten für die Justiz- und Sicherheitsorgane hinwirken und damit zuammenhängende Fragen klären,
- Mitarbeiter der Justiz- und Sicherheitsorgane zur Qualifizierung der Gutachter zu Tagungen oder zum Erfahrungsaustausch einladen.

(4) Der Einsatz von Gutachtern erfolgt nach besonderer Abstimmung, wenn bestimmte Vorschriften es erfordern.
(5) Gutachten für die Justiz- und Sicherheitsorgane sind nach den hierfür geltenden Rechtsvorschriften in Verbindung mit den Bestimmungen der Anlage zu vergüten.
...

Anlage
zu vorstehender Anordnung

Vergütungen für Begutachtungen
...

4. Begutachtungen für Justiz- und Sicherheitsorgane und sonstige Begutachtungen
a) Bei sonstigen Begutachtungen gelten für die Vergütung an die Einrichtungen folgende Richtsätze:
- Begutachtungen mit kritischer Wertung von Literatur und Differentialdiagnose (auch Formulargutachten), die durch Kompliziertheit des zu beurteilenden Sachverhaltes charakterisiert sind, langjährige Berufserfahrung in der Begutachtung und besondere wissenschaftliche Begründung erfordern:
12,– bis 15,– M je Stunde
- Gutachten einschließlich kritischer Wertung von Literatur und Differentialdiagnose (auch Formulargutachten), die hinsichtlich des zu begutachtenden Sachverhaltes Anwendung spezieller Kenntnisse in der Begutachtung erfordern:
9,– bis 12,– M je Stunde
- Befundscheine und sonstige kurze Atteste
2,– bis 5,– M

zuzüglich der Kosten für ausgewiesene Sachleistungen.
b) Bei Begutachtungsleistungen außerhalb der Arbeitszeit (§ 10 der Anordnung) gelten für die Berechnung des Honorars die Richtsätze gemäß Buchst. a unter Zugrundelegung des anteiligen Zeitaufwandes (außer Kosten für Sachleistungen).

12.
Anordnung über die Bestellung von Dolmetschern und Übersetzern für die Gerichte und Staatlichen Notariate

vom 5. Februar 1976 (GBl. I Nr. 6 S. 101)

Vorbemerkung: Die Pflicht zur Hinzuziehung von Dolmetschern ergibt sich aus § 12 Abs. 1 GVG. Die Ausschließung bestellter Dolmetscher ist in § 76 ZPO (Reg.-Nr. 1.) geregelt.

§ 1

(1) Dolmetscher und Übersetzer für die Übertragung aus einer Fremdsprache in die deutsche Sprache und umgekehrt werden für die Gerichte und Staatlichen Notariate vom Minister der Justiz bestellt.

(2) Die Bestellung gilt für das gesamte Gebiet der Deutschen Demokratischen Republik; sie kann beim Vorliegen wichtiger Gründe jederzeit widerrufen werden.

(3) Personen, die nicht als Dolmetscher oder Übersetzer vom Minister der Justiz bestellt worden sind, dürfen von den Gerichten und Staatlichen Notariaten nur dann herangezogen werden, wenn für die betreffende Sprache Dolmetscher oder Übersetzer noch nicht bestellt worden sind oder die Heranziehung eines bestellten Dolmetschers erhebliche Schwierigkeiten bereitet.

§ 2

(1) Personen, die sich um die Bestellung als Dolmetscher oder Übersetzer bewerben, haben in dem Gesuch die Fremdsprache, für die sie zum Dolmetscher oder Übersetzer bestellt zu werden wünschen, anzugeben und ihre Sprachkenntnisse nachzuweisen.

(2) Die Gesuche sind schriftlich beim Ministerium der Justiz einzureichen.

§ 3

(1) Personen, die den Befähigungsnachweis erbracht haben, werden vom Minister der Justiz zum Dolmetscher oder Übersetzer für die Gerichte und Staatlichen Notariate bestellt.

(2) Die Urkunde über die Bestellung (Anlage) wird dem Dolmetscher oder Übersetzer vom Direktor des Bezirksgerichts ausgehändigt, in dessen Bezirk der Dolmetscher oder Übersetzer wohnhaft ist. Der Dolmetscher oder Übersetzer erhält neben der Bestellungsurkunde einen Stempel mit folgender Aufschrift:

N. N.

(Staatswappen der DDR)	Vom Minister der Justiz der Deutschen Demokratischen Republik zum Dolmetscher/ Übersetzer für die .... Sprache bestellt.

Für Dolmetscher oder Übersetzer des Fremdsprachendienstes der Deutschen Demokratischen Republik „Intertext“ wird ein Stempel mit folgender Aufschrift verwendet:

Intertext
Fremdsprachendienst der Deutschen Demokratischen Republik

(Staatswappen der DDR)	Vom Minister der Justiz der Deutschen Demokratischen Republik befugt, die Richtigkeit der durch den Sprachmittler Herrn/Frau .... vorgenommenen Übersetzung aus der .... Sprache in die .... Sprache zu bestätigen.

Unterschrift
Außenstelle

Der Stempel wird zweisprachig hergestellt. Er wird dem Dolmetscher oder Übersetzer vom Direktor des Bezirksgerichts ausgehändigt.

§ 4

(1) Der Dolmetscher oder Übersetzer ist bei der Aushändigung der Bestellungsurkunde zur gewissenhaften und wahrheitsgetreuen Übersetzung sowie zur Verschwiegenheit zu verpflichten. Er ist darüber zu belehren, daß er von der Wahrnehmung seiner Aufgabe ausgeschlossen ist, wenn er in der gleichen Sache als Richter, Zeuge oder Sachverständiger tätig geworden ist, oder diese ablehnen kann, wenn dadurch eigene Interessen berührt werden.

(2) Über die Verpflichtung und die Belehrung ist eine Niederschrift aufzunehmen, die von dem Dolmetscher oder Übersetzer und dem Direktor des Bezirksgerichts zu unterschreiben ist.

§ 5

(1) Der Übersetzer hat die Richtigkeit der von ihm vorgenommenen Übersetzungen jeweils durch seine Namensunterschrift unter Beifügung seines Stempels zu bestätigen.

(2) Durchschläge oder Abschriften der Übersetzungen dürfen nur in der Anzahl hergestellt werden, die das Gericht benötigt. Eine Zurückbehaltung von Durchschlägen oder Abschriften der Übersetzungen durch den Übersetzer ist nicht zulässig.

§ 6
(1) Die bestellten Dolmetscher und Übersetzer unterstehen der Aufsicht des Ministeriums der Justiz; sie haben auf Verlangen den Beauftragten des Ministeriums der Justiz jederzeit Rechenschaft über ihre Tätigkeit abzulegen.
(2) Bei den Bezirksgerichten werden Listen der zu Dolmetschern oder Übersetzern bestellten Personen nach Sprachen geordnet geführt. Jeder Dolmetscher oder Übersetzer hat sich nach der Verpflichtung mit seiner Namensunterschrift in die Liste der im Bezirk wohnhaften Dolmetscher oder Übersetzer einzutragen.
(3) Die Namen der zugelassenen Dolmetscher oder Übersetzer werden vom Ministerium der Justiz bekanntgemacht.

§ 7
Die Vergütung für die Tätigkeit der Dolmetscher und Übersetzer erfolgt nach der *Honorarordnung für Dolmetscher und Übersetzer vom 5. April 1974 (Sonderdruck Nr. 772 des Gesetzblattes).*

Anmerkung: Seit dem 1. 3. 1980 gilt die Honorarordnung vom 19. 12. 1979 für Dolmetscher und Übersetzer (GBl. Sdr. Nr. 1301; Ber. GBl. I 1980 Nr. 21 S. 214).

§ 8
Durch diese Anordnung werden die vor ihrem Inkrafttreten erfolgten Bestellungen von Dolmetschern und Übersetzern nicht berührt.

§ 9
(1) Diese Anordnung tritt am 15. Februar 1976 in Kraft.
(2) Gleichzeitig tritt die Anordnung vom 11. Mai 1963 über die Bestellung von Dolmetschern und Übersetzern für die Gerichte und Staatlichen Notariate (GBl. II Nr. 52 S. 371) außer Kraft.

Anhang I
Tabelle der Gerichtsgebühren in Zivil- und Familienrechtssachen (zu § 165 ZPO)

Gebührenwert bis M	volle Gebühr M	halbe Gebühr M	Gebührenwert bis M	volle Gebühr M	halbe Gebühr M
100	10,–	5,–	2 100	105,–	52,50
200	10,–	5,–	2 200	110,–	55,–
300	15,–	7,50	2 300	115,–	57,50
400	20,–	10,–	2 400	120,–	60,–
500	25,–	12,50	2 500	125,–	62,50
600	30,–	15,–	2 600	130,–	65,–
700	35,–	17,50	2 700	135,–	67,50
800	40,–	20,–	2 800	140,–	70,–
900	45,–	22,50	2 900	145,–	72,50
1 000	50,–	25,–	3 000	150,–	75,–
1 100	55,–	27,50	3 100	155,–	77,50
1 200	60,–	30,–	3 200	160,–	80,–
1 300	65,–	32,50	3 300	165,–	82,50
1 400	70,–	35,–	3 400	170,–	85,–
1 500	75,–	37,50	3 500	175,–	87,50
1 600	80,–	40,–	3 600	180,–	90,–
1 700	85,–	42,50	3 700	185,–	92,50
1 800	90,–	45,–	3 800	190,–	95,–
1 900	95,–	47,50	3 900	195,–	97,50
2 000	100,–	50,–	4 000	200,–	100,–

Gebührenwert bis M	volle Gebühr M	halbe Gebühr M
4 100	205,–	102,50
4 200	210,–	105,–
4 300	215,–	107,50
4 400	220,–	110,–
4 500	225,–	112,50
4 600	230,–	115,–
4 700	235,–	117,50
4 800	240,–	120,–
4 900	245,–	122,50
5 000	250,–	125,–
5 100	255,–	127,50
5 200	260,–	130,–
5 300	265,–	132,50
5 400	270,–	135,–
5 500	275,–	137,50
5 600	280,–	140,–
5 700	285,–	142,50
5 800	290,–	145,–
5 900	295,–	147,50
6 000	300,–	150,–
6 100	305,–	152,50
6 200	310,–	155,–
6 300	315,–	157,50
6 400	320,–	160,–
6 500	325,–	162,50
6 600	330,–	165,–
6 700	335,–	167,50
6 800	340,–	170,–
6 900	345,–	172,50
7 000	350,–	175,–
7 100	355,–	177,50
7 200	360,–	180,–
7 300	365,–	182,50
7 400	370,–	185,–
7 500	375,–	187,50
7 600	380,–	190,–
7 700	385,–	192,50
7 800	390,–	195,–
7 900	395,–	197,50
8 000	400,–	200,–
8 100	405,–	202,50
8 200	410,–	205,–
8 300	415,–	207,50
8 400	420,–	210,–
8 500	425,–	212,50

Gebührenwert bis M	volle Gebühr M	halbe Gebühr M
8 600	430,–	215,–
8 700	435,–	217,50
8 800	440,–	220,–
8 900	445,–	222,50
9 000	450,–	225,–
9 100	455,–	227,50
9 200	460,–	230,–
9 300	465,–	232,50
9 400	470,–	235,–
9 500	475,–	237,50
9 600	480,–	240,–
9 700	485,–	242,50
9 800	490,–	245,–
9 900	495,–	247,50
10 000	500,–	250,–
10 100	505,–	252,50
10 200	510,–	255,–
10 300	515,–	257,50
10 400	520,–	260,–
10 500	525,–	262,50
10 600	530,–	265,–
10 700	535,–	267,50
10 800	540,–	270,–
10 900	545,–	272,50
11 000	550,–	275,–
11 100	555,–	277,50
11 200	560,–	280,–
11 300	565,–	282,50
11 400	570,–	285,–
11 500	575,–	287,50
11 600	580,–	290,–
11 700	585,–	292,50
11 800	590,–	295,–
11 900	595,–	297,50
12 000	600,–	300,–
12 100	605,–	302,50
12 200	610,–	305,–
12 300	615,–	307,50
12 400	620,–	310,–
12 500	625,–	312,50
12 600	630,–	315,–
12 700	635,–	317,50
12 800	640,–	320,–
12 900	645,–	322,50
13 000	650,–	325,–

Gebührenwert bis M	volle Gebühr M	halbe Gebühr M
13 100	655,–	327,50
13 200	660,–	330,–
13 300	665,–	332,50
13 400	670,–	335,–
13 500	675,–	337,50
13 600	680,–	340,–
13 700	685,–	342,50
13 800	690,–	345,–
13 900	695,–	347,50
14 000	700,–	350,–
14 100	705,–	352,50
14 200	710,–	355,–
14 300	715,–	357,50
14 400	720,–	360,–
14 500	725,–	362,50
14 600	730,–	365,–
14 700	735,–	367,50
14 800	740,–	370,–
14 900	745,–	372,50
15 000	750,–	375,–
15 100	755,–	377,50
15 200	760,–	380,–
15 300	765,–	382,50
15 400	770,–	385,–
15 500	775,–	387,50
15 600	780,–	390,–
15 700	785,–	392,50
15 800	790,–	395,–
15 900	795,–	397,50
16 000	800,–	400,–
16 100	805,–	402,50
16 200	810,–	405,–
16 300	815,–	407,50
16 400	820,–	410,–
16 500	825,–	412,50
16 600	830,–	415,–
16 700	835,–	417,50
16 800	840,–	420,–
16 900	845,–	422,50
17 000	850,–	425,–
17 100	855,–	427,50
17 200	860,–	430,–
17 300	865,–	432,50
17 400	870,–	435,–
17 500	875,–	437,50

Gebührenwert bis M	volle Gebühr M	halbe Gebühr M
17 600	880,–	440,–
17 700	885,–	442,50
17 800	890,–	445,–
17 900	895,–	447,50
18 000	900,–	450,–
18 100	905,–	452,50
18 200	910,–	455,–
18 300	915,–	457,50
18 400	920,–	460,–
18 500	925,–	462,50
18 600	930,–	465,–
18 700	935,–	467,50
18 800	940,–	470,–
18 900	945,–	472,50
19 000	950,–	475,–
19 100	955,–	477,50
19 200	960,–	480,–
19 300	965,–	482,50
19 400	970,–	485,–
19 500	975,–	487,50
19 600	980,–	490,–
19 700	985,–	492,50
19 800	990,–	495,–
19 900	995,–	497,50
20 000	1 000,–	500,–

usw. bis 100 000 M jeweils 5 % (2,5 %) des Gebührenwertes, der auf einen durch 100 M teilbaren Betrag aufzurunden ist.

100 100	5 000,50	2 500,25
100 200	5 001,–	2 500,50
100 300	5 001,50	2 500,75
100 400	5 002,–	2 501,–
100 500	5 002,50	2 501,25
100 600	5 003,–	2 501,50
100 700	5 003,50	2 501,75
100 800	5 004,–	2 502,–
100 900	5 004,50	2 502,25
101 000	5 005,–	2 502,50
	usw.	

Die Gebühr beträgt jeweils 5000 M (2500 M) zuzüglich 0,5 % (0,25 %) des 100 000 M übersteigenden Teiles des Gebührenwertes.

Anhang II
Gebührentabelle zur Rechtsanwaltsgebührenordnung (zu § 2 Abs. 3 RAGO)

Vorbemerkung: Um die Handhabung in der Praxis zu erleichtern, wurden auch die halben Gebühren in diese Tabelle aufgenommen.

Gebührenwert bis M	volle Gebühr M	halbe Gebühr M
100	10,–	5,–
200	17,–	8,50
300	24,–	12,–
400	31,–	15,50
500	38,–	19,–
600	45,–	22,50
700	52,–	26,–
800	59,–	29,50
900	66,–	33,–
1 000	73,–	36,50
1 100	77,–	38,50
1 200	81,–	40,50
1 300	85,–	42,50
1 400	89,–	44,50
1 500	93,–	46,50
1 600	97,–	48,50
1 700	101,–	50,50
1 800	105,–	52,50
1 900	109,–	54,50
2 000	113,–	56,50
2 100	116,–	58,–
2 200	119,–	59,50
2 300	122,–	61,–
2 400	125,–	62,50
2 500	128,–	64,–
2 600	131,–	65,50
2 700	134,–	67,–
2 800	137,–	68,50
2 900	140,–	70,–
3 000	143,–	71,50
3 100	146,–	73,–
3 200	149,–	74,50
3 300	152,–	76,–
3 400	155,–	77,50
3 500	158,–	79,–
3 600	161,–	80,50
3 700	164,–	82,–
3 800	167,–	83,50
3 900	170,–	85,–
4 000	173,–	86,50
4 100	175,–	87,50
4 200	177,–	88,50
4 300	179,–	89,50
4 400	181,–	90,50
4 500	183,–	91,50
4 600	185,–	92,50
4 700	187,–	93,50
4 800	189,–	94,50
4 900	191,–	95,50
5 000	193,–	96,50
5 100	195,–	97,50
5 200	197,–	98,50
5 300	199,–	99,50
5 400	201,–	100,50
5 500	203,–	101,50
5 600	205,–	102,50
5 700	207,–	103,50
5 800	209,–	104,50
5 900	211,–	105,50
6 000	213,–	106,50
6 100	214,–	107,–
6 200	215,–	107,50
6 300	216,–	108,–
6 400	217,–	108,50
6 500	218,–	109,–
6 600	219,–	109,50
6 700	220,–	110,–
6 800	221,–	110,50
6 900	222,–	111,–
7 000	223,–	111,50
7 100	224,–	112,–
7 200	225,–	112,50
7 300	226,–	113,–
7 400	227,–	113,50
7 500	228,–	114,–

Gebührenwert bis M	volle Gebühr M	halbe Gebühr M
7 600	229,–	114,50
7 700	230,–	115,–
7 800	231,–	115,50
7 900	232,–	116,–
8 000	233,–	116,50
8 100	234,–	117,–
8 200	235,–	117,50
8 300	236,–	118,–
8 400	237,–	118,50
8 500	238,–	119,–
8 600	239,–	119,50
8 700	240,–	120,–
8 800	241,–	120,50
8 900	242,–	121,–
9 000	243,–	121,50
9 100	244,–	122,–
9 200	245,–	122,50
9 300	246,–	123,–
9 400	247,–	123,50
9 500	248,–	124,–
9 600	249,–	124,50
9 700	250,–	125,–
9 800	251,–	125,50
9 900	252,–	126,–
10 000	253,–	126,50

Ab 10 000 M Gebührenwert steigt die Gebühr um 5,– M und die halbe Gebühr um 2,50 M je 1000 M Gebührenwert.

Gebührenwert bis M	volle Gebühr M	halbe Gebühr M
11 000	258,–	129,–
12 000	263,–	131,50
13 000	268,–	134,–
14 000	273,–	136,50
15 000	278,–	139,–
16 000	283,–	141,50
17 000	288,–	144,–
18 000	293,–	146,50
19 000	298,–	149,–
20 000	303,–	151,50
	usw.	usw.

Sachregister

Die den Stichworten beigefügten halbfetten Zahlen bezeichnen die gesetzlichen Bestimmungen entsprechend dem Inhaltsverzeichnis, sie sind im Kopf jeder Seite wiedergegeben. Die folgenden mageren Zahlen verweisen auf die Paragraphen und die in Klammern gesetzten Zahlen auf die Absätze dieser Paragraphen.